O QUE AS PESSOAS ESTÃO DIZENDO SOBRE ESTE LIVRO

"*O que a Floresta Tropical nos Ensinou* é uma obra monumental. Todos os conhecimentos necessários para criar uma empresa sustentável e lucrativa estão lá, na selva, basta ter vontade de aprender. Kiuchi e Shireman nos mostram como."

— William K. Coors, Chairman of the Board, Adolph Coors Company

"Um livro fascinante, que estende uma ponte sobre o abismo que separa os negócios da natureza, escrito por duas pessoas que lá estiveram e a construíram. De agradabilíssima leitura, indispensável para quem se preocupa com o lucro e com um mundo habitável."

— Dee Hock, fundador e CEO Emérito, VISA, autor de *Birth of the Chaordic Age*

"O mundo dos negócios tem muito a aprender com a natureza, e não há professores melhores que Tachi Kiuchi e Bill Shireman. Sua mensagem é clara e concisa: para prosperar no século XXI, as empresas de todos os tamanhos e setores devem observar não só as leis do Estado e do mercado, mas também as da natureza."

— Joel Makower, editor do *The Green Business Letter* e um dos fundadores da Clean Edge, Inc.

"Tachi Kiuchi e Bill Shireman oferecem uma perspectiva maravilhosamente nova do desenvolvimento sustentável. Explicam fenômenos capazes de mudar a mentalidade num estilo narrativo cativante que, naturalmente, baseia-se no que eles aprenderam na floresta tropical, mas que também deita luz em certas coisas que lá podiam ter aprendido [...] como o que certas empresas inovadoras estão fazendo no Colorado, em Minnesota e em Haia. Uma importante contribuição para um campo em rápida mudança."

— Matthew Arnold, CEO, World Resources Institute

O QUE A FLORESTA TROPICAL NOS ENSINOU

O QUE A FLORESTA TROPICAL NOS ENSINOU

Lições da Natureza para a Empresa

Inovação, Crescimento, Lucratividade e Sustentabilidade nas Empresas de Ponta do Mundo

Tachi Kiuchi
Chairman e CEO Emérito,
Mitsubishi Electric America

Bill Shireman
Chairman e CEO,
Future 500

Tradução
LUIZ A. DE ARAÚJO

EDITORA CULTRIX
São Paulo

Título do original: *What We Learned in the Rainforest.*

Publicado originalmente por Berrett-Koehler Publishers, Inc., San Francisco, CA, USA.

O primeiro número à esquerda indica a edição, ou reedição, desta obra. A primeira dezena à direita indica o ano em que esta edição, ou reedição, foi publicada.

Edição	Ano
1-2-3-4-5-6-7-8-9-10-11	03-04-05-06-07-08-09-10-11

Direitos de tradução para a língua portuguesa
adquiridos com exclusividade pela
EDITORA PENSAMENTO-CULTRIX LTDA.
Rua Dr. Mário Vicente, 368 — 04270-000 — São Paulo, SP
Fone: 272-1399 — Fax: 272-4770
E-mail: pensamento@cultrix.com.br
http://www.pensamento-cultrix.com.br
que se reserva a propriedade literária desta tradução.

Impresso em nossas oficinas gráficas.

Índice

Prefácio

COMO OS NEGÓCIOS podem lucrar com a natureza? Antigamente pensava-se assim: os negócios podem lucrar com a natureza à medida que a conquistam e a submetem ao controle humano, de modo que nossas máquinas transformem os recursos em produtos que possam ser comprados e vendidos.

Essa visão produziu uma riqueza enorme na era industrial. Porém, na economia emergente, a natureza já não é um inimigo a ser conquistado. Não é uma reserva de riquezas a ser explorada até que se esgote. A energia e a matéria-prima que atualmente extraímos da natureza oferecem-nos cada vez menos valor a custos cada vez mais elevados.

Na economia atual, o verdadeiro valor da natureza está nas lições que ela nos dá. A natureza é uma fonte de conhecimento; um laboratório de pesquisa com uma bagagem de mais de 3,8 bilhões de anos de desenvolvimento e demonstração de produtos; um reservatório de princípios imbatíveis que a humanidade pode aproveitar para gerar negócios mais lucrativos, uma economia mais abundante, uma cultura mais rica e uma vida mais satisfatória. Explorando os recursos físicos da natureza — pela extração da madeira das florestas, dos minerais das montanhas e dos combustíveis da crosta terrestre — as empresas lucram por um determinado tempo. Mas explorando a *sabedoria* da natureza — os princípios que lhe possibilitam criar uma abundância extraordinária mesmo em face de limites extremos — as empresas podem lucrar durante gerações.

Este livro, portanto, é um manual sobre como fazer negócios: sobre como melhorar o desempenho, em termos econômicos, sociais e ambientais, aplicando os princípios da natureza. À proporção que avançamos para além da economia industrial, rumo a uma economia mais baseada no conhecimento, as empresas começam a compreender que o verdadeiro lucro a ser auferido na natureza provém dos princípios pelos quais ela floresce — talvez porque, numa economia do conhecimento, os negócios se alicercem não apenas em combustíveis fósseis e matérias-primas, mas em idéias, em informação e em inspiração; eles começam a se parecer cada vez mais com os sistemas criativos da natureza: sistemas como a campina, o banco de coral e a floresta pluvial tropical.

Em *O que a Floresta Tropical nos Ensinou*, discutimos os princípios a partir dos quais as empresas maximizam o desempenho na nova economia, princípios que se tornaram claros para nós em nossas visitas às florestas tropicais da Ásia, do Pacífico e das Américas e na observação de sua aplicação nos negócios. A nossa tese é a de que o antigo modelo de empresa — o modelo mecânico, que a contrapunha à natureza — está se tornando obsoleto. Na economia emergente, as empresas florescem quando imitam aquilo que outrora queriam conquistar. Maximizam o seu desempenho à medida que se tornam parecidas com a natureza, como um sistema vivo complexo. Com o correr do tempo, elas modificam também a nossa relação com a natureza. Superando o modelo industrial, mecânico, e aplicando os princípios dinâmicos da floresta tropical e de todos os sistemas vivos complexos, as empresas aprendem a criar mais lucro do que nunca e a fazer isso de modo sustentável.

Nós tomamos a natureza como modelo a ser imitado *não* porque a floresta tropical seja sempre um cenário de cortesia e colaboração — não é —, mas porque, com os padrões e ciclos da floresta tropical, é possível aprender que as fases menos favoráveis e até destrutivas, observadas na natureza, podem evoluir para padrões mais criativos, criadores de valores e favoráveis à vida. A questão não é *se* vamos mudar, mas quando e como vamos mudar e com que nível de mal-estar e dor. Se, em vez de controlar a natureza, nós lhe dermos ouvidos e aprendermos com ela, temos a possibilidade de encontrar uma saída com o mínimo de dor e o máximo de ganho.

Para ensinar os princípios da empresa num sistema vivo, recorremos a uma abordagem pessoal. Todos os capítulos se estruturam do mesmo modo. Cada um deles começa com um breve segmento de uma história que prossegue, a fim de realçar um princípio isolado. Ilustramos o princípio com uma lição da floresta tropical. A seguir, com um estudo de caso que orienta o leitor na floresta tropical *da empresa*, mostramos como aplicar o princípio ou método na prática.

Este livro se divide em duas partes. A primeira apresenta princípios fundamentais que maximizam o desempenho da empresa viva: o *feedback*, a informação, o lucro, o *design*, a diversidade, a sucessão. A segunda explica como aplicar as lições aprendidas na primeira parte. Ele oferece um conjunto de instrumentos de administração, mensuração, estratégia e tática das empresas.

Para iniciar o livro, nós saltamos de pára-quedas na selva da Costa Rica e começamos nossa descida em direção ao chão, onde pretendemos nos juntar aos nossos colegas e principiar a exploração da floresta. Continuamos a história da nossa descida no início de cada capítulo. A nossa queda é uma metáfora da queda da economia industrial em vista dos limites ecológicos, do mesmo modo como a floresta tropical está sempre se deparando com seus limites. O que acontece no percurso até o solo é o mesmo que acontece com a natureza e com a economia à medida que avançam e se deparam com seus próprios limites. Elas podem retardar a queda, mudar de curso, adquirir outras capacidades e, ocasionalmente, até inverter o rumo, pelo menos durante algum tempo. Nós podemos fazer o mesmo.

DEZ OBSERVAÇÕES SOBRE A NOSSA PERSPECTIVA

Você vai compreender a nossa mensagem — e desenvolvê-la, aprimorá-la ou tomá-la como ponto de partida — se nós lhe contarmos desde já dez particularidades acerca das nossas idéias:

- Primeira, *nós encaramos a humanidade como uma parte da natureza.* Certos cientistas insistem em que há uma clara linha demarcatória separando o homem da natureza. Nós discordamos. É verdade que os seres humanos têm algumas características singulares, assim como as têm outros seres vivos — mas o fato de sermos uma criação muito particular da natureza não significa que não façamos todos parte da mesma família.
- Segunda, como a humanidade faz parte da natureza, nós encaramos *também as empresas como parte da natureza.* Nem todos concordam. Muita gente aponta para o desperdício excessivo, o consumo exagerado, a poluição e a destruição perpetradas pelas empresas, achando uma injúria qualificar tudo isso de "natural". O nosso ponto de vista é diferente. Na natureza, há padrões de destruição e de criação. A vida aprende a se desenvolver daquela para esta; as empresas também.
- Terceira, *na sua melhor expressão, as empresas são um empreendimento nobre.* Há quem acredite que elas sejam intrinsecamente amorais. Outros argumentam que, devido à sua tendência a maximizar o lucro dos acionistas, as empresas, mais do que amorais, são *imorais* e egoístas. Uma compreensão mais lúcida diz que o mundo dos negócios é uma comunidade viva: existe

para servir ao todo, assim como serve às partes. O lucro é um meio para alcançar esse fim, não um fim em si mesmo. Trata-se de alinhar as três partes daquilo que John Elkington denomina o "tríplo resultado": os ganhos econômicos, os sociais e os ambientais.

- Quarta, *sendo as empresas um sistema natural vivo, os princípios dos sistemas vivos se aplicam a elas.* Quando isso não acontece, não quer dizer que as empresas não sejam naturais; quer dizer que nós ainda não entendemos plenamente os sistemas naturais. É a ciência, não a natureza, que deve se atualizar. Se as instituições humanas como as empresas não se comportam tal como as ciências naturais dizem que devem se comportar, não se trata de mudar a definição da natureza, e sim de aperfeiçoar a ciência.
- Quinta, *nós somos otimistas.* Algumas pessoas acham que devíamos pintar um quadro mais sombrio, disparar o alarme, proclamar que, se a humanidade quiser sobreviver, as empresas têm de mudar radicalmente. Nós concordamos: estamos à beira de uma crise. Se não formos capazes de enfrentá-la, não só as empresas morrerão como nós morreremos. Por isso mesmo, a nossa prioridade é enfocar soluções positivas.
- Sexta, *nós somos pragmáticos.* Certas pessoas estão convencidas de que precisamos preconizar mudanças draconianas. No entanto, não acreditamos que as mudanças devam parecer draconianas para serem fundamentais. É difícil construir uma árvore, mas é fácil plantar uma semente. Construir uma árvore é draconiano, desesperado e ineficaz. Plantar uma semente é fundamental, sereno e fácil. Onde queremos plantar as sementes? Por que nos concentramos nas grandes e bem-sucedidas empresas da era industrial? Afinal, elas — a Coca-Cola, a Coors, a Nike, a VISA, a Intel, a Microsoft, a Mitsubishi Electric, a Weyerehaeuser etc. — não contribuíram com um sistema que perpetua o infindável ciclo de crescimento e conquista característico da era industrial? Sem dúvida. Mas nós todos estamos entranhados nesse sistema. Todos contribuímos para a sua perpetuação. Essas empresas precisam mudar. Se não mudarem, estão fadadas a decair e perecer. Se mudarem, podem transcender suas antigas formas e emergir em novas. Nós também. Este livro ressalta os princípios e os instrumentos de que podemos nos valer para mudar.
- Sétima, *este livro é apenas o começo.* Ainda não esgotamos o grande leque de ações que as empresas podem empreender a fim de lucrar à maneira da natureza. As orientações de cada capítulo, principalmente na segunda parte, não passam de um começo. Por exemplo, embora tenhamos muito que dizer sobre o tópico, neste livro pouco dizemos sobre as leis e as regulamentações governamentais. Os leitores interessados podem visitar as nossas pági-

nas na Internet e consultar outros livros e relatórios para conhecer as nossas opiniões sobre as leis de incentivo flexíveis, fundamentadas no mercado e no desempenho, que poderiam estimular empresas sustentáveis e lucrativas.

- Oitava, *a "economia emergente" que, segundo sugerimos, pode ser mais sustentável que a economia industrial, está em seus primeiros estágios.* A Internet é muito mais que um *shopping center* que atende um bilhão de consumidores virtuais. Essa visão estreita, arcaica, não representa a economia emergente tal como empregamos esse termo — é apenas uma extensão da antiga. A economia atual continua sendo em grande parte industrial; está mais *sofisticada* em termos de informação, mas não foi *transformada* por ela. O que entendemos por economia emergente é uma economia *alicerçada* na informação e cujos valores e estilo de vida refletem a idéia de que o conhecimento e o *design* são a fonte fundamental de valor.
- Nona, *nós participamos dos segredos da natureza.* Muita gente diz ter receio de que, se as empresas aprenderem os segredos da natureza a respeito de como lucrar, elas terão ainda mais poder de destruir a Terra. Nós compreendemos essa preocupação. Contudo, a natureza nos ensina que, protegendo o meio ambiente, as empresas prosperarão mais do que se o explorarem. De fato, quanto mais absorvemos os princípios da natureza, menor é a probabilidade de prejudicarmos o planeta.
- Décima, *nós procuramos viver a nossa obra.* Por meio da Future 500 e da Global Futures, solucionamos conflitos e criamos parcerias entre alguns dos maiores conglomerados do mundo e alguns dos mais apaixonados grupos de ativistas pela defesa do meio ambiente. Com eles, encontramos oportunidades, implementamos programas e aprovamos leis. O segredo é chegar à raiz do conflito. É nela que se encontram os meios de reconciliar interesses e correlacionar imperativos econômicos, sociais e ambientais de modo que os avanços em uma área também sirvam para as outras.

Em meio ao nosso otimismo, ainda vemos causas de pessimismo: lideranças empresariais e empregados que se julgam impotentes para operar mudanças positivas; governos que, temendo experimentar o novo, insistem em políticas ineficazes; ativistas convenientemente adeptos de antigos modelos militares — todos essenciais quando se trata de criar consciência e forçar a ação, mas inúteis sem a outra metade do ativismo: a mudança. Esses tipos de cegueira às vezes nos frustram e irritam — mas não por muito tempo. Preferimos enfocar as oportunidades que as crises trazem consigo. O nosso papel consiste em apontar para o possível e oferecer os instrumentos para alcançá-lo.

A nossa convocação à ação é suficientemente drástica? Nós propomos um distanciamento radical da empresa tal como ela é hoje. Contudo, para certas pessoas, os nossos passos podem parecer suaves, fáceis, práticos. Leia com atenção. Embora diretos e práticos, eles são fundamentais. Conduzem-nos a um lugar inteiramente novo.

Para expressar o nosso ponto de vista, misturamos termos empresariais com ecológicos. Para exprimir o conceito de *ganho*, por exemplo, empregamos vocábulos como *lucro, lucro líquido, sinergia* etc. Os que encaram o lucro meramente em sua forma monetária ou o considera o mau produto de uma atividade humana equivocada ficarão desconcertados quando falarmos em "lucros da natureza". Não obstante, a natureza vive do lucro, no sentido lato da palavra. Sem a sua extraordinária capacidade criativa, sem o lucro líquido que emerge da maravilhosa diversidade e complexidade de suas formas, ela jamais teria desenvolvido um mundo como o nosso, que nos desafia, fascina, sustenta e inspira. Também falamos da natureza como uma entidade que "escolhe", "seleciona", "fornece", "sustenta-se" e "tem estratégias", personificando-a. Isso é bastante convencional, inclusive em discussões científicas de temas como os da genética (por exemplo, *seleção natural*). Porém, essa convenção às vezes transgride o código dos cientistas, que proíbe o uso de uma linguagem que atribua à natureza, ainda que remotamente, uma qualidade intencional ou direcional — uma fixação psicológica freqüentemente exagerada. No entanto, nós empregamos esses termos pelos mesmos motivos que levam alguns cientistas a fazerem o mesmo: porque eles refletem com precisão os *efeitos* e *resultados* dos processos naturais e nos ajudam a nos relacionarmos com os fenômenos e a compreendê-los. E detectamos, sim, evidências de que existe um sutil direcionamento na natureza. A linha perfunctória na areia, que se espera que os autores de obras sobre esse tema tracem, parece-nos mais ideológica — e até religiosa — que científica. Mas não queremos propor que um ecossistema típico tenha intenção ou volição tal como os seres humanos.

Se o nosso ponto de vista divergir do seu, nós temos muito que aprender um com o outro. Esperamos que, ao oferecer uma perspectiva diferente, nós lhe estimulemos o pensamento, que você estimule o nosso, e que a *gestalt* suscite novas possibilidades. Todos lucraremos com esse intercâmbio.

À medida que a economia se aproxima rapidamente dos limites e nós, mais que qualquer outra espécie na história do planeta, consumimos o capital ecológico da Terra, vamos aprendendo os princípios a partir dos quais é possível transcender esses limites, como faz a natureza, e chegar a uma economia mais adaptativa, resistente, lucrativa e sustentável. Tais princípios aguardam o momento de serem descobertos na floresta tropical.

Outubro de 2001 Bill Shireman
San Francisco, Califórnia Tachi Kiuchi

Na selva tropical
onde o solo é delgado, os minerais, escassos
e os recursos, sempre limitados,
a vida é extraordinariamente rica,
mais abundante e diversificada que em qualquer outro lugar da Terra.

Há um dinamismo fervescente na floresta,
com os organismos buscando constantemente mais luz solar, água,
e minerais,
bens sempre preciosíssimos.
Contudo, por meio de todas as suas interações mútuas,
as plantas e os animais encontram cada um seu nicho,
um lugar ao qual se ajustam melhor do que em qualquer outro;
no qual suas formas especializadas fazem deles mestres em destreza e eficiência,
usando apenas o que necessitam dos escassos recursos que lhes são oferecidos,
"na última hora",
à medida que esses recursos cascateiam em múltiplos estágios de reciclagem.

Os limites são uma realidade permanente na floresta tropical,
no entanto, paradoxalmente, a escassez é o seu próprio remédio,
pois desencadeia feedback, *aprendizado e adaptações constantes,*
que moldam os organismos e o relacionamento entre eles,
criando uma vida extraordinariamente rica.

Num fluxo permanente de energia solar,
de recursos da terra continuamente reciclados,
e com nada mais que um design *complexo em eterna mudança,*
a vida na selva floresce numa abundância mais concentrada
que em qualquer outro lugar do planeta.

Às vezes a vida abandona temporariamente a floresta tropical,
simplesmente para retornar mais uma vez,
em busca das lições que só se aprendem em casa.

Nós voltaremos para lá agora.

Agradecimentos

Cabe-nos agradecer a muita gente que nos moldou o pensamento. Em Bill Coors, chairman da Adolph Coors Company, em Doug Daft, chairman da Coca-Cola, e em Dee Hock, fundador e CEO Emérito da VISA, encontramos executivos que não só adotaram as teorias dos sistemas vivos como as levaram à prática da forma mais extraordinária. Coors desenvolveu uma série de linhas de produção e empresas; Daft usou essas idéias para aumentar a diversidade, os lucros e a sustentabilidade da marca Coca-Cola; e Hock criou tanto o conceito quanto a realidade da organização empresarial *caórdica*, que combina harmoniosamente o caos com a ordem a fim de servir aos interesses de todos os seus membros, assim como aos dos consumidores e acionistas.

William Ford foi o campeão das idéias da sustentabilidade e da responsabilidade empresariais numa das empresas mais significativas da era industrial, a Ford Motor Company, ajudando-a a se destacar na economia emergente. Paul Hawken também colocou a teoria em prática, primeiro na Erehwon e depois na Smith & Hawken, além de nos inspirar com suas muitas idéias sobre *The Next Economy*, nos anos 80, e, mais recentemente, em *Natural Capitalism*[1]. Ray Anderson, um dos fundadores da Interface, foi o primeiro a aplicar essas idéias na maior fabricante de pisos do mundo. Bill Green fez o mesmo na indústria química e provou-lhe o potencial de lucro.

Também gostaríamos de manifestar a nossa gratidão aos pensadores empresariais e sistêmicos que influenciaram tão profundamente as nossas idéias: Tom Peters, Peter Drucker, Arie de Geus, Murray Gell-Mann, John Holland, Brian Arthur, Amory Lovins, Brian Tracy, Ichak Adizes e Kevin Kelly.

Randy Hayes, da Rainforest Action Network (RAN), e Michael Marx, da ForestEthics, deram-nos a motivação e a inspiração de que precisávamos para ir à floresta tropical. Linda Coady, da Weyerhaeuser, e Chris Hatch, da RAN, nos apresentaram às florestas temperadas da Colúmbia Britânica, no Canadá. O professor Ryoichi Yamamoto, diretor do Centro de Pesquisa Colaborativa da Universidade de Tóquio, e Peter David Pedersen, presidente da E-Square

---

1. *Capitalismo Natural*, publicado pela Editora Cultrix, São Paulo, 2000.

Inc. de Tóquio, ajudaram-nos a compreender alguns princípios ativos na natureza e na empresa. Joel Makower e Fritjof Capra, cada qual à sua maneira, transformaram a teoria sistêmica em idéias empresariais práticas em nossas conferências sobre Ecologia Industrial. Janet McElligott, uma ambientalista republicana e por si só uma espécie exótica, ajudou-nos a compreender melhor o modo como podemos ajudar as economias em desenvolvimento a saltar o estágio industrial rumo a modelos econômicos que protejam o meio ambiente e preservem as culturas locais. Juntamente com Lynn Scarlett, da Reason Foundation e atual secretário-assistente do Ministério do Interior norte-americano, um dos mais brilhantes pensadores sistêmicos que conhecemos, eles nos auxiliaram a integrar as idéias, tantas vezes antagônicas, dos pensadores sistêmicos do livre mercado às dos teóricos da ecologia profunda, uma síntese necessária, cujo potencial apenas começa a ser avaliado. E Drexel Sprecher, da American Renaissance, filósofo político da era da informação, aplicou seus inovadores modelos e ferramentas analíticas para intensificar as nossas discussões acerca da dinâmica genérica da mudança, da tecnologia da informação e dos valores.

Agradecemos a Jeffrey Kulick, James Turner, Janet Coleman, Adam Davis, Mandy Blake, Karri Winn, Monica Bernardo, Cate Gable, Charlie Banks-Altekruse, Nikole Wilson, Steve Cassel, Aileen Ichikawa, Augustine Koh, John Van Gigch, Lou Capozzi, Joe Gleason, Jill Farwell, Christine Rosen, Bettina Murphy, Jay Harbison, Marti Kaplan, Sharon Maves, Molly Kicklighter, Alis Valencia, Sara Shireman, Eldee Stephens, Darcy Riddell, Don Yacktman, Morley Winograd e Paul Wright por terem ajudado a elaborar este livro e por nele haverem acreditado. Julia Tindall organizou algumas das nossas expedições à floresta tropical e contribuiu para torná-las ousadas, poderosas e divertidas. Peter Barnes, co-fundador da Working Assets, ofereceu-nos um lugar onde pensar e escrever em seu retiro de escritores Mesa Refuge; Ward Mailliard e Brajesh Friedberg, do Mount Madonna Center, foram igualmente generosos em nos acolher. Detta Penna e Richard Wilson deram ao livro o seu *design* característico. E Steven Piersanti e Jeevan Sivasubramaniam, da Berrett-Koehler, apoiaram entusiasticamente o projeto e foram os editores pelos quais optamos.

Agradecemos muito as contribuições e o apoio de tanta gente. Todo e qualquer erro ou falso juízo que porventura se detectar nesta obra é exclusivamente nosso.

Acima de tudo, agradecemos aos nossos familiares e amigos pelo apoio que nos deram nos cinco anos — ou melhor, seis — que levamos para concluir este “projeto de um ano”. Para Bill, Aileen e Samantha e para Tachi e Kyoko, que nos dão tudo de que necessitamos, o nosso amor e a nossa gratidão.

INTRODUÇÃO

Como a Empresa Pode Lucrar com a Natureza?

Para lucrar na selva, colha idéias.
Ao nos aproximar dos limites da Terra, aprendemos como a natureza os transcende.

EM PLENO VÔO, nós saltamos porta afora ou, para ser mais exato, fomos empurrados pelos nossos guias — "três, dois, um, pule" — e iniciamos a longa e veloz descida de quase quatro mil metros. Curiosamente, não sentimos que caíamos a nada menos que 190 quilômetros por hora. Ainda nos achávamos tão longe do solo que chegamos a ter a impressão de estar parados no espaço, pairando com o rosto voltado para baixo, o vento a subir rapidamente, a sustentar-nos. É claro que nos encontrávamos em queda livre no ar relativamente calmo; a sensação de vento devia-se justamente a esse movimento, à força da gravidade que nos puxava para o solo sem o menor esforço.

Quando olhamos à nossa volta, daquele inusitado ponto de observação, vimos as montanhas do Corcovado a leste e, a oeste, a vastíssima extensão do Oceano Pacífico. Corcovado é uma antiga selva tropical situada na Península de Osa, na Costa Rica, a qual pretendíamos explorar naquele dia. Muito além do alcance da nossa vista, no lado oposto do país (o lado caribenho), havia outra floresta, mais recente, que tencionávamos visitar dias depois: Tortuguero.

O salto de pára-quedas marcou o início de uma expedição nas matas da Costa Rica e o começo da nossa mais recente exploração do futuro da empresa e dos princípios a partir dos quais ela pode lucrar a curto e a longo prazo. Anteriormente, essa aventura nos havia levado a Sarawak, no norte da ilha de Bornéu, na Malásia; aos vales de Waipio e Waimanu, no Havaí, e ao nordeste vulcânico dessa mesma ilha; às salinas e aos santuários silvestres da península da Baixa Califórnia; às matas temperadas da Colúmbia Britânica; ao noroeste do Pacífico e às serras da Califórnia.

No caminho, também exploramos um conjunto diferente de ecossistemas, os ecossistemas industriais de conglomerados como a Hewlett-Packard, a Coors Brewing, a Xerox PARC, a Coca-Cola, a Nike e a Royal Dutch Shell. Tanto na natureza quanto no mundo empresarial, começamos a descobrir os princípios ecológicos pelos quais os sistemas vivos se sustentam, assim como dicas de como aplicar esses mesmíssimos princípios à criação de empresas mais lucrativas e sustentáveis.

O que aprendemos resultou na tese deste livro: a economia maquinal está ficando obsoleta. E, para substituí-la, começa a emergir a economia viva. Nesta, em que o modelo industrial, mecanicista, é superado e procura-se emular os princípios dinâmicos da floresta tropical, as empresas podem aprender a lucrar mais do que nunca, não consumindo o lucro, mas criando-o.

NA FLORESTA TROPICAL

A NATUREZA ENSINA A EMPRESA A LUCRAR DE MODO SUSTENTÁVEL

Antes de enveredarmos pela floresta tropical, convém examinar certos conceitos básicos, aos quais ainda vamos retornar muitas vezes.

Este livro fala de ecologia e de economia — palavras de mesma raiz e de significados semelhantes. Tanto "ecologia" quanto "economia" derivam da palavra grega *oikos*, que significa "lar". A economia estuda a *administração* do lar. A ecologia vai mais além, para estudar a *lógica* em que se baseia essa administração. Por exemplo, a economia examina as inter-relações entre produtores e consumidores no mercado, a dinâmica pela qual a oferta atende à demanda, transmitindo valor às pessoas. A ecologia faz a mesma coisa, porém dá um passo adiante. Explora as inter-relações de *todos* os seres vivos com todos os elementos do seu ambiente, as interligações dinâmicas que animam a vida e criam valor, tanto na empresa quanto na natureza. Estudando ecologia, nós aprendemos uma forma avançada de economia, uma forma mais complexa e dinâmica que qualquer modelo econômico convencional.

Ciência muito complexa, a ecologia não se deixa compreender facilmente, com o mero uso do modelo causa/efeito ao qual a maioria das pessoas recorre para analisar o modo como as coisas acontecem. Um ecossistema complexo abrange tantas causas e tantos efeitos que é praticamente impossível isolar um deles dos demais. Só as grandes simplificações possibilitam a análise causa/efeito. E é muito limitado o emprego desses modelos supersimplificados, a menos que sejam cautelosamente ajustados aos fatores cruciais da realidade que descrevem. Em conseqüência, geralmente é mais útil falar nos *princípios* comuns aos sistemas complexos da natureza. Até certo ponto, estudar ecologia é estudar teoria empresarial. Estudar economia é estudar administração. Não se podem criar práticas administrativas sadias a partir de teorias falhas. A teoria é fundamental; a administração sadia depende dela. Se você entender a teoria de maneira basicamente equivocada, é impossível que administre a sua empresa corretamente. É justamente por isso que, em cada capítulo, nós nos concentramos na teoria antes de entrar na prática: focalizamos especificamente a dinâmica e os princípios sistêmicos que criam valor na natureza. Depois, uma vez estabelecidos os fundamentos, podemos entender melhor como alavancar os princípios básicos da natureza de modo a criar lucro para a empresa.

Nem a ecologia nem a economia estudam os organismos vivos isoladamente. Ambas enfocam a dinâmica dos organismos vivos com o ar, a água e outros recursos numa *comunidade*. Em ecologia, tais comunidades se denominam **ecossistemas.**

Que é um ecossistema? Uma floresta? Uma empresa? Neste livro, o termo *ecossistema* não designa exclusivamente os ecossistemas naturais em que costumamos pensar; designa *toda e qualquer comunidade dinâmica e interdependente de seres vivos.* Uma floresta. Uma família humana. Uma empresa. Uma cidade. Tudo isso é um ecossistema tão natural, à sua maneira, quanto qualquer coisa que se encontra naquilo que costumamos denominar "natureza".

A característica distintiva desses ecossistemas é a sua resistência. Arthur Tansley, o ecologista britânico que cunhou o termo *ecossistema*, disse que os ecossistemas *têm a capacidade de reagir à mudança sem alterar as características básicas do sistema.* Enfrentam os mesmos limites que as economias humanas — recursos físicos finitos e um fluxo limitado de energia solar —, no entanto desenvolvem-se e evoluem continuamente, ao longo do tempo, num processo que prossegue com êxito há 3,8 bilhões de anos. Pense nisso: todos os sistemas complexos da natureza estão caindo constantemente ao nível zero, consomem permanentemente recursos limitados e, mesmo assim, continuam sobrevivendo, evoluindo e até progredindo.

Como a natureza retarda essa "queda"?

NO LIMITE DA SELVA COSTA-RIQUENHA

Em menos de um minuto de queda, o solo ficou a apenas dois quilômetros de distância, e a nossa aproximação era demasiado rápida para que conservássemos a capacidade de explorá-lo depois. É lógico que tínhamos a intenção de utilizar os pára-quedas para desacelerar a descida e fazer uma aterrissagem suave. Mas, olhando à nossa volta, lembramo-nos de que havia outros meios, melhores até, de retardar ou deter uma queda.

Abaixo de nós, a leste, estendiam-se quilômetros e quilômetros de mata exuberante, numa extraordinária ostentação de cores, entre as quais predominavam os mais diversos tons de verde. Do nosso privilegiado ponto de observação, a selva parecia riquíssima em recursos. Obviamente, havia uma grande quantidade de água; uma floresta tropical úmida recebe pelo menos duzentos centímetros de chuva por ano. A temperatura, embora elevada — 25º C ou mais —, não variava muito, de modo que o clima era estável. Como a mata ficava próxima do equador, nada indicava que a falta de luz solar fosse um problema. As plantas e os animais pareciam abundantes, e nós imaginamos que, em conseqüência da decomposição dos vegetais mortos ou em vias de morrer, o solo era rico. Mas essa primeira impressão revelou-se falsa. A mata costa-riquenha — assim como quase todas as florestas tropicais úmidas — tem o solo pouco espesso e praticamente desprovido de minerais. Quase não recebe luz do Sol e muitas vezes carece de água, que é bloqueada e desviada pelas copas das árvores. E os vegetais que caem dificilmente se acumulam tempo suficiente para criar húmus e enriquecer o solo. São imediatamente capturados pelos fungos, que decompõem os nutrientes, fornecendo-os diretamente aos seres vivos. Por necessidade, a selva abastece suas populações "com o mínimo".

Como é possível? Como uma região que enfrenta um limite tão imediato de recursos consegue produzir uma *abundância mais diversificada* do que se tivesse um solo mais rico, recebesse mais sol e contasse com água acessível e riqueza em minerais? A resposta é o limite — e o *feedback* e a adaptação provocados por esse limite. A escassez de energia, de água e de minerais significa que toda espécie vegetal e animal está continuamente no limite máximo da necessidade de recursos, arriscando esgotar suas reservas. Numa floresta muito recente e simples, isso pode ser cataclísmico: as espécies que esgotam o combustível morrem. Mas aquelas cujas formas lhes permitem sobreviver em face do limite persistem. A seleção natural as "escolhe" para mais uma geração, e o atributo que lhes deu vantagem tende a ser transmitido para os descendentes.

Com o tempo, esse processo de seleção natural leva a uma variação crescente. Toda vantagem fisiológica — toda modificação que favorece um indivíduo com um benefício reprodutivo — tende a ser conservada. Conseqüentemente, as espécies vão se adaptando paulatinamente para definir suas especialidades, os reinos nos quais competem melhor que qualquer outra. Essas áreas passam a ser o seu nicho, o lugar em que elas estão particularmente adaptadas para primar.

Se os recursos fossem abundantes na mata tropical, não haveria lugar para tais especialistas. As espécies mais consumidoras e de crescimento mais rápido as deixariam prontamente para trás, e a floresta não tardaria a ser dominada por uma monocultura de **estrategistas-r**, como as denominam os ecologistas: espécies pioneiras que crescem com rapidez, produzem muitas sementes e morrem cedo. São chamadas de "pioneiras" porque seu crescimento e sua fertilidade permitem-lhes dominar velozmente um campo aberto; e de estrategistas-r porque sua estratégia central é a *reprodução* em massa.

Os limites são, de fato, a plataforma a partir da qual a inovação brota na natureza. À medida que cada estágio de desenvolvimento chega ao limite, surge nova criatividade. Se a inovação for adequada ao desafio apresentado pelo limite, o resultado é uma espécie mais capaz ou um ecossistema mais rico. Se o limite for eliminado — por exemplo, se o incêndio for contido — até mesmo uma floresta complexa pode ser destruída, pois outros limites, até então reprimidos, finalmente entrarão em ação.

Na ausência de incêndios sazonais, as árvores de uma floresta simples podem crescer rapidamente em tamanho e número, impedindo as plantas jovens ou as espécies mais diversificadas de ocupar nichos. Enfim, sem forças que as refreiem, as espécies dominantes chegam a ultrapassar as **fronteiras** naturais e exceder a **capacidade de carga** da floresta. Sendo aproximadamente da mesma idade, as árvores declinam e morrem quase simultaneamente, criando um tamanho acúmulo de madeira morta que a inevitável destruição pelo fogo pode ser total. A contenção do fogo ou a **ultrapassagem** de qualquer limite ou fronteira natural ameaça todo o ecossistema de destruição. Todavia, se for permitida a mudança, se a coevolução avançar a passo moderado, a mata se tornará mais diversificada. O ciclo de inovação, crescimento, aprimoramento e destruição voltará a se repetir muitas vezes. Nessa "plataforma" móvel, ele cultivará uma série crescente de espécies e qualidades de vida, da mais simples à mais complexa e autoconsciente.

Portanto, apesar da pobreza de recursos — ou quem sabe por causa dela —, a floresta tropical é extraordinariamente abundante, tem mais vida e diversidade que qualquer outro tipo de ecossistema do planeta. Talvez dois terços das espécies da Terra vivam nas matas úmidas dos trópicos.

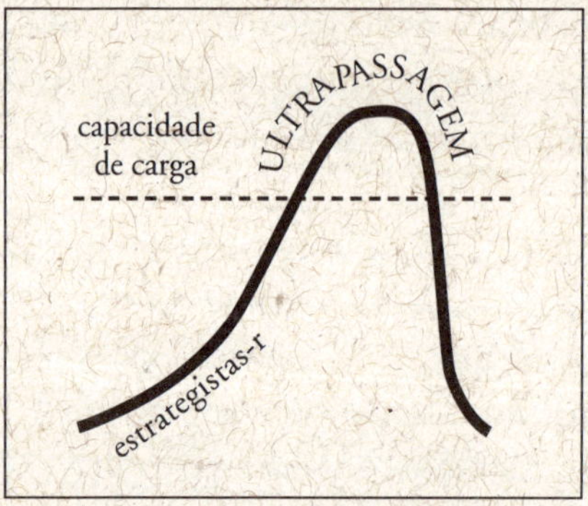

As espécies pioneiras — "estrategistas-r" crescem tão rapidamente e são de tal modo férteis que tendem a ultrapassar a capacidade de carga do meio ambiente. Então morrem.

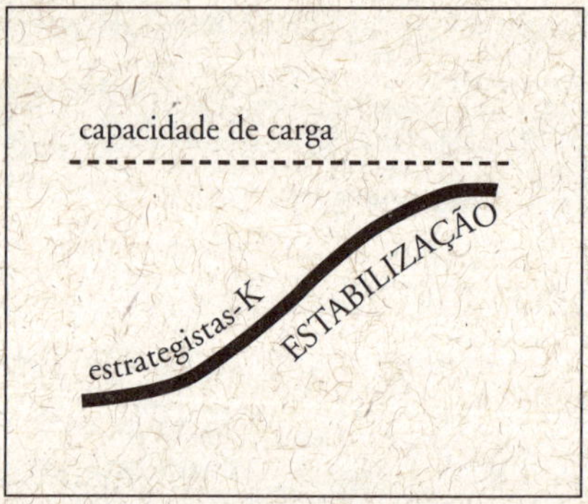

Com o declínio das pioneiras, entram em cena as "estrategistas-K", que, embora menos férteis, são mais especializadas no meio ambiente. Sua população é mais estável na capacidade de carga local.

As espécies pioneiras crescem e se reproduzem tão rapidamente que tendem a "ultrapassar" a capacidade de carga do meio ambiente. Sua população e seu consumo podem seguir a trajetória de uma curva em "U" invertido. Em comparação com as estrategistas-r, as estrategistas-K são espécies mais finamente sintonizadas, que evoluem para formas mais eficientes em resposta aos limites ambientais. Sua população e seu consumo podem acompanhar uma curva em "S".

MUDANÇA NA ESTABILIDADE

Todos os ecossistemas complexos têm um **equilíbrio dinâmico**, mediante o qual a mudança é constante, embora as condições que favorecem a vida sejam de algum modo sustentadas. Num ecossistema simples, com muito poucos organismos — como um gramado, um jardim ou uma floresta jovem —, uma única ruptura pode levar à devastação total. Enquanto for abastecido de recursos que induzem o crescimento, como os fertilizantes, esse ecossistema consegue vingar durante algum tempo e manter-se quase inalterável, a não ser no tamanho físico. Mas, se posteriormente for atacado por um fungo ou uma peste, pode ser rapidamente destruído.

Não obstante, num ecossistema complexo, com muitas variedades, tudo está constantemente em fluxo. Esse tipo de sistema tende a ser **caórdico**, combinando características de ordem e de caos. Cada espécie influencia todas as outras; cada mudança se dissemina, por meio de uma complexa rede de relações, para afetar tudo o mais. No entanto, o todo permanece sadio. O *stress* de uma parte do sistema pode ser grave. As populações de espécies individuais podem flutuar muito ou até extinguir-se. Mas as mudanças numa área são compensadas em outras. Depois de um distúrbio, um ecossistema torna a recuar a um ponto de equilíbrio, um alvo eternamente cambiante que ele nunca atinge continuamente.

O equilíbrio não é um ponto fixo; é um ponto de balanceamento que se altera à medida que as próprias condições do ecossistema se alteram. Por exemplo, pode parecer que, se as pessoas deixarem a floresta tropical intacta, daqui a cem anos ela estará quase totalmente inalterada. Geralmente não é assim. As selvas evoluem continuamente, às vezes sofrendo mudanças extraordinárias. Foi o que observamos nas duas florestas costa-riquenhas que visitamos, comparando a densidade de sua vegetação no nível do solo.

As matas jovens, que foram derrubadas há duas ou três gerações, apresentam aglomerados de vegetação muito densa nas proximidades do solo, naquilo que os ecologistas denominam **sub-bosques**. Tortuguero é uma dessas flo restas secundárias recentes. Ao sair de nossas barracas e percorrer as trilhas já preparadas, dávamos com uma muralha quase sólida de vegetação. Essas espécies pioneiras, de crescimento rápido e muito férteis, as estrategistas-r, são as primeiras a se instalar quando se abre um amplo espaço na mata. Penetrar aquela muralha de trepadeiras e ramos intimidava um pouco devido às cobras corais e a outras criaturas não menos mortíferas. Tortuguero evocava o antigo e popular conceito de selva: um lugar sombrio e perigoso, repleto de bichos ameaçadores; um território inimigo ainda não conquistado.

Corcovado, pelo contrário, é uma antiga mata primária, não tão cheia de pioneiras de crescimento rápido, de estrategistas-r, e sim de **estrategistas-K**. A estratégia de sobrevivência destas consiste em se adaptar a fim de adequar-se mais perfeitamente aos nichos específicos e consumir os recursos mais frugalmente que as pioneiras. Isso expande a *capacidade de carga* (K) do ecossistema da mata; permite que mais vida coexista com menos recursos.

Nessas florestas de vegetação antiga, que representa a grande maioria das matas intactas, os sub-bosques são muito despojados. Isso nos surpreendeu quando da nossa primeira visita a uma mata tropical, em Sarawak, na ilha de Bornéu. Descobrimos que, longe de ser uma densa barreira de ramos, trepadeiras e folhagens, o chão da floresta se apresentava quase sempre desobstruído e fácil de penetrar. Isso porque, muito embora a mata primária fervilhe de vida, não é olhando para a frente que se consegue vê-la. Afinal, as folhas e os brotos consomem muito dos escassos recursos e a grama e os arbustos simplesmente não conseguem crescer à sombra, no chão da floresta. Em vez disso, é para o alto que se deve olhar para enxergar a vida, para a **copa** densa de folhas, que capta 90% da luz solar e a impede de chegar ao solo. A vida se mudou para o andar superior.

Nas copas das árvores das florestas tropicais, a matéria em decomposição se deposita nos galhos e entre eles, presa por um sistema de raízes que forma uma espécie de malha. Nesta brotam milhares de espécies de sementes, inclusive mais de 1.400 tipos de orquídeas, a maioria delas epífitas, ou seja, que se apóiam em árvores e plantas. As plantas, as folhas e a matéria em decomposição captam a luz solar e retardam a precipitação da chuva, desviando essa luz para uso próprio. Elas formam uma malha tão densa que, iniciado um temporal, a água pode demorar uns dez minutos para chegar da copa ao solo.

Também nos surpreendeu como é pouca a competição direta na floresta tropical. Nós a imaginávamos repleta de plantas e animais constantemente empenhados num combate mortal, coisa que pode ser verdade nas matas secundárias muito recentes ou nos campos abertos, onde as espécies estão num verdadeiro vale-tudo pelos estoques de recursos subitamente abundantes. Mas, numa floresta mais desenvolvida, as espécies se adaptaram para preencher uma série de nichos distintos mas interdependentes. E, à medida que elas se adaptam, a cooperação vai se tornando maior que a competição. A maior parte das batalhas competitivas já não se empreende diretamente, espécie contra espécie, mas entre estas e os recursos de seus próprios nichos rigorosamente definidos. Essa competição nos nichos, embora ainda pertinaz, provoca uma realocação de recursos mais gradual e menos destrutiva do que um grande combate pelo domínio de um ecossistema maior. "Os estudos sobre a competição entre as espécies animais geralmente constatam que estas dividem os recursos de modo a permitir a existência de cada qual num único subconjunto da gama de recursos", dizem os biólogos Adrian Forsyth e Ken Miyata (1984).

Muitos cientistas contestam a idéia de que a cooperação venha a ser mais freqüente que a competição à medida que as espécies se adaptam. Geralmente, essa convicção se baseia numa visão estreita da cooperação. Nós a encaramos assim: todo sistema compreende outros sistemas: todos, partes e partes de partes. Para formar um todo coerente, o comportamento da totalidade das partes deve se coordenar de modo que o conjunto funcione para o seu benefício individual e coletivo. Por exemplo, à proporção que vai se tornando mais complexo, o ecossistema de uma floresta se divide numa miríade de nichos à medida que uma espécie "desobstrui o caminho da outra" e encontra fontes de sustento que ela é mais apta a explorar. Essa tarefa de subdividir as florestas também é cooperação. A cooperação nada tem de consciente, como às vezes ocorre com a humana; é uma conseqüência da especialização e da interdependência. À medida que se especializam, os seres vivos acham vantajoso cooperar. Querendo ou não, as partes se unem, cooperando umas com as outras, para formar o todo.

Um dos motivos pelos quais as partes "escolhem" efetivamente unir-se formando todos é que elas às vezes adquirem novas qualidades mediante a combinação, qualidades tão valiosas que reforçam essa combinação. Pelos processos de **sinergia**, as moléculas de uma célula, as células de um organismo, os organismos de uma floresta conseguem expressar qualidades superiores quando se unem para formar o sistema superior seguinte. Neste sentido, eles "lucram" com essa combinação. A **teoria da complexidade**, originada nos campos da ecologia natural e da biologia, estuda como e por que os sistemas, como um todo, comportam-se de um modo impossível de explicar pela soma das partes.

De certo modo, os organismos da mata tropical dividem os territórios. Cada espécie tanto define quanto ocupa o seu próprio nicho. Outras manipulam constantemente as fronteiras dos nichos, em busca de vantagem, e muitas vezes as condições se alteram a ponto de destruir um nicho, deixando as espécies sem lar. Mas estas, nas florestas tropicais, não são organismos solitários em luta com uma miríade de outros para ser o último sobrevivente num ambiente hostil. Um depende do outro para construir coletivamente um ecossistema, cada qual definindo um nicho exclusivo, vital para os nichos contíguos e a ele sobrepostos, e dependente desses mesmos nichos.

Foi aqui que descobrimos os recursos mais preciosos da floresta tropical: não as árvores ou os demais recursos físicos, e sim as *relações*, a série complexa de *designs*. Cada uma dos milhões de espécies é diferente de todas as outras; cada uma preenche um determinado nicho mais perfeitamente que as outras. Por meio das relações entre as espécies, a mata se sustenta em face dos limites. A eficiência do nicho de uma espécie é uma fonte de ganho líquido na floresta, uma fonte de "lucro". À medida que é capaz de ocupar seu nicho — isto é, de exercer sua função — utilizando menos recursos que a outra, a espécie impede que a mata chegue aos seus limites. E à proporção que essas especialistas conseguem suplantar as espécies pioneiras na selva, mais vida consegue primar — e em maior variedade — num determinado espaço.

Outro modo pelo qual a floresta retarda o esgotamento de seus recursos é mediante o **aninhamento**, a **fronteira** e a **sobreposição**. Os ecossistemas não são entidades isoladas com fronteiras impenetráveis. Todos eles estão aninhados uns dentro dos outros, fazem fronteira uns com os outros ou se sobrepõem. O mangue, por exemplo, brota no limite entre a terra e a água. À medida que se multiplica, sobrepõe-se à água e acaba formando o brejo do manguezal, que está contido ou aninhado no ecossistema local. Desse modo, os ecossistemas formam camadas interiormente, externamente e uns sobre os outros.

Aliás, basta analisar uma espécie qualquer para constatar que ela está englobada numa seqüência de sistemas inter-relacionados e ao mesmo tempo abarca ou envolve esses sistemas. As bactérias aninham-se nos órgãos; e os órgãos, nos indivíduos. As famílias se aninham nas comunidades. As espécies aninham-se em ecossistemas; estes, na biosfera; esta, no planeta, e assim por diante. O filósofo Ken Wilber, evocando a obra de Arthur Koestler, deu o nome de **hólon** a cada todo sucessivo, ou seja, a cada todo que também faz parte de um todo mais abrangente. Reunindo-se em organizações **holônicas** — as **holarquias** —, os sistemas podem ser grandes e complexos, mas também eficientes, resistentes e adaptáveis.

Quando se sobrepõem sem englobar uns aos outros, os ecossistemas criam uma borda ecológica, na qual podem entrar numa espécie de conflito. A **borda** é uma rica mistura de ecossistemas que ocorre quando duas formas diferentes se encontram e passam a entremesclar-se. É freqüente duas espécies tentarem habitar o mesmo nicho, muito embora estejam fadadas ao insucesso. Segundo o **princípio da exclusão competitiva**, desenvolvido pelo biólogo Garrett Hardin, pelo menos um dos organismos é forçado a se adaptar ou então morre. Assim, embora os sistemas que envolvem e abarcam uns aos outros possam efetivamente cooperar, os sobrepostos geralmente entram em competição. Esta leva muitas vezes a co-adaptações nas quais os sistemas se tornam interdependentes, entremesclando-se ou até mesmo abarcando um ao outro.

As espécies da Costa Rica apresentam muitas dessas combinações. Limitado, ao norte e ao sul, pelos dois grandes continentes americanos e, a leste e a oeste, por duas grandes placas tectônicas, o país é um dos lugares mais quentes do Círculo do Fogo do Pacífico. A atividade vulcânica transforma-o periodicamente de istmo em península e de península em arquipélago, para depois devolvê-lo à condição original. Isso significa que, umas vezes, ele ergue barreiras e, outras, oferece um corredor para a migração de plantas e animais de norte a sul, primeiramente convidando novas combinações ecológicas e culturais, para logo isolá-las e obrigá-las a evoluir. Nos períodos de sobreposição, algumas espécies se sobressaíram nos novos ambientes. Outras pereceram. Mas a maioria delas conseguiu evoluir, adquirindo características tanto do norte quanto do sul.

De modo geral, a combinação dos dois continentes, por meio do seu ponto de convergência, levou ao aumento da diversidade biológica. As antigas formas encontraram novos lares no interior dos vários microclimas agora à sua disposição. Outras se adaptaram de modo a adequar-se aos novos hábitats. Assim, a Costa Rica é um caldeirão de inovação biológica. E, embora constitua menos que dez milésimos da superfície terrestre, abriga cerca de cinco por cento das espécies. A diversidade encontrada ali é centenas de vezes maior do que a média global. Por que isso é importante? Porque mostra o que acontece quando dois sistemas se unem, sobrepondo-se, no mesmo território: trata-se da mistura da competição com a cooperação, da destruição com a criação. As bordas são lugares de conflito, mas também de troca positiva. Unem diversos sistemas e montam o palco para a sua integração ou para a sua destruição.

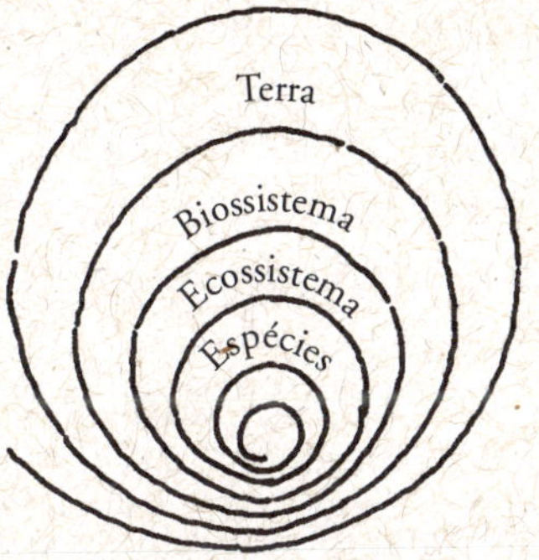

SISTEMAS ANINHADOS

Todo sistema tanto abarca quanto é abarcado por outros sistemas. Cada parte de um todo é denominada hólon.

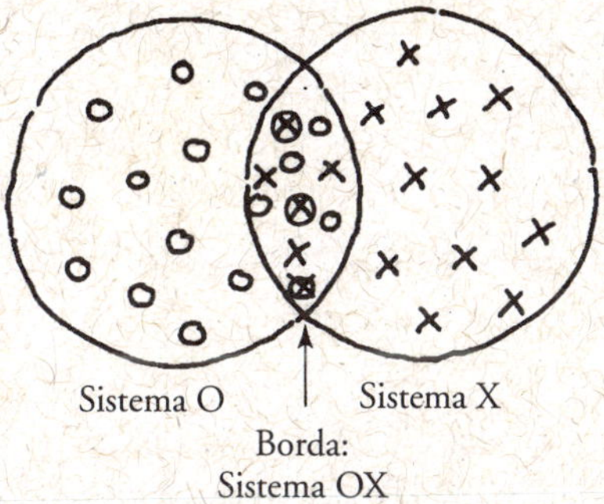

SISTEMAS SOBREPOSTOS

Dois sistemas que se sobrepõem formam uma borda. As bordas são mais diversificadas. Também podem preparar o terreno para combinações que criam algo novo.

Também a nossa economia se acha numa borda. Nós vivemos entre duas grandes eras da civilização, entre duas estações ecológicas.

NA EMPRESA

DE BILL COORS A DEE HOCK, AS CRIATURAS DA FLORESTA TROPICAL, A ECONOMIA E A FUTURE 500

Em dezembro de 1995, nós reunimos sessenta líderes empresariais, tanto da antiga quanto da nova economia, em Aspen, Colorado, a fim de discutir um modo de administrar nossas empresas em termos mais sustentáveis. Houve consenso quanto a um ponto: o mundo se achava entre duas economias: a industrial, alicerçada no emprego das máquinas para multiplicar a musculatura humana, e outra, mais fundamentada na informação, com capacidade de expandir a mente humana. Três forças favoreciam tal convergência: o meio ambiente, a tecnologia e os valores.

Os limites ambientais, desde a poluição local do ar e da água até as preocupações globais com as alterações climáticas, assim como a extinção das espécies e a destruição das florestas tropicais, exigiam mudanças no nosso modo de gerir a empresa.

As novas tecnologias, como o microprocessador, os materiais avançados, o computador e a Internet, começavam a viabilizar tais mudanças. A substituição dos combustíveis fósseis e das matérias-primas pelo conhecimento criava as sementes de uma economia capaz de oferecer um elevado padrão de vida, utilizando não mais que uma fração dos recursos outrora requeridos.

Novos valores começavam a surgir, valores que refletiam tais mudanças na tecnologia e no meio ambiente. Nas pesquisas, a maior parte dos consumidores havia declarado que já não via nenhum conflito intrínseco entre os interesses da empresa e os da Terra. A maioria estava convencida de que era possível satisfazer as necessidades das pessoas com menos danos para o planeta, não com mais.

Sem embargo, apesar das novas tecnologias e dos novos valores, não estávamos fazendo o progresso necessário para desenvolver uma cultura empresarial rica e sustentável. Era como se nos achássemos atados aos modelos e métodos empresariais da economia passada, não da futura. Dessa reunião surgiu uma nova rede de empresas, uma aliança informal, que passou a ser conhecida como a Future 500. Incluía firmas da antiga economia e da nova. Industriais e baseadas na informática; estrategistas-r da produção em massa e estrategistas-K ocupantes de nichos. Nós passamos os cinco anos seguintes reunindo-nos, fazendo planos, ministrando palestras e desenvolvendo instrumentos que as empresas-membro podiam utilizar para extrair o potencial da economia emergente a fim de lucrar sustentavelmente. Este livro é um resultado desse esforço, assim como uma avaliação de alguns dos nossos sucessos.

Na data em que saltamos na selva costa-riquenha, 10 de outubro de 2000, algumas das criaturas mais inovadoras da empresa "floresta tropical" estavam lá embaixo, no chão: certos executivos, tecnologistas e ativistas não-convencionais, que diversas vezes participaram de nossas expedições, as lideranças da Future 500, cujas histórias se entrelaçaram para formular as lições de *O que a Floresta Tropical nos Ensinou*. Eles são personagens no sentido mais verdadeiro da palavra. Porém, o mais intrigante que eles têm em comum pode ser o seguinte: todos colheram inspiração e idéias na natureza e todos usaram o que aprenderam para desenvolver empresas mais bem-sucedidas.

PARTE UM

Os Princípios que Maximizam o Desempenho da Empresa

CAPÍTULO UM

Feedback

LIÇÃO UM:
USE OS LIMITES PARA CRIAR VALOR – FECHE O CICLO

NA FLORESTA TROPICAL, a natureza usa o feedback *para "fechar o ciclo". Em face dos limites, o* feedback *desencadeia adaptações que diminuem ou contornam as restrições físicas.*

NA EMPRESA, firmas como a Coors usam o feedback *para "fechar o ciclo", desencadeando inovações que levam a produtos, processos, negócios e lucros novos.*

SALTAR DE PÁRA-QUEDAS é o antídoto perfeito contra um trabalho altamente estressante. Dá um alívio total. Quando a gente olha para baixo e percebe que está em queda livre, diretamente a caminho do chão, a 190 quilômetros por hora, todos os sentidos despertam plenamente. É quase impossível pensar em estratégias empresariais, balancetes ou nos problemas familiares do dia-a-dia.

Quando uma pessoa salta de pára-quedas, os cinco sentidos precisam operar com toda eficácia. Imagine, por exemplo, que durante àquele salto na Costa Rica nós não tivéssemos o sentido da visão ou o da audição — só o do tato.

Contando apenas com o sentido do tato, ao pular do avião, nós sentiríamos o sopro do vento no rosto; teríamos uma grande sensação de movimento e alegria. Seria empolgante. O único problema é que não veríamos o solo, não teríamos como saber que estávamos avançando precipitadamente em sua direção. Não saberíamos sequer que estávamos caindo. Assim, o chão não teria nenhum impacto sobre nós, a não ser quando o atingíssemos. Então, sim, o impacto seria significativo.

Nos negócios, nós temos muito de um pára-quedista cego e surdo. As empresas operam somente com dois sentidos: o do paladar e o do tato. Têm o do paladar na medida em que é possível saber o que se passa dentro delas — qual é o nosso resultado líquido imediato. E têm o sentido do tato porque, à proporção que conhecemos o efeito do que acontece lá fora e nos atinge, nós o sentimos aqui e agora.

Mas pense bem: as nossas empresas não têm o verdadeiro sentido da visão nem o da audição. Nós só sabemos o que acontece à distância quando somos diretamente afetados, quando sentimos o impacto. De modo que avançamos precipitada e cegamente, sentindo a empolgação do comércio, a alegria do vento no rosto. Mas não sabemos se estamos subindo rapidamente para o céu ou apenas despencando.

Ray Anderson, chairman da Interface Carpets, diz que os homens de negócios atuais são como os inventores do avião de antigamente, que saltavam do precipício, com seus artefatos rudimentares, certos de que bastava estar no ar para conseguir voar. Muitos tiveram a triste surpresa de se estatelar no chão. Ray acha que nós saltamos no abismo com toda a nossa economia. Estamos consumindo rapidamente os recursos da Terra, cultivando uma economia de alta velocidade. Sentimos o vento no rosto. A gravidade nos atrai cada vez mais depressa, e nós vamos ficando mais empolgados do que nunca. Só que agora estamos muito perto do solo.

Seria bom que despertássemos antes de nos esborrachar. É nesse sentido que temos de trabalhar. Enquanto ainda estamos no ar, caindo, precisamos aprender — como a floresta tropical — a retardar a queda ou até mesmo a invertê-la e voar.

NA FLORESTA TROPICAL

O FEEDBACK DESENCADEIA A CRIAÇÃO DE VALOR

O *FEEDBACK* É O MODO DE APRENDIZAGEM DA NATUREZA

Na floresta tropical, a evolução de cada criatura é moldada pelo *feedback*, a adaptação e o aprendizado. Todas as espécies são esculpidas em resposta aos limites extremos, que são uma realidade constante. Tais limites impulsionam rapidamente as criaturas da mata rumo a um "ponto zero", no qual os recursos que as sustentam terão sido totalmente consumidos. Todavia, mediante o *feedback* e a adaptação, elas desenvolvem um sistema que as abastece de novos recursos — a margem exigida para evitar o impacto com o solo — geralmente na última hora.

A selva tropical fornece esses recursos por meio de uma longa série de ciclos de *feedback* que servem como um sistema sensor da mata. Esses ciclos são extremamente rápidos em comparação com os das florestas temperadas. Nas matas do nordeste do Pacífico, os dias quentes de primavera estimulam as plantas a brotar botões, rebentos e folhas, criando um ambiente rico em proteína. Nessa época, condicionados por tanta riqueza protéica, os bichos reproduzem; os pássaros retornam para criar os filhotes, os ovos dos insetos incubam, as rãs despertam da hibernação. No verão, os vegetais e os animais se servem do alimento abundante para crescer em tamanho e número. Chegado o outono, o crescimento se desacelera, as árvores perdem as folhas, e as plantas dão frutos, sementes e nozes para voltar a reproduzir-se na primavera e manter a vida durante o inverno.

Nas florestas tropicais que nós visitamos, pelo contrário, a luz do Sol, a chuva e as temperaturas elevadas são constantes, de modo que as plantas germinam, crescem, florescem e deitam sementes o ano inteiro. A queda das folhas é lenta e contínua, não se concentra numa única estação do ano. Em conseqüência, não há abastecimento sazonal de proteína. O calor e a umidade constantes levam a uma decomposição rápida. O húmus que enriquece o solo nas florestas temperadas não tem tempo de se acumular nos trópicos. O chão da mata é uma escura fábrica de decomposição. Uma folha que cai numa floresta norte-americana pode levar um ano para se decompor; a mesma folha, na mata tropical, estará totalmente podre em um mês. As bactérias, os fungos e os insetos a atacam assim que ela chega ao solo, ou até antes, fracionando-a em moléculas nutrientes, as quais ficam imediatamente liberadas para serem absorvidas pelas raízes ou prontamente varridas pela chuva.

Na Costa Rica, tinha-se a impressão de que na base de cada árvore, junto a cada tronco caído e em cada fenda na qual os resíduos da floresta podiam se acumular, os cogumelos silvestres floresciam, fragmentando as folhas mortas e a madeira e devolvendo seus componentes ao solo o mais depressa possível. Nos trópicos, os sistemas de raízes são rasos porque encontram água e nutrientes bem perto da superfície. Às vezes, as raízes mal penetram o chão ou simplesmente se estendem sobre ele. Esses sistemas rasos de raízes tornam as árvores altas vulneráveis ao vento ou à intempérie, que podem derrubá-las. Para se manter erguidas, na ausência de um sistema de raízes profundo, muitas espécies criam esteios laterais: finos prolongamentos ocos que vão da base da árvore até o chão, como um cavalete de árvore de Natal. Esses suportes se irradiam, no solo da mata, como sistemas de vácuo que absorvem os recursos e abastecem a vida exuberante das copas lá no alto.

O processo de decomposição e composição, nos sistemas vivos, chama-se **metabolismo**. Todo e qualquer sistema vivo, seja uma selva, seja uma célula, absorve a matéria-prima e a decompõe em formas mais simples num processo que os cientistas denominam **catabolismo**. Então, no interior de cada célula, as enzimas, as fábricas celulares ou outros agentes tomam as partes e as reorganizam em formas mais complexas — processo conhecido por **anabolismo**. Neste, certos valores se perdem, trocados por outros que geram um novo todo. Em outras palavras, ganham-se novos recursos à medida que se perdem outros.

Na mata, os recursos absorvidos no solo pelas raízes das árvores e das plantas vão abastecer uma vastíssima série de espécies. Os biólogos costumavam fazer diagramas desse arranjo relacionando as espécies entre si de um modo tão simples que chegava a parecer uma **cadeia alimentar** linear, cada elo ligado quando muito a um ou dois outros. É claro que se recorreu a esse diagrama simples para descrever o modo como convertemos os recursos em produtos industrias. No entanto, essa visão, mesmo quando utilizada nos jornais científicos, simplifica excessivamente a diversidade e as inter-relações das espécies.

Se todas as formas de vida da floresta estivessem ligadas entre si numa mera cadeia alimentar, não tardariam a ficar desprovidas de recursos. As taxas de conversão são extremamente baixas: em geral, 1% ou até menos do conteúdo calórico de um elo se converte em calorias no seguinte. Por exemplo, as plantas transformam em energia não mais que 2% da luz solar que as atinge. Os carneiros que se nutrem de capim ou as vacas que comem milho conservam cerca de 1% do alimento. As pessoas que se alimentam de carne de carneiro ou de vaca mantêm 1% dela. Toda essa cadeia alimentar de três elos acaba "desperdiçando" nada menos que 99,9998% da energia solar original.

Como a natureza supera esse desperdício extremo? Unindo as espécies em **redes alimentares** complexas. As redes alimentares oferecem muito mais ganho em eficiência do que as cadeias. Numa rede, a energia "desperdiçada" num processo não se perde. Simplesmente é posta de lado, onde a natureza tende a lhe dar o melhor uso local, esteja ela na forma em que estiver. Assim, as redes contêm muito mais conexões que as descrições clássicas das cadeias alimentares. A maioria das espécies come ou serve de comida para outras, num conjunto de dez a mil outras espécies. Os recursos caem em cascata pela rede à medida que são novamente reduzidos às suas formas mais simples e tornam a ser absorvidos pela rede ao encontrar outros recursos e com eles combinar-se para tomar formas mais complexas, num fluxo infindável e não-linear. A recicla-

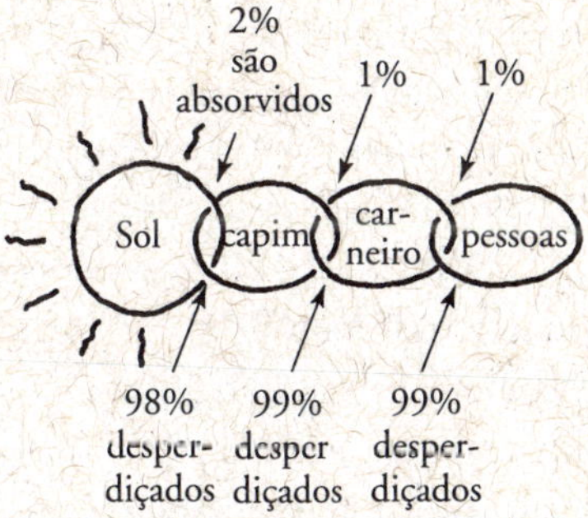

CADEIA ALIMENTAR

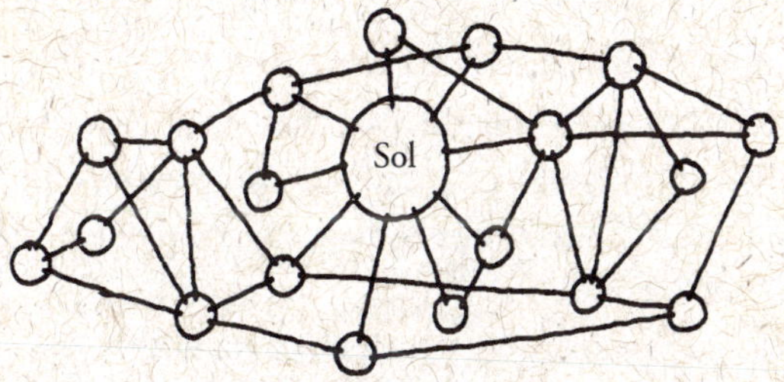

REDE ALIMENTAR

gem dos recursos não os devolve às formas anteriores, pois isso exigiria o consumo de mais energia para transportá-los e reformá-los. Em vez disso, são absorvidos na forma em que se encontram, a fim de satisfazer a necessidade local para a qual já estão adaptados.

AS MÁQUINAS SE LIMITAM A REALIZAR TAREFAS – OS SISTEMAS VIVOS TAMBÉM AS APERFEIÇOAM

Os fios dessas redes não são estáticos como numa teia de aranha. Eles são condutos dinâmicos que reúnem todos os organismos de uma floresta numa única rede de coexistência, o **ecossistema** de Tansley. A competição que, antes de mais nada, forçou as adaptações, agora sabota a sua própria condição e, parcialmente, abre caminho para a cooperação. Tudo passa a ser interdependente na operação efetiva e eficiente do todo.

À medida que os fios ligados em simples cadeias alimentares se ramificam em todas as direções para formar redes, o *feedback* e a adaptação se aceleram. As redes alimentares encontram meios de consumir todos os recursos existentes no seu interior. A cada novo ciclo de *feedback*, operam-se novas arrumações que, com o tempo, levam ao desenvolvimento de novas relações e até de novas espécies. A cada adaptação, cresce o conteúdo de informação dos ecossistemas; a verdade é que os ecossistemas *aprendem*.

Por exemplo, nas cadeias alimentares simples, os recursos são absorvidos numa extremidade, utilizados no meio e descartados como resíduo na outra ponta — vão para "fora", ou seja, para o ecossistema maior seguinte. As cadeias alimentares comportam-se mais como **máquinas simples**: enquanto recebem combustível, continuam realizando a mesma tarefa, repetidamente.

Quando o combustível acaba, elas param. Faltam-lhes as opções de um sistema mais complexo, por isso são menos capazes de se adaptar.

Já as redes alimentares têm, pelo contrário, muitas opções. Não agem como máquinas, e sim como **sistemas adaptativos complexos**, com capacidade de sentir os níveis de abastecimento de recursos e adaptar-se à proporção que ocorrem leves alterações. Nas complexas redes alimentares, *todo desperdício é alimento*. No entanto, essa **reciclagem** não é direta. Na floresta, a natureza não desperdiça energia reconvertendo as folhas diretamente em folhas. Toma-as como elas estão. As folhas podem se transformar em adubo e, a seguir, decompor-se em seus componentes químicos, cada um dos quais será retomado em novos processos. Tal como os organismos que eles constituíram anteriormente, alimentam muitos processos subseqüentes e também são alimentados por eles.

A natureza aplica essa estratégia também em escalas muito mais amplas. Veja, por exemplo, como ela recicla a água por intermédio dos **ciclos hidrológicos**, a circulação natural daquela entre a superfície da Terra e a atmosfera. A água dos oceanos evapora. A seguir, o ar a desloca para regiões mais frias, onde ela se condensa em nuvens. Então estas tornam a vertê-la na Terra por meio das precipitações. Uma vez no chão, a água se espalha, juntando-se aos rios, aos córregos e ao solo. Nesses lugares, pode ser absorvida pelas plantas e animais, muitos dos quais são constituídos de pelo menos 95% de água. Depois, é possível que ela se decomponha em hidrogênio e oxigênio e se ligue a novos átomos, como o do carbono, para formar o gás carbônico e outras substâncias.

Como a água executa funções em cada estágio do caminho, os "custos de transporte" de sua reciclagem são, num sentido importante, nada mais que zero. Todo o conteúdo dos oceanos do mundo demora cerca de um milhão de anos para passar pelo ciclo hidrológico, mas isso não significa que a natureza seja lenta — significa que a natureza é completa, complexa e flexível.

Esse fato revela uma falha do conhecimento convencional da reciclagem. Muitas vezes, os ambientalistas e os líderes empresariais procuram "fechar o ciclo" reciclando determinado produto no mesmo produto: uma lata numa lata, uma caixa numa caixa, um carro num carro, digamos. Isso é bom, mas pode não ser muito eficiente. Se um produto for consumido longe de onde o produzem, por exemplo, o custo da energia para levá-lo de volta ao local da produção pode anular os ganhos ambientais da reciclagem. Todavia, quando um produto é reciclado em outro diferente, especialmente num menos valioso, pode ser que os ambientalistas critiquem o processo, classificando-os de *downcycling*[1]. Às vezes eles têm razão: se uma aplicação de alto valor está disponível, o uso de

1. Processo de reciclagem em que o produto final tem um desempenho ou valor inferior ao que tinha antes.

baixo valor dos recicláveis pode ser um desperdício. Porém, com muita freqüência, o *downcycling* é simplesmente o modo mais eficaz de utilizar os recursos.

Considere, por exemplo, o modo grosseiro como se recicla a maior parte dos plásticos. As garrafas de leite ou de refrigerante são colocadas em caixas de reciclagem, transportadas aos centros de triagem locais e levadas às instalações de trituração. A seguir, passam por três processos separados e energeticamente intensos, que as preparam para a remanufatura de garrafas. Cada processo impõe custos ambientais suplementares, à medida que os vasilhames percorrem o país de um processo para outro. Os componentes da garrafa só têm valor no começo e no fim do processo. Toda a cadeia que os leva das residências para a fábrica impõe custos tanto econômicos quanto ambientais. Pode-se consumir mais energia e material para reciclar uma garrafa plástica em garrafa plástica do que para fabricar uma nova em folha. Comparativamente, se a garrafa for tratada ou reciclada em tecido para roupa ou carpete, reduzem-se os passos do reprocessamento, o custo é inferior e criam-se menos energia e poluição no processo. E mais: um punhado de empresas, como a C&A Floorcoverings, tem condições de tornar a reciclar o produto final.

Assim, a estratégia de reciclagem da natureza consiste em construir mercados locais, utilizando os materiais à medida que os encontra, no próprio ponto onde são criados ou perto dele. Desse modo, o caminho dos recursos na economia da natureza vai se tornando cada vez mais complexo, menos parecido com uma cadeia alimentar e mais parecido com uma rede alimentar.

NA EMPRESA

CRIAR VALOR, COLHER *FEEDBACK* – FECHANDO O CICLO

BILL COORS E O CICLO FECHADO: A EMPRESA COMO UM SISTEMA VIVO

O primeiro passo para transformar uma cadeia alimentar ineficiente em uma riquíssima rede alimentar e promover uma economia produtiva e palpitante consiste em *fechar o ciclo*. Assim fazendo, a natureza toma um simples *sistema maquinal*, desprovido da capacidade imediata de sentir o custo e adaptar-se, e o desperta gradualmente até convertê-lo num *sistema vivo complexo*, mais adaptável e resistente.

Fechar o ciclo é a estratégia central que Bill Coors, chairman da Adolph Coors Company, aplicou durante muitos anos para despertar empresas maquinais e convertê-las em empresas vivas e mais adaptáveis, capazes de aprender a ser, ano a ano, mais eficientes e inovadoras. Realimentando os custos e benefícios ambientais dos negócios, ele desencadeou uma série de eficiências e sinergias que possibilitaram tanto à empresa quanto aos acionistas auferir lucros.

O *feedback* é uma fonte de informação, diz Coors, e assume duas formas. O *feedback* brando, suave, cultiva a adaptação fácil. O severo, poderoso, impõe adaptações dolorosas, sob pena de morte. Ele prefere o caminho da adaptação suave e gradual. Aprendeu que, desencadeando formas antecipadas e sutis de *feedback*, pode estimular mudanças tanto contínuas quanto descontínuas, em suas empresas, mantendo-as um passo adiante das tendências que sepultaram a maioria dos seus antigos concorrentes. Bill conheceu Bill Coors em 1985, no escritório adjacente a sua cervejaria, em Golden, Colorado. No começo, nós estávamos em lados opostos de uma encarniçada batalha ambiental. Eu era o diretor executivo do maior *lobby* de reciclagem da época e lutava por uma "lei do vasilhame" que exigisse depósitos sobre as latas e garrafas de cerveja e refrigerante. Coors era CEO da terceira maior fábrica de cerveja do país. Eu estava preparando a minha organização para uma segunda campanha pela lei do vasilhame — agora de âmbito estadual —, esforço que Coors e seus aliados estavam dispostos a investir milhões para abortar.

No entanto, ele se transformou no nosso maior aliado, não por uma lei do vasilhame *tradicional*, mas por uma forma nova e mais eficaz de legislação, que nós elaboramos e o estado da Califórnia aprovou. Segundo Darryl Young, o diretor do Departamento Estadual de Conservação, ela já reciclou, historicamente, quase 80% das latas e garrafas. A versão californiana da lei do vasilhame adotou a filosofia pela qual Coors se orientou ao criar lucros e uma legião de subprodutos na cervejaria: "Toda poluição e todo resíduo são lucro perdido".

Ele sabe muito bem que, na empresa, a poluição e os resíduos são material pelo qual se pagou, mas que não se pode vender. Também tem plena consciência de que o custo da poluição e dos resíduos vai muito além do que a empresa paga diretamente. Mesmo antes que os biólogos lhe explicassem o efeito ecológico dos montes de latas e garrafas nas colinas que cercam a fábrica, Coors já havia empreendido a missão de reduzir os resíduos e reciclar tudo quanto a empresa produzisse.

Tal qual a maioria das indústrias, a Coors Brewing pode ser vista como uma **cadeia de valor** de fornecedores e consumidores relacionados, uma cadeia alimentar industrial linear. As matérias-primas são extraídas ou cultivadas pelos produtores, processadas por uma sucessão de fornecedores e, então, compradas, reprocessadas e embaladas pela Coors, a fim de criar e fornecer o produto final: cerveja em embalagens rapidamente usadas e descartadas.

Estar estruturado numa cadeia alimentar pode ser altamente lucrativo desde que você não fique preso a um dos extremos da cadeia, onde se tomam os recursos ou se lançam os resíduos, onde o custo se exterioriza. As fábricas de cerveja e a maioria das outras empresas lucrativas ganham por situar-se no meio da cadeia. É compreensível: conseguem repassar os custos externos ao meio ambiente ou à sociedade e guardar grande parte dos lucros para si, contanto que ninguém ponha obstáculos. Mas enfim, quando esses custos não contabilizados começam a aumentar, alguém sempre acaba objetando. Enquanto a maioria dos outros produtores de cerveja via no sucesso que tinham um sinal de que poderiam continuar crescendo indefinidamente, no fim da década de 1950 Bill Coors se convenceu de que esse crescimento não era sustentável.

O calcanhar-de-aquiles da economia industrial, diz ele, é o sistema linear, que também é a principal roda motriz do lucro. Essencialmente, as indústrias tiram a matéria-prima e o combustível da natureza, colocam-nos em circulação na economia, como produtos, e depois se livram deles na forma de lixo. Coors denomina isso um sistema de "ciclo aberto", uma cadeia alimentar linear que explora os recursos da natureza e não deixa senão lixo nas duas extremidades.

Esses sistemas de ciclo aberto podem dar certo a curto prazo, mas Coors está convencido de que nenhuma economia consegue durar para sempre se esgotar sistematicamente suas fontes de abastecimento. No fim, o ciclo aberto tem de ser substituído pelo que ele chama de economia de "ciclo fechado", na qual toda a série de custos é assimilada no interior do próprio sistema, de maneira rápida e suave. Desse modo, as empresas e os consumidores são recompensados por reduzi-los.

Num sistema de ciclo fechado, o custo de qualquer ação é prontamente reposto pela pessoa ou empresa com melhores condições de reduzi-lo antes que ele se acumule e imponha muito sofrimento. Não se trata de apontar o culpado. Como os recursos fluem em ciclos, o dedo acusador sempre acaba se voltando para aquele que o aponta. Em vez disso, cada elo do sistema tem de aprender a reagir a formas suaves e brandas de *feedback*, ajustando seu comportamento para reduzir os custos do todo.

Naturalmente, às vezes são necessárias leis que incentivem essa postura. Nem sempre a pessoa responsável pelo custo é a mais apta para reduzi-lo. Como muita gente continua insistindo em atribuir tanto *culpa* quanto *responsabilidade*, a legislação geralmente assume a forma punitiva. Ela é difícil de ser aprovada e, em geral, desnecessariamente custosa quando implementada. Deixar de lado a moralidade e focalizar a praticidade ajudaria muito a unir empresas a advogados.

Décadas antes de isso entrar na moda, Bill Coors já queria criar um sistema de ciclo fechado em sua empresa, com a meta de desperdício zero, e investiu em programas para tornar isso possível. Descobriu que o conceito do ci-

ECONOMIA DE CICLO ABERTO
Cadeia de Valor Linear

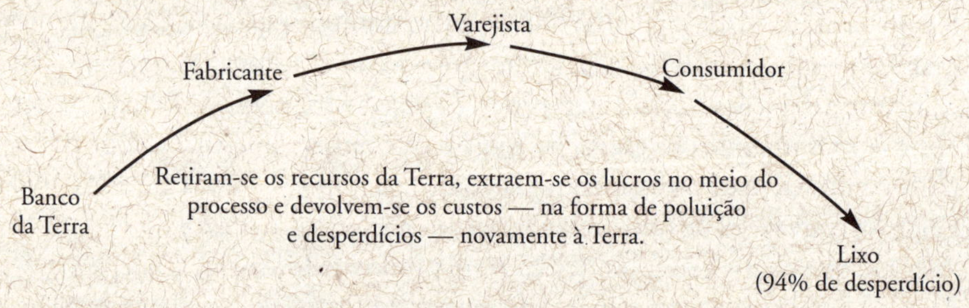

ECONOMIA DE CICLO FECHADO
Rede de Valor Único

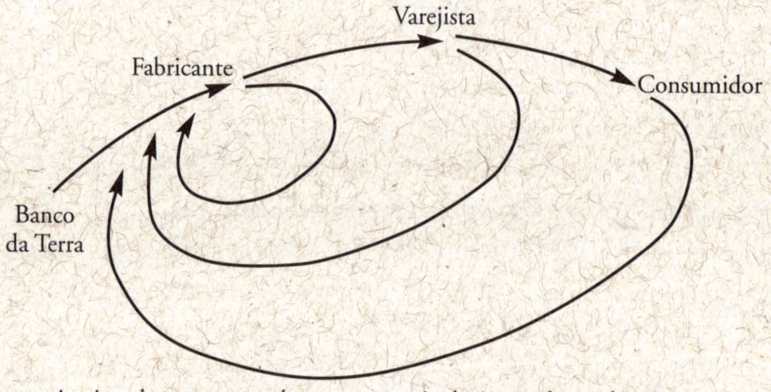

Aqui, todos os *outputs* da empresa — inclusive os desperdícios — voltam para a própria empresa, fazendo com que ela se adapte e aprenda a reduzi-los e a eliminá-los.

clo fechado — por meio do *feedback* — era um poderoso motor de dois tipos de valor que vamos aprofundar num capítulo posterior: as eficiências e as rupturas inovadoras. Para criar um sistema novo, Coors decidiu simplesmente *atacar os custos* e *aperfeiçoar o feedback*. À medida que se fechassem os ciclos abertos, as simples cadeias de valor da empresa começariam a tomar a forma de **redes de valor** que induzissem a inovação. Bem como na natureza, essas redes estimulariam uma série de efeitos em cascata para *aumentar a adaptação, apurar as especialidades, aproveitar a diversidade, promover a excelência em meio à complexidade, estabelecer alianças cooperativas* e *criar valor emergente por meio das sinergias*. Como?

Motivado pelo ideal do ciclo fechado, Coors primeiramente estimulou uma onda de inovações com base na eficiência. Para controlar os resíduos líquidos da cervejaria, construiu a primeira estação de tratamento de água de Colorado em 1952. Também se ofereceu para tratar todo o esgoto da cidade de Golden, uma parceria que continua em vigor depois de mais de cinqüenta anos. O investimento não tinha muito sentido do ponto de vista do lucro a curto prazo da Coors Brewing, mas foi, evidentemente, o caminho menos custoso para a comunidade como um todo, de modo que ele o assumiu. Na época, isso era possível, conta ele. A empresa era particular, de modo que cobrir os custos extras não contrariava as responsabilidades dos acionistas. Coors também formou forças-tarefa ambientais, estabeleceu metas ("resíduos zero, emissões zero") e lançou uma série de programas destinados a eliminar o desperdício das operações da fábrica.

Não se poupou uma só fonte de resíduos. Os cereais usados se transformavam em fertilizante e ração. O lixo orgânico era vendido como composto. Um aprimorado sistema de contabilidade interna acompanhava todo e qualquer uso de material tóxico, desencadeando outras inovações, que levaram a uma redução de 80%.

Coors chegou até mesmo a descobrir um meio de excluir as tintas à base de solvente que os outros fabricantes continuam utilizando para decorar as latas de cerveja. A empresa inventou um processo ultravioleta que vulcanizava as tintas em menos de um segundo, reduzindo seu consumo em nada menos que 90%. Isso eliminou os fornos ávidos por energia que, antes, levavam dois minutos para secar as tintas à base de solvente.

No entanto, Bill Coors é mais conhecido pelos ambientalistas como o pai da reciclagem do alumínio — e, portanto, de boa parte da reciclagem residencial que floresceu na geração passada, uma vez que grande parte dos seus custos em geral é paga pelos rendimentos proporcionados pelo alumínio. O seu fascínio pela reciclagem nasceu, em 1957, de um encontro casual com uma ambientalista da região, a dra. Beatrice Willard, que dava aula de biologia na University of Colorado. Ela o levou a uma floresta de tundra que cercava Golden e lhe mostrou as garrafas e latas vazias abandonadas ali, explicando-lhe o efeito que exerciam sobre o ecossistema da tundra.

Isso deu a ele o que pensar: se conseguisse recomprar e reciclar aqueles vasilhames, não só reduziria o problema do lixo como teria um fornecimento constante de material de embalagem. Ao voltar à cervejaria, Coors elaborou um programa que oferecia aos consumidores um centavo de dólar por lata da Coors devolvida para reciclagem.

E o programa foi um sucesso absoluto. Foram devolvidas mais latas do que se havia calculado, milhões a mais. O problema era que as empresas de alumínio não as queriam de volta e, sozinha, a Coors não tinha condições de

A ECOLOGIA INDUSTRIAL DA COORS

Como a Redução dos Resíduos Dá Origem a Novos Produtos, Empresas e Lucros

Os resíduos levaram a...	uma nova idéia ou processo...	que se transformou numa nova empresa, instalação ou parceria...	que reduziu o consumo de recursos, os resíduos e os custos.
Cereais usados	→ Fertilizante e ração	→ ZEAGEN	→ $
Desperdício de latas	→ Lata de alumínio e reciclagem	→ A fabricante de latas subsidiária da Coors	→ $
Desperdício de latas de alumínio	→ Estirado e ferro	→ Golden Aluminium	→ $
	→ Moldagem contínua e alto conteúdo reciclado	→ Usina de alumínio de Fort Lipton	→ $
		→ Usina de alumínio de San Antonio	→ $
	→ redução do peso estatístico		→ $
	→ Reciclagem	→ BICS	→ $
Resíduo secundário de embalagem	→ Parcerias de conteúdo reciclado	→ Acordos de reciclagem com os parceiros	→ $
Resíduo de solvente	→ Bio-T	→ Novo produto para a Golden Technologies	→ $
Resíduo de madeira	→ Composto (com cereais usados)	→ Novo produto para a Coors	→ $
Resíduo de plástico	→ Plásticos orgânicos	→ Futuros produtos da Graphics Packaging	→ $
Tecnologias cerâmicas	→ Materiais avançados	→ Cerâmica Coors	→ $
	→ Motores leves melhor controle da poluição; eficiência energética e de materiais		→ $
Pesquisa ambiental	→ Novas tecnologias solares	→ Golden Photon	→ $

reciclar a maior parte delas. Assim, enquanto se empilhavam milhões de vasilhames na fábrica de Golden, Bill Coors gastou milhões de dólares para bancar sua própria tentativa de desenvolvimento. Passou a se recusar a comprar alumínio de empresas que não aceitassem devolução para a reciclagem. E convenceu os fabricantes de alumínio desenvolvendo um sistema de "moldagem contínua" para a fabricação de latas, que reduzia os custos e chegava a usar quase 100% do alumínio reciclado. E ainda abriu os primeiros centros de reciclagem de alumínio do país, oferecendo "dinheiro em troca de latas".

Coors chegou até a desenvolver um projeto de lei federal que exigia a devolução das embalagens de bebida. O denominado "Sistema de Ciclo Fechado" veio a ser o primeiro esboço daquilo que, mais tarde, nós tomamos por modelo ao projetar a lei de reciclagem dos vasilhames de bebida da Califórnia.

Mas Coors achou outra fonte de lucro que até pode ser ecologicamente mais sustentável e financeiramente mais lucrativa que a eficiência. Essa fonte é a *ruptura inovadora*. Essa iniciativa da Coors tem como fonte de inspiração os *designs* da natureza. Segundo ele, o valor não provém dos recursos físicos em si, mas do seu *design*. Todos os combustíveis fósseis e outras matérias-primas são feitos dos mesmos componentes básicos. É o *design* desses recursos, não apenas o seu conteúdo físico, que lhes dá valor. De modo semelhante, as empresas não criam valor consumindo os materiais, e sim combinando-os em formas que geram novas qualidades. Coors extrai esse tipo de valor em duas outras empresas que fundou: a CoorsTek e a Graphick Packaging. Por exemplo, a CoorsTek — atualmente a maior fabricante de cerâmicas de técnica avançada de propriedade norte-americana — usa o *design* inteligente, não material suplementar, para incorporar dureza, resistência, isolamento e durabilidade aos produtos. A Graphic Packaging emprega uma tecnologia engenhosa para reduzir em praticamente 90% o uso da tinta e em 100% o do solvente, ao mesmo tempo que produz uma arte mais ousada.

A CoorsTek e a Graphic Packaging não podiam ser mais diferentes da Coors Brewing. Em vez de fazer um produto para o mercado de massa, fabricam 10 mil produtos diferentes que se encaixam em nichos muito precisos do mercado, em 23 dos 24 setores empresariais definidos. No passado, elas produziam de tudo, da cerâmica *high-tech* às placas solares e aos plásticos orgânicos. Os produtos que encontravam demanda no mercado eram mantidos: *selecionados*, para recorrer ao paralelo genético. Os que não a encontravam eram finalmente vendidos ou abandonados. Hoje em dia, os materiais projetados pela CoorsTek são usados em tudo, desde os *hard drives* de computador e os telefones móveis até a eletrônica de bordo dos automóveis e as células de combustível dos *hypercars* experimentais. A Graphic Packaging produz algumas das embalagens com mais eficiência ambiental do mercado consumidor. As duas empresas criam valor seguindo a filosofia básica de Coors: todo desperdício é lucro perdido. Elimine tudo o que não fornece valor e você maximizará o desempenho tanto econômico quanto ambiental.

PRIMEIRO, AS MÁQUINAS DA FORD FOMENTAM UMA REVOLUÇÃO: DEPOIS, O *FEEDBACK* DESENCADEIA A EVOLUÇÃO

Bill Coors atribui a Henry Ford o desenvolvimento do modelo maquinal de ciclo aberto para a empresa. Na época, ele foi um poderoso agente da mudança progressista. Henry Ford, que fundou a Ford Motor Company em 1903, não era um mero capitalista procurando maximizar o lucro dos acionistas. Uma meta tão rotineira e pouco inspirada como essa o mataria de tédio. Ele era um ativista social, com uma causa tão elevada e progressista quanto as que motivam os ativistas de hoje.

Ford tinha uma missão. Sabia que as máquinas incorporavam o gênio humano; eram idéias expressas em *design*. Via a máquina como um magnífico instrumento criado pelo *design* engenhoso, que distribuía amplamente valor na sociedade. Capazes de tirar o gênio de um indivíduo e entregá-lo a milhões, as máquinas tinham a possibilidade de criar igualdade de oportunidades e erradicar a ignorância e a pobreza. Permitiam às pessoas, nas palavras dos *designers* visionários Charles e Ray Eames, "levar a maior parte do que havia de melhor para a maior parte dos joões-ninguém".

Cria-se valor quando uma idéia — um determinado *design* de máquina: a máquina de impressão, a linha de montagem, o microprocessador — se forma na mente de um indivíduo. Isso é *ruptura inovadora*. Uma vez provada, a idéia é como um banco no qual se faz um grande depósito. Com efeito, toda grande invenção deposita uma enorme quantidade de dinheiro no banco da sociedade — e às vezes também saca, é claro.

Como surge um valor criado? Primeiro, aplicando a idéia. Inicialmente, é possível aplicá-la de modo geral. Posteriormente, criam-se variantes da idéia central — sofisticando-a e aplicando-a de diversas maneiras específicas. Projetam-se máquinas de impressão melhores; adapta-se a linha de montagem a muitos tipos de produtos; embutem-se *chips* de computador em relógios de pulso, agendas eletrônicas, automóveis. Esse processo de sofisticação, em que se varia e se aprimora uma idéia, é o *aperfeiçoamento contínuo*. Mas a fonte de todo ganho não está nos materiais, está nas idéias. Obviamente, depois que a idéia é aplicada fisicamente, a matéria passa a incorporá-la; os materiais contêm o valor, mas não são a fonte desse valor. A matéria é como a tinta para o pintor; não é nem a fonte de valor nem a inspiração, apenas o meio de expressá-la.

A visão de Ford, sua ruptura inovadora, consistia em usar máquinas para fabricar máquinas: máquinas para fazer as peças, máquinas para movimentar a linha de montagem numa disposição horizontal, e que vieram substituir os músculos pela operação mecânica. Ele também passou a usar os operários como máquinas. Chegou até a organizá-los numa instituição maquinal, numa hierarquia industrial verticalizada, retirando o trabalho intelectual do nível local e centralizando-o no alto. E essa organização foi o modelo dominante de administração industrial durante a maior parte do século XX. Mediante esses esforços, Ford criou um sistema fabril que reduziu radicalmente os custos e expandiu a produção da incipiente indústria automobilística.

A sua grande realização é conhecidíssima. A linha de montagem, assim como toda a inovação que a viabilizou, modernizou de tal modo o processo de manufatura de automóveis que levou ao crescimento explosivo da linha de produção; de fato, ela desencadeou o período de maior crescimento da indústria. Usando peças padronizadas, feitas com precisão, e passando-as para os operários ao longo da linha de montagem, Ford mais do que quadruplicou a produtividade do trabalho. Como os operários já não precisavam se deslocar de carro para carro nem limar as peças para que se encaixassem, a quantidade de trabalho requerida para fabricar uma unidade caiu de doze horas para três e meia. A grande economia de Ford ofereceu o Model T aos consumidores por 360 dólares, ao passo que a concorrência cobrava 850 por unidade. Em 1914, ele fabricava tantos carros quanto os trezentos concorrentes somados, com um quinto da mão-de-obra.

Assim, a sua ruptura — o sistema de linha de montagem — foi tão eficiente que reduziu o custo dos automóveis, levando a saltos extraordinários no seu volume, o equivalente econômico da *replicação*. Essencialmente, o sucesso de vendas da Ford levou à *seleção* da empresa pela economia e obrigou os concorrentes ou a reagirem, adaptando-se, ou a abandonarem o mercado.

Ford transferiu o gênio da máquina para a própria estrutura do trabalho. Em vez de depender de mão-de-obra especializada e qualificada, reorganizou a produção de modo que cada montador tivesse uma única tarefa, a qual não exigia mais que cinco minutos de treinamento. Em conseqüência, foi-lhe possível reunir trabalhadores das mais diversas origens e culturas. A necessidade de um idioma comum, entre os operários, tornou-se irrelevante: eles não tinham a menor necessidade de conversar.

Economicamente, a linha de montagem de Ford foi uma ruptura inovadora. Não se limitou a aperfeiçoar o ofício de fabricante de automóveis, eliminando um pouco de desperdício aqui e ali; revolucionou a empresa e gerou um ganho gigantesco em eficiência. Mas a própria linha de montagem de Ford era eficiente? Sim, era, mas só em comparação com o sistema fabril que ela substituiu. Estava muito longe de ser o mais eficiente que um sistema de *linha de montagem* podia ser. Como qualquer protótipo, a inovação de Ford amadureceu para sofrer uma série de aperfeiçoamentos.

A relação entre ruptura inovadora e aperfeiçoamento contínuo é uma distinção importante de lembrar. As rupturas inovadoras geralmente trazem ganhos radicais em eficiência muito maiores do que os aperfeiçoamentos que visam melhorar a eficiência de um processo mais antigo. Porém, em suas formas iniciais, essas inovações são como protótipos toscos e imperfeitos e exigem um aperfeiçoamento contínuo.

As máquinas de Ford — e o estilo maquinal de administração que ele capitaneou — foram instrumentos poderosos e progressistas na época. Mas as formas mecânicas de administração não são nem antinaturais nem indesejáveis em termos absolutos. São um estágio necessário (e talvez universal) do desenvolvimento industrial. Desempenham bem o papel de agentes da produção em massa, mas são apenas uma forma de administração. Se não se combinarem com outras, podem acabar ficando caras.

Um dos custos mais significativos da linha de montagem foi o humano. Ao excluir o trabalho intelectual das oficinas da fábrica, centralizando-o no topo da estrutura maquinal da empresa, Ford acabou por solapar a resistência do seu *design*. O sistema carecia de uma qualidade essencial à sustentabilidade a longo prazo: a capacidade de promover a mudança e o aperfeiçoamento dinâmicos e contínuos. Em conseqüência, a Ford foi lenta — muito lenta — para desenvolver um sistema fabril com capacidade de aprendizado e aperfeiçoamento contínuo.

Os concorrentes corrigiram o desequilíbrio. Foram pioneiros em mudanças que tomaram a ruptura de Ford e nela institucionalizaram um sistema de aperfeiçoamento contínuo. Mais tarde, o principal proponente do sistema modificado, W. Edwards Deming, e seus colegas — como Joseph Juran e Kaoru Ishikawa — tornaram-se os campeões da **administração de qualidade** e das **organizações de aprendizagem**, empresas com capacidade de aprender e aperfeiçoar por meio da prática. Os sistemas formais de *feedback* permitiam aos operários saber até que ponto os objetivos estavam sendo atingidos. As relações formais e informais entre os empregados possibilitavam-lhes identificar e solucionar os problemas por si sós. Embora a maior parte das metas fosse, necessariamente, estabelecida de modo central, a fim de atender às necessidades definidas pelo mercado e pelos acionistas, os métodos utilizados para atingir tais metas geralmente eram selecionados pelos trabalhadores que executavam as tarefas.

Deming considerava esse sistema de *feedback* vital no aprimoramento da qualidade e da produtividade. Acreditava que o local de trabalho era uma comunidade de aprendizado, um *campus*, que motivava as pessoas pela sua capacidade de aplicar a própria inteligência e aptidão que tinham. Numa organização de Deming, o poder é descentralizado; as pessoas trabalham juntas, em equipes e redes. As hierarquias são relativamente horizontais, e a liderança fica nas mãos daqueles que se mostram capazes de facilitar as relações funcionais entre as equipes formais e informais de especialistas.

As mais valiosas formas de capital, na organização de aprendizagem, são o conhecimento, obtido mediante o *feedback* e o *aprendizado*, e as mudanças no *design* — ou seja, *a adaptação*. Os operários são uma parte vital, comprometida, do processo de produção; aprendem o que está dando certo e o que não está e aplicam o seu conhecimento para aperfeiçoar continuamente os produtos e os processos. A realização é motivada sobretudo pelo reconhecimento e o apreço que cada um recebe dos colegas e dos membros da equipe. O *status* é atribuído pela especialidade de cada qual e pela melhora que ela traz ao desempenho da equipe como um todo.

A Toyota dominou e aperfeiçoou os métodos de Deming graças às idéias de Shigeo Shingo e Taichi Ohno, que desenvolveram os famosos sistemas de produção da empresa nas décadas de 1950 e 1960. Ohno pensou, *por que contratar especialistas de fora para reorganizar os processos de produção, como fez Ford, se nós temos operários que estudam diariamente o sistema e o conhecem por experiência própria?* Em vez de simplesmente contratar peritos de fora, a Toyota utilizou os seus próprios, criados lá mesmo. Em 1982, os trabalhadores faziam quase dois milhões de sugestões por ano, mais do que duas por mês por empregado, e 95% delas foram implementadas.

Assim se desenvolveu o *kaizen*, o sistema japonês de organização do aprendizado, que cria valor mediante o aperfeiçoamento contínuo de qualquer um, dos executivos aos gerentes e operários. O *kaizen* identifica os custos e as ineficiências antes mesmo que os produtos saiam da fábrica e realimenta a informação no estágio do *design*, fechando o ciclo. As máquinas multiplicam os músculos do trabalhador; o *kaizen* redescobre o valor da sua mente. Segundo o consultor empresarial Masaaki Imai, "A estratégia do *kaizen* é o mais importante conceito da administração japonesa — a chave do sucesso competitivo do país".

Atualmente, a Ford Motors Company também aplica as lições do *kaizen*. A estratégia do chairman e CEO William Clay Ford Jr. é transformá-la numa "empresa voltada para o consumidor", super-responsiva aos desejos tanto amplos quanto sutis dos consumidores, levando o *feedback* da informação do mercado ao nível do *design*. Ativista social tão dedicado quanto o avô, a missão pessoal de Bill Ford é fazer com que as pessoas sintam que o mundo é melhor porque a Ford existe. Em 2000 e 2001, quando, por problemas de segurança, a empresa fez o *recall* de vinte milhões de pneus Firestone, ele achou que a melhor estratégia seria a da franqueza total. Enquanto o ex-CEO Jacques Nasser fazia o principal papel público, Ford trabalhava com a diretoria e os acionistas para levar a cabo a reação da empresa abertamente aos olhos do público.

Bill Ford continua um passo à frente dos colegas, mesmo em sua própria empresa. Resultado: "Ford tem duas empresas", diz a diretora da Corporate Governance Deborah Zemke, uma das ativistas internas designadas por Bill. A primeira é a Ford de hoje, uma das principais fabricantes de automóveis em série que produz utilitários de baixa milhagem. A segunda é a empresa que ela aspira a ser, a que fabrica o mais vendido carro de alta milhagem, o Focus, além de automóveis elétricos à bateria, veículos de comunidades fechadas e bicicletas elétricas. Está reformando o histórico complexo fabril de River Rogue com os conceitos de *design* do arquiteto ecológico William McDonough. Avalia o seu próprio desempenho em sustentabilidade e publica os resultados anualmente.

Bill Ford acha que os veículos elétricos são a melhor opção, mas a próxima geração não será de carros tradicionais com motores elétricos. Ele acredita que os novos automóveis podem ser admiravelmente diferentes, reprojetados de ponta a ponta. Com a marca "TH!NK", a Ford fabrica três tipos de veículos elétricos, uma bicicleta, um veículo de baixa potência, para transporte de pessoas ou mercadorias, e um veículo compacto, para a cidade. A *TH!INK traveler* é uma bicicleta elétrica dobrável que pode ser usada nos sistemas de trânsito e levada para o escritório.

A marca *Th!nk* dá uma dica da visão que Bill Ford tem do futuro. O marco decisivo do seu sucesso é a abertura da empresa para o *feedback* e sua capacidade de reagir a ela aprendendo e adaptando-se. Para estar à frente do mercado, a Ford precisa ser uma empresa viva. E o principal recurso capaz de transformá-la num sucesso é a *informação.*

CAPÍTULO DOIS

A Informação

LIÇÃO DOIS: SUBSTITUA OS RECURSOS FÍSICOS PELA INFORMAÇÃO — E APRENDA A FAZER MAIS COM MENOS

Os recursos físicos diminuem com o uso: quanto mais se usa, menos se tem. Mas os recursos de informação são regenerativos: quanto mais se usa, mais se tem. É por isso que, na floresta tropical e na empresa, a informação supera a escassez. Quando se aproximam do limite, os sistemas vivos se adaptam. A informação fica embutida na estrutura desses sistemas, tornando-os mais eficientes e efetivos. Essa é a vantagem da informação com relação aos combustíveis fósseis: quanto mais a usamos, menor é a possibilidade de que ela se esgote.

NÓS DOIS — primeiro Tachi, depois Bill — saltamos do avião e iniciamos a queda. Nesse momento, todos os nossos sistemas de *feedback* — os sentidos da visão, da audição, do olfato, do tato e até do paladar — estavam operando na sua capacidade máxima. Ocorreu-nos que, em termos evolucionários, a queda livre de uma altura de mais de quatro quilômetros não era necessariamente uma experiência humana típica.

No início, o solo parecia distante; e a nossa aproximação, lenta. Todavia, passado mais ou menos um minuto, o chão começou a vir rapidamente na nossa direção, e nós percebemos que estava na hora de tomar uma providência.

Fora o pára-quedas, não tínhamos muitas opções. Estávamos caindo de uma altura de quase 4.500 metros, talvez a uma velocidade de 45 por segundo. Mas e se houvesse outras opções à nossa disposição? Por exemplo, se com uma boa dose de engenhosidade e com uma grande movimentação de braços e pernas, nós conseguíssemos retardar gradualmente a descida?

Por exemplo, começando a 4.500 metros e caindo a 45 por segundo, teríamos cem segundos para nos estatelar no chão. Se, a cada segundo, conseguíssemos desacelerar ligeiramente a queda, em 1% que fosse, depois do primeiro segundo, estaríamos a 4.455 metros de altura. Mas teríamos diminuído a velocidade da nossa queda para 44,5 metros por segundo — de modo que continuavam faltando cem segundos para atingirmos o solo. Um segundo depois, teríamos chegado a 4.410,45 metros de altura e reduzido a velocidade da queda para 44,1 metros por segundo: portanto, continuaríamos com um prazo de cem segundos para nos esborrachar. Cem segundos depois, ainda faltariam cem segundos. Dez anos depois — ainda cem segundos. Se pudéssemos recorrer à nossa habilidade de administração de qualidade e realizar um aperfeiçoamento contínuo — ou seja, uma taxa de queda ligeiramente mais lenta — indefinidamente, nunca atingiríamos o chão.

No entanto, dadas as nossas limitadas opções técnicas e a dificuldade de conceber e implementar mudanças contínuas ao mesmo tempo em que nos precipitávamos a uma velocidade imensa, a única coisa que restava era abrir o pára-quedas, reduzindo bruscamente a descida para cerca de três metros por segundo, e preparar uma aterrissagem segura.

O interessante é que, para diminuir a velocidade da queda de 45 para três metros por segundo quase num piscar de olhos, não precisávamos senão da tecnologia que trazíamos presa às costas quando iniciamos a descida. A solução não era adquirir mais material, e sim usar melhor o que já tínhamos. Isso significava desenrolar o pára-quedas, retirando-o da forma sólida, amarrada, e permitir-lhe que se abrisse numa forma e numa estrutura mais funcionais, capazes de recolher e reter o ar a fim de nos amparar. Nesse caso — em todos os casos —, fazer com que a tecnologia nos servisse melhor significava alterar-lhe a forma de modo que ela comunicasse significado numa linguagem que a natureza entendesse e usasse — para nos levar suavemente à terra.

NA FLORESTA TROPICAL

A INFORMAÇÃO SUPERA A ESCASSEZ – É ASSIM QUE A NATUREZA GANHA MAIS COM MENOS

No pára-quedismo e em qualquer intento humano ou natural, não se pode fazer nada eternamente. Não existe algo como um moto-contínuo: as leis da termodinâmica não o permitem. Na Costa Rica, a floresta tropical é de tal modo dinâmica e vibrante, apesar da pouca espessura do solo, que parece estar em perpétuo movimento.

E, de certo modo, talvez esteja. O dinamismo contínuo é uma função das suas constantes limitações que, por sua vez, são o catalisador que impulsiona a criação de alternativas, de novos instrumentos, mediante a diversidade. Na mata tropical, a natureza cria constantemente novos tipos de pára-quedas — novas formas físicas que podem ser usadas para superar as limitações e criar novas possibilidades para a vida em cenários específicos. Por exemplo, é impossível embrenhar-se na floresta costa-riquenha sem topar com uma samambaia. Não só com uma, mas com dezenas de variedades de samambaia, cada qual com suas próprias características. Das poucas espécies originais que habitavam a região séculos atrás, atualmente já se contaram mais de oitocentas.

Por que tantas samambaias? Porque o ecossistema é um consumidor exigente, com gostos muito particulares. Por força das restrições e das oportunidades definidas por suas condições, cada região "escolhe" as qualidades que procura e "rejeita" as que não lhe interessam. As condições ou as escolhas variam de locação para locação. A fim de se credenciar para a seleção, cada samambaia se molda, se "adorna" e se adapta de modo a corresponder às condições dos diferentes nichos.

É claro que nem o ecossistema nem as samambaias *escolhem* nada de modo consciente ou voluntário. Tampouco se molda ou se enfeita como nós faríamos. Todo esse "artesanato" é conseqüência daquilo que Charles Darwin denominou **variação pela descendência**, um processo de mudança causado pela **seleção natural**.

Na ótica de Darwin, baseada na exploração da floresta tropical das ilhas Galápagos, essa variação dentro das espécies é causada tanto por **mutações** espontâneas quanto por recombinações genéticas provocadas pela reprodução sexuada. Isso é análogo à criatividade e à inovação na economia humana. Quando tais variações aumentam as chances de um organismo produzir uma descendência fértil, elas tendem a ser transmitidas geneticamente e reforçadas nas gerações futuras.

As variações de Darwin são moldadas pelas condições locais. Uma região com precipitação elevada pode gerar um tipo de mudança; uma região com determinadas populações de insetos estimulará outro. Assim, uma mesma espécie pode se adaptar diferentemente conforme o lugar, de modo a refletir as condições locais. Os biólogos dão a isso o nome de **diferenciação**. Na Costa Rica, a diferenciação resultou em oitocentas samambaias diferentes, em oitocentos nichos espalhados por toda a mata tropical.

O processo de diferenciação não é linear. As variações tendem a divergir em todas as direções, espalhando-se como os galhos de uma árvore, do tronco para as extensões mais externas. Por isso Darwin descreve os **ramos de descendência** a partir de um ancestral comum. Quando a mudança, nessa mudança gradual, leva a uma descendência que já não pode se acasalar com a do ramo paralelo, surge uma nova **espécie**. Os quatro primatas que nós encontramos na floresta tropical — por exemplo, o macaco-aranha, o arauatu, a preguiça e os seres humanos — têm um ancestral comum que viveu de cinco a dez milhões de anos atrás.

Como a variação se reflete numa alteração do **código genético**, isto é, a informação que define a estrutura do indivíduo, toda espécie — e todo indivíduo — incorpora um **conjunto de informações** específico. Literalmente, cada criatura da mata representa um único conjunto de informações, uma vasta coleção de pontos de diferenciação, da qual provêm as características genéticas específicas do indivíduo. Isso se estende ao cerne da própria matéria, no qual a estrutura química define conjuntos de informações únicos. Por exemplo, toda criatura viva e todo recurso físico são constituídos de átomos. Há 112 tipos de átomos na tabela periódica. Imagine que eles constituem uma língua natural. Cada uma das 112 "palavras" do idioma atômico expressa um "significado" diferente, um conjunto de informações distinto, do qual emerge um conjunto único de qualidades. É como se a natureza dissesse: *"Se eu combinar dois átomos de hidrogênio com um de oxigênio, comportem-se como água"*.

Cada padrão diferente de átomos, moléculas ou células cria um novo e diferente tipo de **recurso**. Um recurso é um material de construção com um conjunto de capacidades funcionais — em outras palavras, ele faz coisas. Cada tipo de recurso desempenha um tipo de tarefa. Quando os elementos atômicos como o hidrogênio, o carbono, o nitrogênio e o oxigênio se unem em combinações específicas, transformam-se em **recursos naturais**: qualquer coisa desde o ar até a água, os combustíveis fósseis e mais do que isso. Os recursos prontamente repostos pela natureza, como a energia solar, o vento e as árvores das florestas, são ditos **renováveis**; os que levam bem mais que a duração de uma vida humana para se regenerar — por exemplo, o carvão, o ferro ou o petróleo — são denominados **não-renováveis**. O material que deixa de ser necessário chama-se **resíduo**. O resíduo é um fenômeno temporário: todos os seus elementos são um recurso em espera e, enfim, acabam sendo absorvidos pelo sistema para desempenhar um papel diferente.

À medida que esse material de construção vai se unindo em combinações mais elaboradas, seu comportamento se torna mais complexo. É como se a natureza dissesse, por exemplo, *"Combine esses conjuntos de informações nesta molécula de DNA, neste ambiente, nesta época, e eles se comportarão como Tachi Kiuchi".*

Nada disso quer dizer que os seres humanos não tenham capacidade de mudança espontânea ou de escolha consciente. Significa apenas que *a informação constitui a base de toda capacidade expressa na natureza. Cada átomo, cada molécula, cada célula, planta, animal e ser humano é, em última instância, feito de informação e dela dependente.*

Ademais, se a teoria da seleção natural de Darwin estiver mais ou menos correta, os conjuntos de informações transmitidos tendem a ser ou os que aumentam a capacidade de sobrevivência e de reprodução do indivíduo, ou os que não a diminuem significativamente. Isto é, *quase todo conjunto novo de informações é um novo pára-quedas — um novo recurso ou tecnologia capaz de retardar um pouco a queda do pára-quedista na terra, a queda da vida rumo aos seus limites.*

Nesse sentido, a floresta tropical — e a natureza como um todo — não é um *moto-contínuo.* Ela gera um fluxo permanente de novas idéias, de novos conjuntos de informações, cada qual criando um novo recurso, um novo conjunto de qualidades, e atrasando mais um pouco a queda, num processo que já dura 3,8 bilhões de anos. Não havendo um erro grave da nossa parte, ela pode durar outros bilhões.

A CURIOSA QUALIDADE DA INFORMAÇÃO: QUANTO MAIS SE USA, MAIS SE TEM

Como recurso, a informação tem uma qualidade notável. Se eu lhe der um recurso físico, você fica com ele, eu não. Mas, se o que eu lhe der for uma informação, nós dois ficamos com ela. Além disso, se você pegar a minha informação e combiná-la com a sua, criará um novo conhecimento. Se então me devolver esse conhecimento, eu tenho a possibilidade de combiná-lo com o meu e criar outros.

Aliás, as novas teorias engendradas com base no trabalho do ganhador do prêmio Nobel Robert Solow, realizado na década de 1950 e, mais recentemente, defendido por Paul Romer, da Stanford University, indicam que, devido a esse processo iterativo, a informação — particularmente a tecnológica — é decisiva no processo de aperfeiçoamento econômico. A indústria automobilística da Índia é um exemplo clássico. Durante muito tempo, as barreiras alfandegárias a protegeram com base na teoria de que os lucros obtidos com os preços altos possibilitariam novos investimentos, estimulando o crescimento. Em vez disso, esses lucros desestimularam os fabricantes indianos a se modernizar. Nos anos 60, eles fizeram cópias ruins de carros britânicos e, décadas depois, nada havia mudado. A falta de *feedback* com o mercado aumentou os lucros a curto prazo, mas a falta de incentivo ao uso da informação acabou por obstruir o progresso, levando ao declínio.

Criar informação pode ser caro, mas reproduzi-la e distribuí-la é barato. Copiar depende apenas de um clique do *mouse*. Os custos incrementais geralmente ficam próximos de zero. Numerosas empresas armazenam informação em bancos de dados e a vendem repetidamente. E outras como a Adobe, por exemplo, desenvolveu uma única vez o *software* de edição de imagem Photoshop e o vendeu muitas e muitas vezes.

Para o bem ou para o mal, o poder da informação é reforçado pelas redes de informação. Estas aumentam de valor à medida que mais pessoas participam, assim como os profissionais formados nas grandes faculdades de administração têm mais contatos que os egressos das pequenas. Um aparelho de fax tem pouco valor se você for o único a ter esse tipo de aparelho. Porém, vale mais se todos os seus colegas também tiverem. E vale muito se milhões de pessoas tiverem.

A Lei de Metcalfe diz que o valor de uma rede de computadores cresce exponencialmente com o seu tamanho. Assim, uma rede duas vezes maior terá cerca de seis vezes mais conexões e será muito mais valiosa. Desse modo, o todo aumenta o valor de cada parte.

Por exemplo, uma rede composta de duas pessoas significa que um membro pode se comunicar com o outro. Dobrá-la para quatro triplica o número de pessoas com que cada um pode se comunicar. Dobrá-la uma vez mais significa que cada qual pode se comunicar com outros sete, à parte as muitas combinações dos demais.

Isso multiplica o valor da rede sem nenhuma alteração na tecnologia que a viabiliza. Portanto, se aparecer uma nova tecnologia muito superior, as pessoas não precisam adotá-la, pois o valor que recebem depende do tamanho da rede, não da qualidade da tecnologia.

Faz sentido atribuir a propriedade dessa rede aos que conseguiram popularizar a primeira geração de uma tecnologia? Fazer tal coisa significa dar-lhes uma parcela desproporcional do valor da rede sem que eles contribuam com esse valor por meio de uma tecnologia melhor. Pelo contrário, eles são incentivados a dificultar a entrada de tecnologias melhores a fim de manter o controle da rede.

Os recursos de informação são fundamentais para os recursos físicos. A estrutura define a matéria; sem estrutura, ela deixaria de existir. É por isso que, na empresa e na natureza, os sistemas vivos complexos criam mais valor que as simples máquinas. Estas funcionam com combustível — energia e materiais que se degradam com o uso: quanto mais a gente os usa, menos se tem. Con-

A Lei de Metcalfe

As redes aumentam o valor, mas podem desestimular a inovação

A Lei de Metcalfe é um instrumento poderosíssimo para a empresa que quer obter o monopólio do mercado. Por exemplo, um processador de texto é mais valioso se outros puderem ler os arquivos que você criar. A Microsoft obteve grandes lucros com isso. Primeiro, levou o monopólio do PC da IBM a dominar o mercado de sistema operativo. Depois, serviu-se dessa vantagem para tornar o Microsoft Word o mais importante processador de texto. Agora, utiliza o direito de propriedade sobre os formatos de arquivo para impedir o acesso dos concorrentes ao mercado de processador de texto. É difícil ler um arquivo do Word no Word Perfect ou o arquivo de uma planilha do Excel no Lotus 1-2-3. Esses formatos de arquivo resguardados pelo direito de propriedade não acrescentam nenhum valor aos arquivos criados pelos usuários. Num mercado competitivo, quem desenvolveu o programa de processamento de texto trataria de garantir que seus produtos fossem capazes de ler e editar arquivos criados por qualquer outro processador. O único motivo que o leva a aferrar-se ao direito de propriedade é excluir os concorrentes, que são obrigados a efetuar "engenharia reversa" em seus programas a fim de interagir com a Microsoft — até que ela torne a modificar os formatos. Desse modo, uma empresa consegue sabotar os "efeitos de rede", privatizar o bem comum e perverter os resultados potencialmente positivos num monopólio após o outro.

A Microsoft alega que o mundo precisa de produtos padronizados. Mas ele necessita de fato de interfaces, protocolos de comunicação e formatos de arquivo padronizados. Não de propriedade privada, e sim de um bem comum sob o controle auto-regulado e não coercivo dos usuários.

Isso realça uma distinção-chave entre infra-estrutura física e intelectual. A propriedade comum do recurso físico raramente dá certo, pois cada usuário tem um incentivo para explorá-lo. Se os carros fossem gratuitos para todas as pessoas que pagam Imposto de Renda, eu trataria de escolher o mais caro, uma vez que os outros contribuintes arcariam com a maior parte do custo. Mas, se todos fizessem isso, seria a falência do sistema.

Já a propriedade intelectual não é de tal modo limitada. Pode-se reproduzir informação infinitamente. Os efeitos de rede são virtualmente livres para ser criados. Prendê-los nas mãos do setor privado estimula o proprietário a restringir o acesso a eles simplesmente para aumentar os lucros.

Na tecnologia, quando o primeiro produto de um proponente se torna um padrão *de facto*, graças aos efeitos de rede e do impulso, ele coopta aquilo que devia ser um protocolo público para obrigar as pessoas ou a renunciarem ao benefício da rede pública ou a abrirem mão das opções do produto. É possível extraírem-se todos os benefícios do padrão como lucro monopolista ou poder de mercado que podem ser usados para excluir os concorrentes e suprimir a inovação. As dezenas de bilhões de dólares retiradas das mãos dos proprietários individuais podiam ser usadas para acelerar o ritmo em que os bens comuns se desenvolvem e a inovação ocorre.

Há uma saída para esse dilema: trilhos padronizados, não trens padronizados. No século XIX, as ferrovias tentaram convencer o mundo de que só os seus trens podiam viajar nos seus trilhos, muito embora qualquer um que soubesse qual era a bitola dos trilhos podia construir trens capazes de neles transitar.

tudo, os sistemas funcionam com informação, que é generativa: quanto mais se usa, mais pode-se vir a ter. À medida que ultrapassamos a economia maquinal, nós começamos a extrair essa sucessora do combustível fóssil, a informação, uma fonte de bem-estar econômico muito mais abundante que o petróleo e cujas reservas têm capacidade de crescer.

Não se trata de depreciar a importância única e decisiva dos recursos físicos. Sem eles, não podemos nos vestir, morar ou alimentar-nos. Porém, no nível genético e subatômico, os próprios recursos físicos são feitos de informação, na forma de estrutura e *design*. Quanto mais rico em informação for um recurso físico, mais serviço ele pode oferecer em termos de roupa, casa e comida para as pessoas.

O calcanhar-de-aquiles dos recursos físicos é o fato de eles perderem valor à medida que são usados. São limitados pelas leis da termodinâmica. Aqui se incluem as leis da conservação e da entropia: não se pode criar nem destruir a matéria, no entanto, toda vez que se usa um recurso físico, este perde parte de sua capacidade de fazer o trabalho — seu conteúdo estrutural ou de informação; a matéria nunca fica em repouso total. Mas todos os recursos físicos declinam constantemente com o uso. Sofrem entropia. Neste sentido, *perdem* valor à medida que são usados.

A informação pura, por sua vez, é regida por um conjunto diferente de leis — que nós denominamos leis da dinâmica do sistema. A informação é generativa; tanto pode ser criada quanto destruída. Nunca está completa; sempre há mais para aprender. E, enquanto a matéria se esgota, a informação se incrementa; toda conversão da informação pode levar a mais informação, toda variação pode levar a outra variação. Portanto, os recursos de informação são sinérgicos. Têm a possibilidade de *criar* valor.

TERMODINÂMICA VERSUS DINÂMICA DOS SISTEMAS

A matéria se degrada com o uso, perdendo suas faculdades especiais. A queima do petróleo, por exemplo, transforma hidrocarbonetos complexos em simples hidrogênio e carbono. Com a informação ocorre o contrário. Ela se aprimora com o uso, tornando-se mais complexa e elaborada. Por exemplo, a prática aperfeiçoa gradualmente a aptidão de uma pessoa à medida que seu conhecimento se sofistica. Todavia, nem a matéria nem a informação chegam ao absoluto. Independentemente de quanta matéria se gaste, nunca se gasta tudo; jamais se chega à temperatura zero absoluto, na qual não há movimento de energia. De modo semelhante, por mais informação que se absorva, nunca se absorve tudo. Essas qualidades compensatórias — um recurso se esgota enquanto o outro aumenta, um se aproxima de zero ao passo que o outro se aproxima do infinito — oferece noções acerca da interação matéria/informação que ajudam a conservar a natureza em ação.

TERMODINÂMICA *VERSUS* DINÂMICA DOS SISTEMAS

Matéria e Energia — *os Recursos* Hard — *São Limitados pelas Leis da Termodinâmica*	**Informação e Conhecimento** — *os Recursos* Soft — *São Limitados pelas Leis da Dinâmica dos Sistemas*
Conservação Não se podem criar nem destruir energia e matéria.	***Geração*** A informação pode ser criada, reproduzida ou destruída.
Entropia A matéria se exaure. A ordem tende para a desordem.	***Sinergia*** A informação se acumula. A desordem tende para a ordem.
Dinamismo A matéria nunca fica em repouso total. Jamais dissipa cabalmente a sua energia.	***Dinamismo*** A informação está sempre se aperfeiçoando. Sempre há mais para se acumular.

Na economia industrial, nós tendemos a explorar recursos altamente complexos na forma — os que têm um elaborado conteúdo de informação, como os hidrocarbonetos — e gastá-los. Por exemplo, exploramos o planeta numa expedição global de caça e predação de absolutamente tudo, do petróleo à bauxita e ao mogno. A seguir, tiramos esses recursos já prontos do seu ambiente natural, onde eles podem ter úteis funções ecológicas, e os aplicamos à economia humana. No processo, nós os gastamos. Ao queimar combustíveis fósseis, dissipamos sua estrutura, exaurimos seu conteúdo de informação, esgotamos-lhes a capacidade de nos prestar serviço. *Eles* não desaparecem, mas a única coisa que "importa" neles — seu conteúdo de conhecimento — sim.

Gradualmente, porém, mediante a aplicação do conhecimento científico e técnico obtido em nossa cultura industrial, passamos a nos voltar para um conjunto diferente de recursos. Em vez de tirar os recursos complexos de seu lugar na natureza e, então, usá-los, esgotá-los, estamos apenas começando a extrair recursos mais simples, substratos para os nossos *designs*, e a *acrescentar-lhes valor*. Estamos construindo-os estruturalmente em formas que nos oferecem os serviços que queremos.

Os exemplos desse processo vão do simples ao complexo. Pegamos um fio metálico e o dobramos para fazer um clipe, e ele adquire, subitamente, a capacidade de prender papéis. Pegamos uma tinta e a imprimimos no papel para formar palavras, e passamos informação. Pegamos uma base feita de silício puro e nela inscrevemos um *design*, e ela obtém as qualidades de uma placa solar, de um semicondutor ou de um circuito integrado. Ou juntamos 10 mil peças individualmente projetadas, metal, plástico, borracha e vidro, e transformamos tudo isso num automóvel e, graças a essa combinação, adquirimos o poder de nos transportar.

Lér*e*l odo*i*C p*s*o. *gn*Te *D*adr ucoio

Todo Lucro é Criado pelo *Design*.

As letras nada significam se não estiverem dispostas na ordem certa. Una os recursos materiais nas combinações estruturais adequadas, e é bem possível que surja algo valioso. O valor não está na matéria, está no design.

Em todos os casos, a fonte da capacidade está de algum modo latente no bojo das leis da física, da química ou da biologia que nos são reveladas à medida que as experimentamos e aplicamos. Mas, em certo sentido, nós não sabemos realmente fazer um clipe, um *microchip* ou um carro. Simplesmente aprendemos que certas faculdades surgem quando acertamos o *design*. Montamos o universo como se fosse um quebra-cabeça, peça por peça, a partir do seu ser desmontado. Cada todo passa a ser parte de algo novo que vai aparecer, um sucessivo todo emergente.

NA EMPRESA

A INFORMAÇÃO É O RECURSO SUPREMO, O NOVO COMBUSTÍVEL FÓSSIL: QUANTO MAIS SE USA, MAIS SE TEM

Em 2001, a economia da Califórnia passou por uma grande escassez de energia, sobretudo a elétrica, que provocou blecautes, paralisação de fábricas e férias não programadas para milhares de estudantes e empregados em todo o Estado.

Para superar a crise, o vice-presidente dos Estados Unidos, Richard Cheney, propôs uma estratégia de "mais com mais": extrair mais combustíveis fósseis, construir mais usinas termelétricas, consumir mais petróleo e criar mais crescimento. Feito um pobre que diz, "a solução para a minha pobreza é gastar mais dinheiro", ele propôs que o país usasse mais o que já estava acabando.

Cheney desdenhou a idéia de que uma estratégia de "mais com menos" — baseada na inovação e na eficiência — podia conter uma promessa significativa. No entanto, ao agir assim, desprezou todo o setor de informática da economia dos Estados Unidos, cujo trabalho se baseia justamente nisso. A eficiência e a inovação — não os combustíveis fósseis e as matérias-primas — são o que torna as economias da informação vibrantes e sadias.

Embora seja possível desculpar um vice-presidente que faz pouco caso da economia do conhecimento, existe outro grupo de pessoas que não se pode perdoar tão facilmente. Trata-se dos CEOs e executivos das empresas baseadas na informação, que deviam ficar preocupadas com a demanda de combustíveis fósseis subsidiados pelos contribuintes e pelo meio ambiente. Para toda empresa fundamentada na informação, a energia subsidiada é uma ameaça direta — feita pelo seu maior concorrente: a indústria de combustível fóssil.

Isso nós já aprendemos com as crises energéticas anteriores, dos anos 70. Durante algum tempo, a crise de 1974 retardou o crescimento até mesmo das empresas com base na informática. Mas, alguns anos depois, o setor eletrônico e de computação cresceu de maneira mais explosiva que em qualquer outro período da história. Os altos preços da energia impulsionaram a demanda de tecnologias que nos permitissem fazer mais com menos.

E elas também nos deram uma lição valiosíssima. Essas tecnologias nos permitem fazer mais com menos. Quando a energia é escassa, nós podemos reagir de duas maneiras: consumindo mais energia, recursos e tempo, ou ser mais inteligentes no uso da energia, dos recursos e do tempo. A primeira alternativa significa mais poluição, mais resíduos e menos oportunidades. A segunda significa mais inovação, mais criatividade e mais oportunidades.

O conhecimento convencional da década de 1970 consistia em adotar a primeira estratégia: consumir mais energia e torrar a nossa poupança de combustível fóssil. Mas essa estratégia foi um retumbante fracasso. Nós encontramos uma alternativa mais rápida, melhor e mais barata: aproveitamos o setor de informação. De milhares e milhares de maneiras, usamos os computadores, a eletrônica, os microprocessadores, os materiais avançados, os produtos inteligentes, as organizações de aprendizagem e as empresas vivas para criar o valor que costumávamos obter extraindo e queimando combustíveis fósseis.

O resultado foi extraordinário. De 1973 a 1990, nós aprendemos a criar mais valor econômico real a partir de cada unidade de energia que consumimos. Em comparação com 1970, em 1990 quase um terço da nossa energia e dos nossos serviços materiais foram efetivamente "fornecidos" pela inovação e a eficiência. Em vez de mais megawatts e materiais, usamos mais *negawatts* e *imateriais*, e esta se tornou a nossa maior fonte de abastecimento. Para explorá-la, recorremos ao setor de informação e criamos mais empregos, mais lucros e mais valor — mesmo que as nossas idéias e tecnologias estivessem reduzindo a necessidade de combustíveis fósseis.

Em 1990, graças à eficiência que criamos, o mundo contava com um excedente tal de combustível fóssil que os preços caíram quase aos patamares históricos. Foram a inovação e a eficiência, não o aumento do fornecimento nem da demanda, que criaram energia barata e abundante.

Mas, em 2001, muita gente tinha esquecido a lição. Certos executivos do Vale do Silício exigiram que o Estado usasse os dólares da arrecadação para aumentar o fornecimento de energia elétrica. Por mais que eles louvassem a inovação e a eficiência, poucos viram muito potencial nesse caminho. Cabia-lhes dirigir fábricas gigantescas, vorazes consumidoras de energia, e precisavam de eletricidade. Esqueceram-se de que os maiores "campos de petróleo" e as usinas de energia mais poderosas do mundo estavam ali mesmo, em seu próprio quintal.

Considere o seguinte: digamos que você use anualmente dez litros de gasolina, os quais tira de um tanque de cem litros: logo, a sua reserva é para dez anos. Agora suponhamos que você aprimore a sua eficiência em dez por cento ao ano. Para quanto tempo será a sua reserva no ano seguinte? Embora só lhe restem noventa litros, agora você já não vai precisar senão de nove por ano, de modo que continua com reserva para dez anos. Dentro de cinco anos, contará com cerca de sessenta litros, mas precisará apenas de seis por ano, portanto seguirá tendo reserva para dez. E em dez, em cinqüenta, em cem anos, continuará com reserva para outros dez. Desde que você aumente a sua eficiência num ritmo igual ou maior ao da depleção, suas reservas não se esgotarão.

Isso é possível? Pense na natureza da inovação e da eficiência que ocorrem quando substituímos as matérias-primas físicas por *designs* melhores e passamos a fazer mais com menos. A inovação é a parte do *fazer mais*; a eficiência, a do *com menos*. Nós não nos limitamos a *retirar* recursos — temos de *acrescentar* um *design* melhor. Substituímos a matéria pela informação e criamos valor não pelo consumo, mas pelo *design*. Por exemplo, para fabricar um *microchip* melhor, a Intel não acrescenta silício. Acrescenta informação, via *design*. Projeta transistores cada vez menores. Essa mudança permite aos engenheiros gravar cada vez mais transistores numa pastilha do mesmo tamanho.

O resultado é um *microchip* que faz mais com menos. A energia que cada geração de microprocessadores da Intel consome diminui mais depressa do que aumenta a potência do computador.

Haverá um limite para os ganhos em eficiência? Todo processo técnico tem seus limites. Obviamente, a eficiência com que o combustível se converte em energia não pode exceder os 100%. Contudo, os cientistas muitas vezes contornam esses limites projetando processos técnicos inteiramente novos e, assim, redefinindo os próprios limites. Por exemplo, na Intel, o co-fundador Gordon Moore previu em 1993 que, apesar da Lei de Moore, o menor transistor possível teria 0,25 mícron. Menos de cinco anos depois, sua própria empresa ultrapassou esse limite. Mudando para novos processos técnicos que ninguém previra, a empresa valeu-se da informática para projetar transistores que em breve chegarão a ter um quinto do tamanho outrora considerado o limite absoluto.

Até que ponto se pode pressionar o avanço da inovação e da eficiência? Estamos perto do limite? Depende: será que a própria informação é limitada? Se for — e nós teremos aprendido quase tudo o que se pode saber —, é possível que estejamos nos acercando do limite. Mas isso parece improvável. Há bilhões de anos que a natureza vem substituindo o consumo pelo *design*. Nós mal acabamos de começar.

E fazemos isso de duas maneiras. Pela evolução — melhorando gradualmente a eficiência dos processos técnicos, dos produtos e dos serviços existentes, ramificando-os em mais variedades e qualidades. E pela revolução — substituindo os processos atuais por modos inteiramente novos de fornecer valor às pessoas.

Mas embora a evolução e a revolução intensifiquem muito a concorrência entre os setores industrial e de informação — quer eles percebam isso, quer não —, por outro lado, tornam esses setores totalmente dependentes entre si e os levam a cooperar para o ganho mútuo. Como demonstram os seguintes exemplos da Shell, da Dow, da Dupont, da Xerox e da Apple, a injeção de informação nos processos industriais tradicionais impulsiona a produtividade tanto na economia antiga quanto na nova, sendo que, na década de 1990, gerou uma revolução da produtividade que alavancou todos os setores. Assim como, há três séculos, a industrialização aumentou a capacidade produtiva da agricultura, as tecnologias de informação acabarão provocando o crescimento da indústria.

ANITA BURKE, A SHELL OIL E OS NOVOS COMBUSTÍVEIS FÓSSEIS

Ninguém imagina que a Royal Dutch Shell, uma das maiores companhias de petróleo do mundo, esteja empenhada em levar o planeta a um futuro pós-petróleo. Todavia, não foi por ser aversa à mudança que a empresa cresceu a ponto de ser uma das mais longevas da era industrial. Por maior que seja o seu compromisso com a economia industrial, ela está aprendendo a tirar lucro de uma fonte totalmente inédita: o novo combustível fóssil, a informação.

Anita Burke é um exemplo dos valiosos ativos não-petrolíferos da Shell. Ela utiliza o lucro para ajudar a melhorar o desempenho ambiental da companhia, mas aprendeu que nem sempre isso basta. A maioria das empresas é aversa às mudanças — mesmo às mudanças lucrativas. Para que haja progresso, geralmente são necessários tanto o lucro quanto a paixão.

Anita combina a habilidade técnica com a paixão. Nós a conhecemos em 1997, num *rafting* organizado pela Global Future para lideranças do setor empresarial e ambiental. Terminado o passeio, ela nos deu carona pelas Sierras. Foi quando começou a parte verdadeiramente emocionante. E não só pelo *que* Anita nos contou, mas pelo modo *como* o contou. Ao exprimir suas opiniões, ela tem o hábito de gesticular e olhar bem nos olhos do interlocutor. Isso geralmente é bom, mas não quando se está dirigindo em alta velocidade na estrada, entrando nas curvas e mudando de pista com uma precisão que parecia querer enfatizar suas afirmações; ao mesmo tempo, ela dava a impressão de estar com muita pressa, ansiosa para recuperar o tempo perdido. Só não ficou claro que prazo era aquele que tínhamos de cumprir.

Anita vive com uma permanente sensação de urgência. Tem uma missão a realizar. Graças a sua profissão de ecologista industrial da Royal Dutch Shell, acha que, assim como a floresta tropical é capaz de criar seus próprios recursos e operar sustentavelmente, a empresa pode ser uma perpétua máquina de idéias. Mas o antigo modelo mecânico não serve. A empresa precisa adquirir a mesma capacidade de adaptação da vida. Isso Anita aprendeu quando era chefe do setor ambiental de uma refinaria administrada em conjunto pela Shell e pela Texaco em Bakersfield, Califórnia. A empresa estava recebendo *feedback* na forma de elevados custos ambientais que lhe diziam que os tempos tinham mudado, que novas prioridades estavam na ordem do dia. Mas, como toda máquina, a refinaria não fazia caso do *feedback*. Aceitava os custos sem se adaptar de modo a reduzi-los. O resultado foi mais poluição, mais resíduos e mais dívidas do que seria necessário.

"Eu era muito jovem, não tinha mais do que 24 ou 25 anos, e tinha uma coisa que não me deixava ter paz. Eu queria mudar o mundo!", conta ela. "O cara do *marketing* não me deixava gastar nada com manutenção preventiva para evitar que o combustível caísse no chão, nos nossos postos de gasolina, e que tivéssemos de gastar dois milhões de dólares por posto para limpá-lo."

Apesar do custo final, a mensagem ainda não estava clara. Por isso Anita descobriu um modo mais convincente de explicar. "Eu estava com uma nota de cinco dólares no bolso. Peguei-a e a queimei ali mesmo, na frente dele. O sujeito ficou atônito, mesmo porque queimar dinheiro é crime. E disse: 'Que significa isso?' Eu respondi, 'Só estou tentando fazer companhia a uma pessoa que ganha tanto que pode se dar ao luxo de jogar um produto refinado no chão. Um homem que, além de não vendê-lo ao consumidor nem obter o retorno sobre o investimento, ainda gasta dois milhões para fazer a limpeza. Você deve ter tanto dinheiro que pode até queimá-lo!'"

Hoje em dia, em vez de queimar notas de cinco dólares, Burke canaliza informação para a empresa mediante o uso da Análise do Retorno sobre o Investimento (ROI, *Return on Investiment*). Por exemplo, na premiada refinaria Bakersfield Refining Company (BRC), sua equipe economizou milhões de dólares redirecionando os resíduos de modo a criar novos produtos e lucros. Receberam carta-branca utilizando sistemas de medição que mostravam a economia que iam gerar.

Aliás, em vez de ser uma refinaria única, a BRC é constituída de três refinarias, antes independentes, que a Texaco e a Shell compraram e unificaram para operar como uma só e com capacidade de processamento de 67 mil barris diários de petróleo cru. Uma vez combinadas, a diversidade e a história das refinarias representaram uma espécie de quebra-cabeça para Burke e sua equipe: como as três unidades podiam ganhar com a sinergia criada pela combinação das três?

Para encontrar a resposta, Burke foi obrigada a aprender métodos eficazes de persuasão. Ela recorre a duas fontes de informação para ensinar a empresa a esticar os recursos: dinheiro e experiência. O dinheiro é um ótimo professor. Dá informação. Conta-nos quanto valemos — umas vezes com precisão, outras não. Se recompensarmos uma atividade com dinheiro, estamos dizendo "isto é valioso". Do contrário, estamos dizendo "isto não tem valor". Na BRC, o dinheiro permitiu que os programas de Anita decolassem. A seguir, a experiência aprofundou o comprometimento com eles. "Antes que surgisse esse conceito de sustentabilidade como a coisa certa a fazer, tudo era uma questão de dinheiro. Era o único instrumento de que dispúnhamos."

Burke usou-o para desenvolver dados de Retorno sobre o Investimento que mostrassem até que ponto aquilo de que a BRC se desfazia como resíduos perigosos podia ser transformado em outro produto, com lucro. Esses dados acabaram sendo mais que um motivador. Na opinião de Anita, os sistemas de medição desse tipo eram *instrumentos de aprendizado*.

"Exemplo: nós tínhamos sedimentos e fluxos de resíduos que custavam milhões para ser carregados em barris e transportados para depósitos seguros. Então, examinamos mais detidamente a planta da refinaria e dissemos, 'ora, nós temos um craqueador, ali, com um grande apetite para esse tipo de coisa'." Resultou que, com a coqueificação, a BRC conseguiu desviar os resíduos sem provocar emissões adicionais. "Assim, deixamos de carregá-los em barris, adquirimos equipamento de processamento e o instalamos no craqueador; atualmente nós os vendemos como combustível a outras fábricas."

Foi uma questão de injetar conhecimento nas operações como um substituto do combustível e uma solução para os resíduos. Uma engenharia mais inteligente. A economia: 1,9 milhão de dólares por ano. Posteriormente, quando a U. S. Environmental Protection Agency (EPA) [Departamento de proteção ao meio ambiente dos Estados Unidos] estava prestes a impor à refinaria a instalação de equipamento novo, com base nas Clean Air Act Amendments [Emendas à Lei do Ar Limpo], Burke calculou que sairia mais barato investir em equipamento para transformar as emissões em um novo produto. Isso eliminou o mandado de fiscalização e criou uma nova fonte de lucro. Uma vez mais, o *design* inteligente levou a menos consumo, à simplificação dos procedimentos e a um lucro maior.

Depois de mais alguns projetos bem-sucedidos, todo o grupo de Burke começou a produzir novas idéias. Quanto mais informações usavam, mais tinham. Compartilharam suas tecnologias com outras fábricas e, em troca, geraram ainda mais idéias — por exemplo, a de reciclar o resíduo do fundo do tanque em produto cru. "Descobrimos um modo de misturar os resíduos dos tanques, fazer com que o solvente ficasse suspenso, devolver o resto ao estado cru e depois transformá-lo em gasolina, em vez de simplesmente jogar tudo fora como lixo."

Por fim, as iniciativas de Burke renderam à Shell dinheiro suficiente para que a empresa a tirasse de Bakersfield e a transformasse numa ecologista industrial global, ajudando a prover de novas informações as filiais de todo o mundo. Procurar transformar uma companhia de petróleo numa empresa mais sustentável é um desafio que muitos ambientalistas temem enfrentar. Mas, para Anita, "é o trabalho dos meus sonhos".

Anita Burke criou valor, na Shell, injetando pequenos incrementos de informação numa empresa petrolífera. E se uma empresa semelhante, em vez de simplesmente acrescer de um pouco de informação a sua energia e material, se comprometesse cabalmente com a informação como seu principal recurso?

A Dow e a Dupont começaram a trilhar esse caminho. A Xerox avançou nele aos saltos.

ECO-EFICIÊNCIA VERSUS ECO-EFICÁCIA

Toda vez que a gente consome recursos físicos, acaba ficando com menos. Mas sempre que usa a informação, pode vir a ter mais. A informação cresce com o uso. Isso vale não só para o setor da informática como também para o industrial. Por exemplo, a Dow e a Dupont usam a informação para criar valor de duas maneiras. Primeiro, visando a um aprimoramento contínuo, aprimorando a eficiência, a variedade e a qualidade dos produtos — o equivalente, na empresa, à seleção natural e à variação pela descendência. Segundo, mirando a ruptura inovadora, inventando produtos e processos inteiramente novos e desencadeando tipos totalmente novos de valor — o equivalente empresarial da sinergia da natureza.

A primeira fórmula — o aperfeiçoamento contínuo — significa *melhorar os produtos*, o que muitas vezes recebe o nome de *eco-eficiência*. A segunda, a ruptura inovadora, significa *criar produtos melhores*. Isso geralmente se denomina *eco-eficácia*, termo popularizado pelo *designer* William McDonough.

Na geração passada, a Dow e a Dupont concorriam agressivamente entre si, muitas vezes ganhando ou perdendo vantagem graças à sua capacidade comparada de lucrar com a informação dessas duas maneiras.

Em 1982, a Dow instituiu um famoso programa destinado a estimular os empregados a descobrir meios de reduzir a poluição. No primeiro ano, implementaram-se 27 idéias. Essas eco-eficiências incrementais geraram um retorno sobre o investimento de 173%, o que significa que cada dólar investido deu-lhes um retorno de 1,73 dólar no período.

Muita gente imaginou que a Dow houvesse descoberto as maiores fontes de resíduos. Por isso pensaram que os 173% de retorno declinariam à medida que a empresa tivesse oportunidades mais difíceis. Mas ocorreu justamente o contrário. Cada idéia levou a uma nova. As pessoas passaram a achar, cada vez mais, novos meios de melhorar. Passados dez anos e setecentos projetos, o programa já não estava pagando retornos de 173%. Atualmente, paga 300%. Cada dólar passou a render uma economia de três no primeiro ano — *e em todos os subseqüentes.*

O pessoal da Dow não esgotou as idéias. Pelo contrário. Descobriu que a informação aumenta à medida que é usada. Ela obedece à lei da dinâmica de sistema.

Agora vejamos a Dupont. Eles sabiam que, para continuar competindo com a Dow e ainda obter o apoio do público e dos órgãos reguladores, era preciso alcançar ou superar as conquistas da concorrente em eco-eficiência; mas preferiu-se uma abordagem diferente. Sob a liderança do então presidente Edgar Woolard, eles não se concentraram unicamente na eco-eficiência; concentraram-se também na eco-efetividade. Em vez de simplesmente fabricar os mesmos produtos com mais eficiência, trataram de introduzir produtos *melhores* — produtos que realizavam as mesmas funções que os antigos, porém de um modo novo e radicalmente mais produtivo.

Vamos rever uma vez mais os nossos termos. A abordagem da Dow, o aperfeiçoamento contínuo — melhorando um produto — significa fabricar o mesmo produto de antes, mas tornando-o mais inteligente, para conter mais informação e menos matéria, como quando se instala um *chip* de computador em um automóvel a fim de regular o consumo de combustível e torná-lo mais econômico. É o que chamamos de *eco-eficiência.*

A abordagem da Dupont, a ruptura inovadora — criar um produto melhor — significa fabricar um produto *diferente* do anterior, que preste o mesmo serviço de modo mais inteligente, como quando usamos um computador para trabalhar ou fazer compras em casa em vez de sair com o carro. É o que denominamos eco-efetividade.

Uma das maiores rupturas inovadoras da Dupont foi no uso dos herbicidas. No início de seu programa de eco-efetividade, a empresa era a sétima fabricante de herbicida do mundo. Inventou novos produtos cem vezes menos tóxicos que os antigos e cujo uso custava menos. Essa inovação elevou-a da sétima para a segunda colocação no mercado.

Mas não esqueçamos que a Dow e a Dupont continuam sendo empresas fundamentalmente industriais. Por mais que venham aprimorando os processos industriais com informação, não os estão substituindo. Têm demasiado capital investido na velha economia. Seus concorrentes do setor de informática, porém, não se deparam com semelhantes barreiras. Inventando tecnologias que permitam às pessoas fazer mais com menos, eles compelem os gigantes de ontem a se adaptar ou — às vezes de maneira radical — morrer.

A XEROX CRIA VALORES BILATERAIS MAS GERALMENTE USA APENAS UM LADO

Se, nos anos 70 e 80, o Vale do Silício tornou-se efetivamente o maior fornecedor do mundo de "energia por meio da eficiência", a Xerox descobriu os seus campos mais produtivos. Imaginamos que a Xerox seja uma empresa de copiadoras. Mas ela também tem alguns outros produtos que talvez você tenha visto no escritório ultimamente. Projetou a Alto, o protótipo de todos os computadores pessoais modernos, assim como o processador de texto Bravo, que posteriormente se metamorfoseou em programas como o WordStar e o Microsoft Word. Desenvolveu o *e-mail,* um dos fenômenos que impulsionaram o crescimento da AOL e do GUI (*grafical user interface* [interface do usuário gráfico]), que a Apple utilizou para criar o Lisa e o Macintosh e a Microsoft tentou copiar para o Windows. Também desenvolveu o Ethernet, que possibilitou aos PCs conectarem-se com redes de alta velocidade, popularizou a Internet e ganhou bilhões para o 3Com e com os Cisco Systems.

Talvez nenhuma empresa, na história, tenha criado uma série tão lucrativa de produtos como a Xerox. Infelizmente para ela, nenhum deles leva o seu nome. Na época, a empresa estava lucrando confortavelmente com máquinas copiadoras, de modo que não se empenhou em aproveitar oportunidades mais exóticas quando um punhado de empregados estava literalmente inventando a nova economia.

A fonte dessas inovações revolucionárias não foi uma das grandes fábricas nem um dos centros de desenvolvimento de produto da empresa. Foi uma pequena unidade de Palo Alto que criou nada menos que a informação e as tecnologias que ela gerou.

O Palo Alto Research Center — Xerox PARC — foi, durante décadas, o *playground* de alguns dos cientistas e engenheiros mais criativos do mundo. Ostensivamente, o PARC era a defesa da Xerox contra o advento do sempre iminente, mas nunca real, "escritório sem papel", que segundo se supunha, os computadores inaugurariam.

Mas, conquanto a empresa melhorasse continuamente a eficiência, a qualidade e o desempenho de suas copiadoras, não se inclinava muito a tirar vantagem das rupturas inovadoras, nem mesmo das suas próprias. Conseqüentemente, perdeu oportunidades enquanto seus lucros eram grandes; depois, viu-se incapaz de capitalizá-las quando chegou a recessão e o tempo das vacas magras. "Hoje a Xerox podia ser dona de toda a indústria de computadores", diz o CEO da Apple, Steve Jobs. "Mas não se interessou. Na época em que apareceram as inovações, a venda de copiadoras estava em expansão, a renda chegou a decuplicar em doze anos, e a empresa não contava nem com um incentivo reconhecível nem com um sistema qualquer para transferir a sua ruptura inovadora a novas unidades. E não a transferiu."

A APPLE TAMBÉM PERDEU A OPORTUNIDADE

O que Jobs não conta é que também ele podia ser o dono de tudo — se não tivesse cometido o mesmo erro duas ou mesmo três vezes. Assim como a Xerox viveu das altas margens de venda de copiadoras quando podia estar investindo em suas criações, Jobs protegeu as altas margens de lucro do *hardware* de computador e deixou escapar a oportunidade a longo prazo de maximizar o tamanho da rede utilizando seus sistemas operacionais. Na década de 1980, antes que a Microsoft controlasse o mercado, ele se recusou a licenciar o sistema operacional da Macintosh. Isso aumentou a renda a curto prazo da empresa, que atingiu seu ponto mais elevado em 1991, mas também acabou levando sua participação no mercado a cair a menos de 5%. Então o destino lhe deu uma segunda chance — e ele tornou a desperdiçá-la. Tendo sido obrigado a sair da Apple, Jobs abriu uma nova empresa, com uma equipe excelente, e desenvolveu o sistema operacional NeXT, muito superior. Quando a IBM lhe ofereceu 60 milhões de dólares para licenciar o NeXT como sistema operacional padrão para os PCs, ele primeiro concordou com o negócio e, a seguir, sabotou-o a fim de proteger as vendas a curto prazo dos terminais da NeXT, de 10 mil dólares. A Microsoft não perdeu tempo para, com um produto inferior, construir um monopólio no nicho que Jobs abandonou duas vezes.

Seu erro, tal como o da Xerox, foi basear seu modelo de empresa na ilusão de que o valor estava no *hardware*, não no *software* — em vender átomos no lugar de *bits*. Desse modo, só os usuários mais zelosos foram fiéis às empresas de Jobs, ao passo que os outros passaram para fabricantes que ofereciam sistemas operacionais inferiores, mas não exigiam lealdade para com um *hardware* exclusivo e excessivamente caro.

O sistema operacional NeXT deu a impressão de finalmente ter encontrado um lar quando a Apple adquiriu-o para substituir o obsoleto Macintosh e, o que é mais importante, estabelecer uma estratégia centrada no *software* e na plataforma cruzada para concorrer com a Microsoft e outros. A Apple chegou a prometer um verdadeiro paraíso da computação com um computador moderno que levaria os fiéis à Apple a pensar em abandonar a Macintosh; além disso, prometeu uma especificação de *hardware* aberta a fim de estimular o desenvolvimento de um terceiro partido e construir a participação no mercado e um *software* com plataforma baseada na NeXT, que permitiria às aplicações escritas para o novo sistema operacional Apple rodarem na plataforma Windows e em outras. Mas, ao transformar a aquisição da NeXT pela Apple numa incorporação de fato, Jobs cometeu pela terceira vez o mesmo erro, cancelando a estratégia da plataforma cruzada a fim de se concentrar na maximização da renda a curto prazo da Macintosh. Apesar da superioridade da NeXT com relação ao Windows, pode ser que agora seja tarde para que ela venha a ter sucesso. A NeXT se tornou pouco mais que um veículo para aumentar a vida de uma linha Macintosh cada vez mais irrelevante.

Tal como os mangues da floresta tropical costa-riquenha, que formam um ecossistema no qual outras espécies florescem e depois descobrem que não conseguiram providenciar um lugar seguro para si, a Xerox e a Apple podem servir de exemplos de como *não* inventar produtos de ruptura inovadora e da incapacidade de deles tirar vantagem. Qual um mangue caído, cujos restos espalhados são decompostos e absorvidos pelas vorazes criaturas da mata, o declínio da Xerox nos meados da década de 1970 liberou suas idéias mais valiosas. Os executivos da alta tecnologia, como Scott McNealy, da Sun, Bob Metcalfe, da 3Com, e Sandy Lesner, da Cisco, serão eternamente agradecidos.

Muitos dos atuais executivos da tecnologia da informação parecem estar copiando os erros da Xerox e da Apple num sentido mais amplo. Sua reação à crise energética de 2001 foi só um exemplo. Em virtude dos limites ambientais, as recompensas econômicas para os que se servem da tecnologia para substituir os recursos renováveis por informação não farão senão aumentar. O setor de informação tem a oportunidade econômica não só de aprimorar as máquinas da indústria, mas também de substituí-las e inventar toda uma nova economia com um modo totalmente novo de lucrar.

CAPÍTULO TRÊS

O Lucro

**LIÇÃO TRÊS:
CRIE MAIS DO QUE VOCÊ CONSOME –
USE OS LIMITES COMO UM TRAMPOLIM PARA A ABUNDÂNCIA**

NA FLORESTA TROPICAL, os limites são uma força positiva. Impelem a inovação e desencadeiam uma seqüência de mudanças que levam à criação da abundância: ganho líquido.

NA EMPRESA, também, os limites são uma força disciplinadora que canaliza a ação para a criação de valor: lucro líquido.

CONTINUANDO A QUEDA, nós atingimos um ponto a cerca de 1.600 metros do chão, no qual a única coisa que podíamos fazer com a tecnologia que levávamos às costas era usar o pára-quedas e reduzir a velocidade da descida. Tudo bem: a nossa prioridade era chegar ao solo e seguir caminho.

Mas reparamos que os pássaros faziam mais do que isso com menos equipamento físico do que o nosso. Podiam não só retardar a queda como revertê-la e subir a maiores alturas. Eles tinham aprendido a voar.

Essa observação tornou-se particularmente interessante alguns momentos depois. O pára-quedas de Tachi colheu o vento, abriu-se por completo e começou a levá-lo suavemente para o chão. O de Bill, pelo contrário, começou a se agitar furiosamente no ar, sem se inflar e sem retardar minimamente a queda. Num instante, Bill ultrapassou Tachi na corrida para o chão, muito embora não estivesse nada interessado em ganhar semelhante competição.

Naquele momento, nós dois teríamos nos sentido mais seguros se, além dos pára-quedas, tivéssemos a capacidade da multidão de pássaros que habitavam a floresta à nossa volta: a de simplesmente abrir as asas e voar.

NA FLORESTA TROPICAL

OS DEZ DOMINÓS DA CRIAÇÃO DE VALOR – COMO A NATUREZA LUCRA

OS PIONEIROS PODEM ESTRAGAR O SEU PRÓPRIO NINHO, MAS CRIAM UM LAR PARA OS SUCESSORES

Horas depois, já a bordo dos botes, nós vimos os pássaros de perto, todos empoleirados nos mangues, como que em exposição, e passamos por eles tirando uma infinidade de fotografias.

Os mangues crescem feito máquinas, sem nenhum *feedback*, a não ser o "paladar" — o sabor do combustível, a subministração já pronta de luz solar, lá no alto, e de água na terra. Abastecidos de recursos abundantes, eles crescem numa verdadeira explosão e, espalhando as sementes de seus sucessores, vão se expandindo. Desse modo, criam um rico manguezal, com uma grande diversidade de espécies. Mas, por estranho que pareça, o manguezal não é um lugar saudável para o mangue. Na verdade, acaba sendo-lhe fatal. Ao construí-lo, a planta cria as condições que, posteriormente, lhe esgotam os recursos e a levam à destruição. Mas, nesse meio-tempo, ela cria o hábitat de algo novo: espécies mais resistentes, com qualidades inteiramente diferentes, *projetadas* para prosperarem naquele nicho.

Na Costa Rica, os ecossistemas dos manguezais florescem no limite entre a terra e a água. Irrefreáveis, os mangues, "estrategistas-r" pioneiros, que crescem rapidamente na abundância de água e luz solar, lançam raízes-escoras que vão se entrelaçando e firmando o solo, resistindo à erosão provocada pela maré e extraindo terra da água. Crescem onde nenhuma outra árvore consegue crescer.

Uma vez estabelecidos, os manguezais formam miríades de nichos em que as outras plantas e animais começam a brotar, cada qual produzindo alimento ou hábitat para os demais. Por exemplo, os mangues e as raízes aéreas oferecem abrigo seguro às aves aquáticas que nós vimos no caminho — cormorões, alcatrazes, pelicanos, garças e garçotas —, as quais ali nidificam aos milhares. E elas, por sua vez, depositam o guano que acelera o crescimento dos mangues. Abaixo da superfície, as ostras e as esponjas prendem-se às raízes, as raias-lixas oscilam vagarosamente, roçando o fundo. São milhares os cardumes de pequenos peixes. Os maiores, como o tubarão, iniciam a vida entre as raízes dos mangues, usando-as como proteção contra os predadores. Pouco além dessas raízes, os crocodilos se deslocam entre os ninhos e a água, numa série de trilhas que eles conservam abertas e livres de vegetação. Enriquecidas com os dejetos desses animais, as águas próximas das trilhas sustentam uma sadia vegetação de algas e plantas superiores, que se enraízam no solo fixado pelas raízes dos mangues.

Por meio desses processos, estes estabelecem um apoio, constroem um pântano e o enriquecem gradualmente. À medida que morrem e se decompõem, as plantas do manguezal ajudam a construir mais solo, o qual vai sendo fixado pelos mangues em expansão, que atuam como uma rede. Enfim, conforme continuam a construir o solo, eles acabam literalmente encalhados numa terra demasiado alta e seca para sustentá-los. E morrem na própria terra que criaram. Mas a morte de um mangue isolado não tem grandes conseqüências para a espécie como um todo. Tal como os demais pioneiros, eles são colonizadores agressivos. Mesmo que as árvores individuais pereçam, as sementes que geraram estão inaugurando novas colônias, construindo novas florestas em outra parte.

Em toda a natureza, os pioneiros de rápido crescimento semeiam a sua própria destruição — literalmente. Neste sentido, toda e qualquer espécie serve a um "propósito": modela-se como uma adaptação aos limites locais. É selecionada porque sua adaptação lhe aumenta a possibilidade de sobreviver e se reproduzir.

Essa qualidade não se limita às espécies individuais. Duas delas podem unir-se em combinações mútuas que beneficiam a sobrevivência a longo prazo de ambas. As duas amplas estratégias reprodutivas — o crescimento rápido e a elevada fertilidade dos estrategistas-r, por um lado, e a capacidade especializada de sobrevivência dos estrategistas-K por outro — formam essa equipe mútua. Pioneiros, os estrategistas-r invadem um campo aberto e o entretecem numa série de nichos. No interior de cada um destes, novas condições ambientais convidam os especialistas adaptados a nelas se sobrepujarem. Por seu turno, esses especialistas criam os ganhos de eficiência — a margem de lucro — que sustentam as gerações futuras tanto dos estrategistas-r quanto dos estrategistas-K.

COMO A NATUREZA LUCRA: OS DEZ DOMINÓS DA EVOLUÇÃO

O que é lucro? Na economia industrial, é a diferença entre nosso custo e nossa renda. Pensando em termos da tradicional soma zero, se eu for vendedor e você, comprador, meu "lucro" é tudo que eu conseguir conservar depois de receber o seu dinheiro e pagar as contas. Na melhor das hipóteses, o lucro parece egoísta; e, na pior, uma exploração.

Por causa dessa impressão, quando pensamos em lucro e em meio ambiente, geralmente os concebemos como termos opostos. Supomos que o "lucro" ocorra mediante a extração de matéria da natureza: a terra, os alimentos, os minerais, as árvores. *Tudo* que usamos na economia. Portanto, à proporção que expandimos esta última, encolhemos a natureza; todo lucro nosso é prejuízo para a Terra. Pelo menos é esse o senso comum. No entanto, grande parte do que denominamos lucro nada tem a ver com o fato de *criar* lucro. Trata-se, isto sim, de *gastá-lo*. Na economia industrial, nós retiramos recursos complexos da Terra — recursos ricos em informação na forma de hidrocarbonetos complexos, de plantas ou animais vivos, de ecossistemas florestais diversificados. Os lucros da Terra. A seguir, gastamos o seu conteúdo de informação, a forma que lhes define as capacidades, o trabalho que podem executar para nós, o valor que contêm. Por fim os descartamos e vamos buscar mais. Ocorre que isso não é criar lucro; é consumi-lo.

Até certo ponto, a natureza faz a mesma coisa. Todas as criaturas consomem recursos, absorvem recursos complexos e, a seguir, processam-nos e os simplificam. E muitas delas parecem quase exclusivamente predatórias ou parasíticas: seu ganho é a perda de tudo o mais. Mas basta olhar com um pouco de atenção para notar que a maioria dos organismos toma esses recursos simples e os desenvolve, acrescentando complexidade, informação, à linguagem da estrutura. No final do processo, criou-se algo novo — um lucro líquido, não apenas consumo. O lucro líquido pode ser eficiência ou uma qualidade totalmente nova, uma ruptura inovadora. Por exemplo, os mangues criam um lugar para a eficiência, uma espécie de lar para as formas de vida mais capazes que eles de vingar com menos luz solar ou água. E também criam um lugar para criaturas mais complexas, como as aves, e para a qualidade inteiramente nova que as distingue, a sua ruptura inovadora, a capacidade de voar.

O processo de evolução, que leva de formas simples e consumidoras a outras mais eficientes e criativas — e que geralmente também percorre o caminho inverso — pode ser destilado numa série de princípios ecológicos. Todos eles se relacionam entre si numa seqüência de causas e efeitos. Imagine-os como dominós, os dez dominós da evolução, cada qual tombando e derrubando o seguinte e, no processo, levando com muita freqüência à criação de ganho líquido — ou seja, de lucro.

O primeiro dominó é a *entropia*, a imposição de uma perda ou custo. De acordo com a segunda lei da termodinâmica, entropia significa que toda conversão de matéria em energia conduz a uma perda líquida de energia potencial. As latas de Bill Coors, com seu impacto sobre a tundra, e o petróleo de Anita Burke, com seu impacto sobre a contabilidade, são apenas dois exemplos. Todo uso de um recurso gera um custo. Sem novas infusões de combustível, os sistemas gastam rapidamente toda a energia e param.

Geralmente demora muito para que o custo de uma ação induza a mudança do sistema que o criou. Na floresta, por exemplo, os pioneiros como os mangues crescem rapidamente além dos limites dentro dos quais seu próprio ambiente local consegue sustentá-los. Para eles, a mata é um armazém abundantíssimo. Os mangues dela se servem à vontade, sem a menor restrição.

O CUSTO DESENCADEIA O *FEEDBACK*

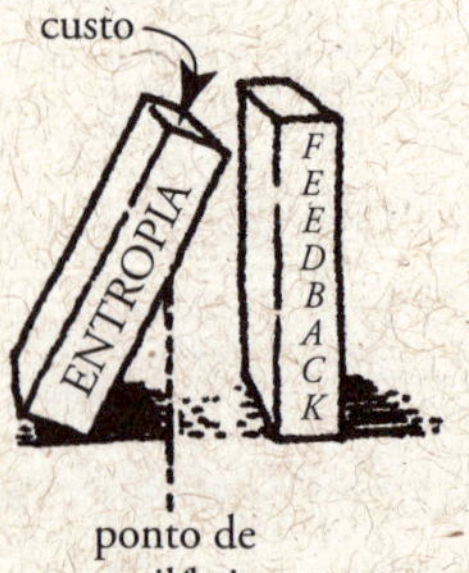

Quando a entropia — o custo — é suficientemente elevada, ela ultrapassa um limite, um ponto de equilíbrio além do qual a mudança é inevitável.

O segundo dominó é o *feedback* — o efeito da ação. A entropia desencadeia o *feedback*, e o sistema começa a aprender. Foi o sinal que Bill Coors recebeu ao notar o efeito das latas sobre o meio ambiente e, posteriormente, quando assumiu os custos de recuperá-las. Foi o sinal que Anita Burke enviou, queimando uma nota de cinco dólares no escritório do chefe do departamento de *marketing*, e, depois, introduzindo a análise de Retorno sobre o Investimento, a fim de institucionalizar a mudança.

O *feedback* impõe uma **função coerciva** que acaba por impedir a repetição de comportamentos passados, porque o consumidor modifica um hábito de compra, ou um empregado altera uma decisão de produção, ou um executivo é demitido, ou uma empresa vai à falência. Os sinais de *feedback* mais brandos funcionam para cultivar gradualmente a mudança, as alterações mais extremas e menos prováveis são impostas tardiamente.

Portanto, o *feedback* fecha o ciclo aberto, contribuindo para transformar a cadeia numa rede, impondo e forçando uma função que induz a mudança. Isso derruba o **terceiro dominó**.

Este é a *adaptação*. No solo despejado da floresta, sendo os recursos abundantes, os pioneiros como o mangue ou o pinheiro estão fadados a ter margem competitiva. Alguns contam com folhas bem largas que funcionam como coletores solares superdimensionados e os abastecem de combustível para o crescimento rápido. Outros dispõem de frutos repletos de sementes, que os animais espalham em toda a mata.

Entrementes, na sombra criada pelos estrategistas-r, entram em cena os estrategistas-K, que não precisam de tanta luz solar nem dos amplos espaços nos quais floresceram seus predecessores. Eles crescem mais lentamente e conseguem germinar à sombra das copas.

Assim, cai o quarto dominó: *a especialização*. À proporção que se adaptam às imposições das mudanças ambientais, os organismos vão se sofisticando e diferenciando-se dos pioneiros. Tornam-se especialistas capazes de primar em nichos ecológicos mais estreitamente definidos; por exemplo, em lugares com tipos particulares de solo, de inclinação, de luz solar, de elevação e de umidade. Sobretudo à medida que os pioneiros e os especialistas vão dividindo a floresta em mais e mais nichos, estes variam muito, de modo que a mata seleciona uma variedade cada vez maior de espécies anteriormente mantidas em suspensão. Com o tempo, as sucessivas ondas de limites e adaptações criam uma série cada vez maior de especialistas, cada qual adaptado ao nicho aberto pela espécie predecessora.

Todo aparecimento de um especialista desencadeia uma sucessão de novas mudanças na mata. Não só uma parte do sistema se adapta; todas o fazem. A cada ação não corresponde apenas uma reação, e sim uma miríade de reações. As ações se difundem a cada fio da rede do sistema, alterando não uma, mas todas as coisas, e alterando-as de diferentes modos.

Agora tomba o quinto dominó: *a diversificação*. Lembra-se da qualidade singular dos recursos de informação? Toda vez que intercambiamos informações, podemos obter mais em troca. Do mesmo modo, cada aumento da diversidade tem a possibilidade de levar a mais diversidade à medida que as espécies emergentes vão criando espaço para uma enorme quantidade de plantas e animais menores, adaptados aos nichos entre elas. Sendo um conjunto específico de informação, cada organismo especializado representa um novo instrumento — uma escolha. Como diversidade significa escolha, esse incremento da diversidade geralmente aumenta a resistência da floresta.

Por que os sistemas diversos muitas vezes são resistentes a longo prazo? Os ecossistemas simples têm um conteúdo limitado de informação e limitadas escolhas. A curto prazo, podem dar a impressão de oferecer mais estabilidade, mas isso é porque eles não têm escolha. Recuperam-se *unicamente enquanto o sistema não sofrer um estresse excessivamente grave*. Quando um incêndio ou outra crise é brando, o sistema simples continua tal como era, sólido feito uma rocha, permitindo que as espécies individuais recuperem os níveis populacionais anteriores. Mas, em caso de crise grave, o ecossistema simples carece de flexibilidade, de modo que pode rachar-se, romper-se e entrar em colapso total, quase sempre com conseqüências catastróficas para todas as espécies nele contidas.

O sistema torna-se mais complexo e, com isto, **cai o sexto dominó: *a complexidade*.** Enquanto a mudança for regulada, mas não reprimida, uma floresta complexa consegue a ela se adaptar continuamente. Os incêndios pequenos e freqüentes podem passar ao largo das árvores vivas, alimentando-se apenas de lenha, ou seja, de madeira morta. Deixam atrás uma floresta sadia, diversificada, com um misto de plantas jovens e maduras, numa estrutura fractal que se renova em muitos níveis simultaneamente. No âmbito das plantas individuais e até das espécies individuais, a mudança pode ser catastrófica. Mas, para o sistema como um todo, os pequenos incêndios abrem caminho para o desenvolvimento de um ecossistema mais rico, forte e vibrante. Se observarmos o conjunto, o número de partes diferentes terá aumentado; haverá mais variedade.

E, como tudo afeta tudo, as relações entre as coisas tornam-se mais complicadas. Se você as diagramar, obterá algo parecido com um fractal gerado por computador, no qual meras instruções sim/não levam ao surgimento paulatino de padrões recorrentes. Como cada nicho é formado e esculpido de acordo com sua relação com a totalidade dos demais, os elementos do todo o complexo são dependentes entre si, criando **o sétimo dominó: *a interdependência*.**

Num sistema de partes cada vez mais dependentes, cada coisa se relaciona com todas as outras e delas depende para a sua própria definição. De toda parte a toda parte traçam-se linhas de relação. As cadeias transformam-se em redes. De certo modo, cada elemento do todo torna-se mais único, mais individualizado, à medida que se especializa e enfoca o seu gênio particular, sua competência nuclear. Passa a ser mais individualizado, porém menos competente. Especializado num lugar e num objetivo, perde a capacidade de se ajustar a outros nichos e depende dos outros, dos mais ajustados. Queira ou não, **ele cai numa situação de *cooperação*, o oitavo dominó**. Não por opção, não necessariamente porque o "deseja" ou é atraído por algum senso de altruísmo, mas por força da natureza.

Enfim, as partes se unem como peças de um todo maior e descobrem que, servindo ao todo, servem-se a si mesmas da melhor maneira possível. À medida que o todo maior vai se definindo, geralmente ocorre algo assombroso: muitas vezes emergem novas propriedades, não só na mata como também em todos os sistemas complexos. Não por parte de um indivíduo isolado, mas de indivíduos no contexto do tempo e de comunidades inteiras. **Este é o nono dominó — *o surgimento*** (*emergence*). Cria-se algo novo — um pára-quedas se abre. Trata-se de um potencial, de uma escolha, de uma fonte de poder, de uma conta bancária com novo valor.

Daí a *sinergia*, o décimo dominó, o princípio da natureza que explica a sua extraordinária capacidade de driblar a entropia.

Nos sistemas complexos, cria-se mais do que se gasta para se chegar lá — não só quantitativa como também qualitativamente. Esse "mais" pode incluir

COMO A NATUREZA CRIA LUCRO
Os 10 Dominós

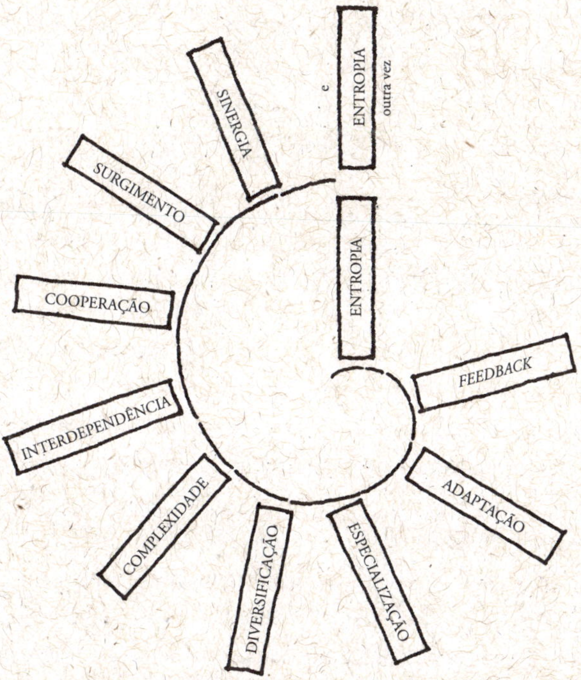

mais eficiência — um aprimoramento contínuo da nossa capacidade de executar uma função existente. Contudo a sua forma mais vigorosa é a ruptura inovadora, a criação de um novo recurso dotado de uma nova capacidade ausente nas partes. Desse modo, a natureza cria um ganho líquido — um lucro. Nós podemos fazer o mesmo. E usar esse lucro para aumentar a distância entre nós e os nossos limites. E, ao usá-lo, descobrimos que tornamos a derrubar o primeiro dominó e iniciamos um novo processo de criação capaz de levar à criação do lucro numa forma inteiramente nova.

À medida que os dominós tombam, a mudança é inevitável, mas o rumo que ela toma não é determinado. Ao contrário dos dominós físicos, eles podem cair em qualquer direção. O futuro se cria com as ações que empreendemos no presente; e cada ação empreendida, por pequena e inconseqüente que pareça, é capaz de modificar totalmente a forma que surge.

NA EMPRESA

OS DEZ DOMINÓS DO LUCRO – E COMO A INDÚSTRIA DERRUBA O PRIMEIRO DELES

A CRISE ENERGÉTICA, OS DEZ DOMINÓS E O SURGIMENTO DA ECONOMIA DA INFORMAÇÃO

Nós vemos diariamente os dominós caírem na economia emergente. Na economia maquinal, a empresa é um sistema pioneiro que geralmente mais toma do que dá. Porém, tal como os mangues, ela cria uma estrutura capaz de promover a inovação.

De modo semelhante, à medida que chegamos ao limite da empresa de estilo maquinal, estamos criando uma estrutura de ciclos de *feedback* que nos possibilita adaptar-nos mais rapidamente aos custos que impomos à terra e uns aos outros. Nesse meio-tempo, vamos aprendendo a não nos limitar a consumir o lucro, e sim a criá-lo.

Uma coisa não mudou na economia da informação. O dominó da **entropia** cai — cria-se resíduo — toda vez que se queima um barril de petróleo e se libera carbono na atmosfera. É impossível evitar o ***feedback*** que daí vem, contudo o grau em que o sentimos depende da rapidez e da inteligência com que reagimos. Temos a possibilidade de reagir a suas formas iniciais, brandas e tranqüilas. Ou de esperar que os sinais se tornem gradualmente mais graves, até que os notemos e nos adaptemos.

Por exemplo, na década de 1970, tanto a economia norte-americana quanto a japonesa foram afetadas pelo boicote árabe do petróleo. Porém, nos anos imediatamente subseqüentes, o Japão foi capaz de uma **adaptação** mais rápida. Aos conglomerados maquinais americanos, faltou flexibilidade para se ajustarem instantaneamente à mudança. As organizações de aprendizado do Japão tinham formado equipes de especialistas preparados para mudanças contínuas. Eles sabiam cultivar o aprimoramento contínuo — ganhos em eficiência —, de modo que se mostraram muito mais resistentes a curto prazo. No fim da década de 80, os automóveis japoneses respondiam por dois terços do total de importações, sendo que a participação do país nas vendas globais de semicondutores quase chegou a dobrar, indo de 28% para 50%.

No entanto, embora o Japão tenha se destacado no aperfeiçoamento contínuo, o mercado livre forçou as empresas americanas a empreenderem mudanças estruturais mais fundamentais. O Japão impediu que sua economia recebesse grande parte do *feedback* que, de outra forma, podia ter forçado mais alterações básicas. Reprimiu os pequenos incêndios que obrigavam os Estados

Unidos a fazerem mudanças estruturais. As eficiências do Japão tornaram-se quase insignificantes quando indústrias inteiras se transformaram de cabo a rabo. As indústrias americanas deram um salto sobre as economias de escala. Em vez de adotar a antiga fórmula e aumentar, abriram *ecologias* de escala, achatando as hierarquias, reestruturando, formando parcerias estratégicas e reagindo ao *feedback* de todas as partes de sua rede de relações. Não porque as empresas quisessem, mas porque foram obrigadas, a economia norte-americana deu um salto nos anos 90, tornando-se mais flexível e resistente.

A crise energética também levou a uma onda de **especialização**. Os mercados de massa começaram a subdividir-se em nichos mais estreitamente definidos. Os produtos passaram a se diversificar. Os gigantes genéricos como a General Motors, a Standard Brands, a General Foods e a Standard Oil — espécies pioneiras da floresta industrial — enfrentaram tempos difíceis e foram obrigados a diminuir ou descentralizar-se. O número e a variedade de marcas, sabores, embalagens, produtos, escritórios, firmas, indústrias e tecnologias diferentes começou a se expandir à medida que o imperativo de se especializarem compelia os produtores a capitalizar as vantagens comparativas e a buscar refúgio nos nichos que eles eram capazes de dominar. No lugar das três fábricas de cerveja dominantes no país — a Budweiser, a Miller e a Schlitz —, surgiram três mil microcervejarias, solapando a aura grandiosa das nacionais e estreitando as margens. Só os sistemas mais eficientes de mercado de massa conseguiram sobreviver. A Budweiser prosperou, a Miller se agüentou e a Schlitz foi destruída e substituída pela Coors no terceiro lugar.

Que importa tudo isso? O que aconteceu, por exemplo, quando as ondas de choque da crise energética se espalharam na economia? As empresas começaram a mudar, de estrategistas-r que eram, trataram de se transformar em estrategistas-K, de pioneiras da produção em massa que operavam cegamente, converteram-se em estrategistas-K, em especialistas ligadas a uma comunidade de interesses mais ampla, pela qual, gradualmente, vão sendo consideradas responsáveis.

Essa onda de especialização não se limitou a alguns mercados. Disseminou-se em toda a economia, levando a uma ampla **diversificação** não só de produtos e marcas, mas de empresas e indústrias. Os fabricantes de produtos *commodity* viram-se em meio a uma competição terrível, da qual só um ou dois podiam sair realmente vitoriosos. A maioria achou um modo de se adaptar, ocupando nichos especializados, nos quais tinham uma vantagem decisiva.

A diversidade adquiriu igual importância na força de trabalho. No passado, o sucesso vinha do consumo, sendo que a conformidade e a hierarquia o acompanhavam e aceleravam. Agora ele passou a emergir mais da capacidade de se adaptar diante do desafio e da mudança. As doutrinas da conformidade no local de trabalho, tão lucrativas nas hierarquias industrias do passado, tornaram as empresas excessivamente rígidas e negaram-lhes os recursos intelectuais e culturais de uma força de trabalho diversificada. Elas já não podiam se dar ao luxo de tratar os empregados como peças mecânicas: todos a mesma coisa, todos intercambiáveis. As economias obtidas geralmente eram menos valiosas que as qualidades humanas perdidas. As empresas precisavam da criatividade no trabalho. O que exigia diversidade. Mas esta requeria que as pessoas trabalhassem juntas, em equipes funcionais cruzadas, formais e informais, para que todo o trabalho fosse feito. Os empregados passaram a ser **interdependentes**.

A interdependência se deu não só entre os empregados, mas também entre as empresas. Embora a concorrência fosse a principal ameaça para elas nos mercados industriais uniformes, a mudança passou a ser muito mais ameaçadora à medida que a economia se tornava mais diversificada, caótica e imprevisível. O dinamismo econômico sem precedentes levou a uma paradoxal mistura de instabilidade, no âmbito local, com resistência no sistema como um todo. As empresas individuais podiam crescer extraordinariamente para logo enfrentar súbitos declínios. Subsetores inteiros, como as ponto-coms, podiam expandir-se e entrar em colapso em seguida. Os trabalhadores contratados numa fase de crescimento ficavam desempregados quando chegava um repentino tempo de vacas magras. Uma persistente população de desempregados e subempregados estruturais ficou abandonada, a não ser em períodos de demanda especialmente intensa de mão-de-obra. Os operários sem a qualificação básica necessária para obter e conservar empregos de alto valor agregado foram expulsos do sistema à medida que suas vagas eram transferidas para o exterior, aumentado a necessidade de políticas que mantivessem essa gente no mercado de trabalho. Mas, no conjunto, surgiram rapidamente novos empregos para os que tinham instrução e qualificação suficientes, de modo que o desemprego se conservou baixo.

Em face da mudança, há segurança na diversidade. Os crescentes exemplos de **cooperação** moderaram a concorrência entre as empresas. A princípio, pareceu que estava ocorrendo o contrário. Antigos sindicatos ruíram. Grandes conglomerados como a ITT, a Beatrice e a AT&T — acúmulos de empresas dissimilares sujeitas a uma administração maquinal uniforme — desmembraram-se ou foram desmembradas nas décadas de 1970 e 1980 em compras por meio de grandes somas de capital orquestrados por firmas como a Kohlberg Kravis & Roberts.

Mas a desagregação dos conglomerados não foi senão o primeiro sinal de mudança. As empresas não tardaram a voltar a se reconstituir em formas novas e mais flexíveis de cooperação. Os conglomerados se mostraram inadministráveis: a economia estava mudando rapidamente demais e o desempenho se orientava no sentido de acomodar-lhe a rígida estrutura de comando. Mas as alianças estratégicas prosperaram. Os *keiretsu* modernos ou alianças empresariais informais uniram companhias cujas operações eram complementares. Combinadas, elas adquiriram a capacidade de lucrar com a inovação. Conseguiram aproveitar as oportunidades **que surgiam** e obter os benefícios da **sinergia**.

O filósofo político Drexel Sprecher diz que as alianças empresariais e as estratégias da era da Internet já alteraram a natureza da concorrência tanto de modo positivo quanto negativo. Por um lado, à medida que grandes empresas se desagregavam, o custo mais baixo das transações pela Internet permitia às pequenas empresas desenvolver diferentes competências essenciais e as uniu para que criassem produtos superiores, obtendo as vantagens da especialização, da sinergia e da escala. Por outro, os efeitos de rede da Lei de Metcalfe criam um convite aberto para o abuso, uma vez que os iniciantes carentes de toda competência essencial têm a possibilidade de limitar a concorrência mediante alianças celebradas com o propósito de excluir os concorrentes, permitindo-lhes dominar setores-chave com produtos de mínimo denominador comum.

Em toda parte há exemplos de alianças empresarias sinérgicas. Por vezes, elas são intencionais e formais, embora as planejadas com cautela geralmente levem a conseqüências totalmente inesperadas. Contudo, a maior parte do tempo, tanto na empresa quanto na natureza, as alianças são um misto de oportunidade e afinidade, passando a existir à medida que uma inovação encontra outra, dando origem a um terceiro fenômeno. Assim, Dee Hock reúne uma rede de bancos independentes para formar a VISA, e o resultado é uma nova indústria e, efetivamente, uma moeda global. Bill Coors trabalha com tecnólogos europeus para inventar a lata de alumínio e cria a fundação econômica que gera a comunidade da indústria da reciclagem.

A REVOLUÇÃO ECONÔMICA EMERGENTE

A crise energética forçou a função que derrubou o primeiro dominó da onda de mudança acima descrita, a qual durou décadas. Impulsionada pela alta do petróleo e pela convicção quase universal de que os preços continuariam elevados, as empresas fizeram investimentos enormes em custosas fontes de combustíveis fósseis e em energia alternativa — tudo, desde a de óleo de xisto até a solar. Tais investimentos foram por água abaixo com a queda do preço do petróleo. Por quê?

A informação é muito mais barata. Os choques do preço da energia impulsionaram a busca da eficiência. Resultou que a alternativa mais barata aos combustíveis fósseis não era outra fonte de energia — era a informação. As pessoas e as empresas não tardaram a descobrir que ficava mais barato economizar energia que extraí-la de novas reservas. Isso contribuiu com a explosão da demanda das tecnologias de informação, que impulsionou o crescimento da economia da informação a partir dos anos 80.

E os dominós foram tombando, as especializações a estimularem as eficiências, estas a estimularem a diversificação, a interdependência, a cooperação e o gradual surgimento do que viria a ser um novo tipo de economia.

Que economia emergente é essa? Em que estágio de desenvolvimento se encontra? Que obstáculos ainda existem à sua expressão plena?

A propagação global das tecnologias de informação permitiu importantes ganhos em eficiência industrial, incentivando, nos Estados Unidos, uma década de crescimento econômico sustentável nos anos 90. Atualmente, a Internet conecta e informa centenas de milhões de pessoas, utilizando uma fração dos recursos outrora requeridos. Aliás, sem a Internet, a conversa mundial que hoje em dia se trava não seria possível por nenhum custo de recurso. Pessoas e culturas que jamais entrariam em contato direto estão se organizando espontaneamente em torno a áreas de interesse e utilizando a Internet como meio de conexão. Ao contrário do fluxo de informação unidirecional da mídia, como a televisão e o rádio, na Internet o *feedback* é fácil e automático. As pessoas podem trabalhar diretamente com as outras, contornando as grandes empresas e os governos entrincheirados que costumavam regular suas interações. A popularidade do *software* de compartilhamento de arquivos, como o Napster e o Gnutella — e o temor que essas tecnologias despertaram nas indústrias que elas ameaçavam —, sugere que as comunicações de igual para igual têm o potencial de transferir o poder de empresas e governos mais apáticos a indivíduos.

Pois bem, aonde o processo está levando? A industrialização eliminou antigas formas de governo, comércio, religião e profissão. Acaso a economia da informação — os *microships*, os computadores, a Internet e a *World Wide Web* — trouxe consigo mudanças de iguais proporções?

Ainda não. Os próximos decênios têm o potencial de operar alterações mais radicais do que as que acompanharam a transição da agricultura para a indústria. Mas essa nova economia apenas acaba de emergir. E, embora o seu ímpeto seja poderoso, não há garantia de que ela se desenvolverá plenamente. Por quê? Porque os defeitos de sua fundamentação técnica podem interferir na realização de seu potencial. Essa conseqüência nada tem de insignificante. A natureza dita que, diante dos limites, as espécies têm de se adaptar para não perecer. A atual economia industrial enfrenta um limite absoluto. Não pode continuar se desenvolvendo na trajetória consumista e depletiva que seguiu no passado. Trata-se de uma impossibilidade física. A economia e o meio ambiente não podem continuar competindo pelos mesmos recursos. A lei de Hardin da exclusão competitiva diz que, quando dois habitam o mesmo nicho, só um sobrevive. É essencial um novo caminho de desenvolvimento, um caminho que rompa o vínculo ocasional entre avanço econômico e degradação ambiental e sintonize os interesses da economia com os meio ambiente.

O que caracterizará essa economia? Ela tem de fazer duas coisas ao mesmo tempo: aumentar a qualidade de vida e diminuir a extração e a poluição. Os cientistas calculam que isso exigirá nada menos que um crescimento Fator 10 na produtividade do recurso. Em outras palavras, vamos precisar retirar dez vezes mais valor de cada unidade de energia e material que consumimos.

Isso não é tão inatingível quanto pode parecer. No século passado, as máquinas aumentaram quarenta vezes a produtividade do *trabalho*. Agora, no começo deste século, o desafio é decuplicar a do *recurso*.

A próxima geração de plataformas de computação e aplicativos da era digital é uma parte essencial da nova economia. Conquanto essas rupturas inovadoras não ofereçam garantias, é provável que sem elas seja impossível uma economia global próspera e sustentável. Do mesmo modo como as máquinas substituíram o trabalho físico, o computador e o *software* têm condições de substituir muitas máquinas tradicionais, assim como sua voracidade por materiais e energia. Podem criar mais valor usando apenas uma fração dos recursos atualmente exigidos.

Michael Vlahos, analista político sênior do Laboratório de Física Aplicada da John Hopkins University, diz que o sucessor da *World Wide Web* de hoje é o que ele denomina "*infosfera*". A economia da informação mais plenamente desenvolvida pode surgir mediante a integração das redes, bibliotecas e outras fontes de informação do mundo num ponto de encontro virtual. Essa vasta e heterogênea malha de intercâmbio eletrônico unirá as populações e culturas do planeta num povo diversificado e coeso: não numa monocultura global a replicar as características da cultura norte-americana, e sim numa rica mescla de culturas em coevolução.

A *infosfera* será tão diferente da *World Wide Web* quanto esta é da linha de comando da Internet dos anos 80, tão difícil de usar. Permitirá às pessoas unirem-se em novas comunidades para o intercâmbio econômico e cultural, livres de muitas das atuais restrições de tempo e lugar. Imagine-se em casa, transmitindo um vídeo com qualidade de televisão. Ou projetando um agente de *software* que faça pesquisas na *Web* e organiza os resultados nas categorias que você definir — e depois vendendo os resultados pela própria *Web*. Ou conhecendo gente dos quatro continentes num espaço virtual tridimensional — cada um falando o seu idioma nativo com tradução simultânea. Ou substituindo sua viagem de negócios mensal a Cingapura por reuniões virtuais e investindo parte do dinheiro economizado numa excursão ao Tibete com a família.

Mesmo essas possibilidades mal expressam o potencial da *infosfera*. Assim como a indústria libertou as pessoas das estruturas econômica, política e social do feudalismo, provocando a ascensão das cidades, dos centros comerciais e das nações-Estado, a *infosfera* pode livrar-nos das barreiras que separam um lugar de outro e levar a formas imprevisíveis de desenvolvimento cultural.

Tudo é possível, nada é certo. Para realizar o tremendo potencial da *infosfera* e desfrutar da economia e dos benefícios intrínsecos de uma civilização global altamente diversificada e integrada, os cidadãos precisam ter acesso a ela não só como consumidores, mas como produtores de conteúdo e cultura. Terão de participar livremente da *infosfera* sem ser regulados por intermediários. Na ausência dessa liberdade, perder-se-á o potencial da *infosfera* de transferir o poder das gigantescas empresas da era industrial para indivíduos e promover a diversidade em vez da uniformidade.

OBSTÁCULOS AO SURGIMENTO DA INFOSFERA

O que obstrui o avanço de uma mudança tão fundamental? O tempo, decerto. Porém outros fatores são igualmente capazes de retardar ou deter a transição. Os interesses sedimentados tratarão de proteger a sua posição. Os consumidores confortavelmente habituados à tecnologia conhecida e alheios ao que estão perdendo podem resistir à mudança.

Na natureza, as rupturas inovadoras muitas vezes são destrutivas, mas os benefícios que trazem são essenciais à evolução da vida. Há bilhões de anos, o primeiro sistema de suporte da vida na Terra não tinha oxigênio livre. Somente microorganismos extremamente primitivos conseguiam sobreviver. Ao morrer, deixavam um acúmulo de carbono que se tornou o alimento das algas verde-azuis, consumidoras de dióxido de carbono. Elas pagaram os ancestrais anaeróbios matando-os *em massa*. Dispensando o oxigênio que acabou se acumulando na atmosfera, as algas exterminaram 99% das espécies do planeta e criaram as condições que viabilizaram as formas avançadas de vida.

O primitivo sistema de suporte anaeróbio da Terra era incapaz de desenvolver tais formas. Faltava-lhe o oxigênio livre. O aprimoramento contínuo da vida anaeróbia não era uma estratégia viável. Foi necessário substituir a força limitadora — o sistema de suporte da vida — por uma ruptura inovadora.

Drexel Sprecher vê um paralelo na atual economia da informação. A plataforma de computação Wintel — um híbrido do sistema operacional Windows da Microsoft, do Pentium da Intel e de microprocessadores anteriores — é inadequada para possibilitar o surgimento da *infosfera*. "Os sistemas operacionais e os microprocessadores estão para os aplicativos assim como, na Terra, o ciclo carbono-oxigênio está para as formas de vida. Elas podem permitir ou limitar a diversidade. Embora possa parecer comum à primeira vista, se o sistema carbono-oxigênio fosse menos evoluído, seria muito menor a diversidade das formas de vida tal como a conhecemos. Na tecnologia, como na natureza, o grau de flexibilidade, diversidade e estabilidade nos níveis mais fundamentais tem conseqüências nos superiores. Uma variedade de plataformas de computação avançadas, concorrendo com diferentes características e benefícios, possibilitará uma verdadeira floresta tropical virtual de sofisticados aplicativos da era digital, com uma riqueza de capacidades que vai muito além do que os usuários das atuais plataformas conseguem imaginar."

Então, o que é plataforma de computação e o que ela *possivelmente* precisa fazer para viabilizar o advento da *infosfera* ou até mesmo de uma economia sustentável? Plataforma é uma tecnologia que converte as solicitações das pessoas em *output*[1] de máquina. É constituída de duas partes conhecidas: um microprocessador e um sistema operacional. Uma plataforma avançada possibilita o desenvolvimento de aplicativos com capacidade de ruptura com uma codificação mínima.

O surgimento da *infosfera* exigirá uma série de novos aplicativos para orientar a pesquisa, criar e compartilhar conteúdo, unir as pessoas e administrar o uso do recurso. Isso dependerá do sistema de suporte de vida do computador: a arquitetura do sistema operacional e do microprocessador, assim como o tamanho da largura de banda. Como o *design* desses estratos fundamentais tem o poder imenso de tolher ou viabilizar a *infosfera*, as rupturas inovadoras nos sistemas operacionais e nos microprocessadores são decisivas para a realização do seu potencial.

No início da década de 1990, a constatação generalizada de que a arquitetura básica das plataformas existentes era inadequada para suprir as necessidades emergentes levou a uma onda de inovações extraordinárias na computação. Líderes empresariais visionários, engenheiros, profissionais de *marketing* e capitalistas de risco uniram recursos para criar uma onda de novos produtos e possibilidades: os novos sistemas operacionais da IBM, da NeXT e da Be. O microprocessador PowerPC e sua Plataforma Comum de Referência de *Hardware*. Programas da Internet como o Netscape Navigator. Os ambientes de aplicação de plataforma cruzada OpenStep e Java, que permitiram aos desenvolvedores escrever uma única vez um aplicativo e rodá-lo em múltiplas plataformas. E a promessa de uma nova geração de aplicativos de mídia digital.

1. *Output* — Resultados do processamento, enviados para a tela ou para a impressora, armazenados em arquivos de disco ou enviados a outro computador de rede.

No fim da década de 1990, houve um investimento espantoso na infra-estrutura de rede necessária à *infosfera*. Então o mercado de computação foi atropelado pela Wintel, um estrategista-r clássico, um generalista que faz muitas coisas adequadamente, mas nenhuma particularmente bem. A participação da Wintel no mercado subiu a mais de 90%, enquanto a das outras plataformas caía rapidamente. Com ela, caiu o investimento em novas tecnologias de plataforma. Em conseqüência, a geração seguinte de aplicativos da era digital, necessária para o aproveitamento total da vantagem da *infosfera*, não estará pronta quando a largura de banda for instalada.

É claro que a maioria dos demais usuários não tem idéia do que está perdendo. Ninguém lamenta a perda de algo que nunca chegou a imaginar. Com a Microsoft acrescentando continuamente novos lineamentos ao Windows e a seus outros produtos, os consumidores são facilmente levados a confundir aperfeiçoamentos com ruptura inovadora. E, por ora, o aumento constante das velocidades previsto pela Lei de Moore oculta muitas deficiências da arquitetura da Wintel.

Mas, posto que esta haja possibilitado avanços contínuos nos produtos de *software* para o mercado de massa, como o processador de texto e a planilha eletrônica, uma infinidade de aplicativos especializados — muitos dos quais aumentam a criatividade e a conexão humanas ou levam a reduções radicais no uso de energia e materiais — estão sendo deixados de lado e, talvez, totalmente evitados, porque a Wintel não é uma base adequada para tais aplicativos. As rupturas inovadoras nos sistemas operacionais e nos microprocessadores são decisivas para o surgimento da *infosfera* e seus enormes benefícios.

A Wintel não será a fonte dessas inovações. É de consenso geral que a arquitetura básica de sua plataforma está obsoleta há mais de uma década. Mesmo os tão decantados Windows XP e Pentium IV são construídos sobre os arcaicos alicerces herdados dos anos 70. No entanto, a Wintel vem rejeitando reiteradamente as rupturas inovadoras que possibilitariam o aprimoramento contínuo de suas plataformas obsoletas.

A Wintel Tece uma Teia

Mas isso impulsionará ou impedirá uma nova economia sustentável?

A Wintel é como um mangue de crescimento rápido, a tecer em casa os primeiros fios da teia da nova economia. Não pode substituir a monocultura que ela mesma criou. Não é da sua natureza: os estrategistas-r são espécies uniformes, de crescimento rápido, cuja sobrevivência depende de replicarem-se ilimitadamente a si mesmos.

Nesse caso, por que não foi substituída no mercado? Ao contrário dos pioneiros como o mangue ou a Ford, ela dispõe de poder de mercado para excluir os concorrentes.

Um carro é um produto completo. Ainda que alguns proprietários venham a acrescentar componentes de terceiros a fim de melhorar o desempenho, a maioria o usará tal como ele sai da fábrica. Mas, desde o tempo do *mainframe*, não existe "computador inteiro". O computador sempre requer aplicativos de terceiros para se adequar à maioria dos usuários.

Essa dependência do investimento alheio significa que as plataformas de computação estão sujeitas a um tipo insidioso de efeitos de rede. Para atrair os usuários, uma plataforma precisa de uma massa considerável de aplicativos existentes. No entanto, os desenvolvedores de *software* precisam de uma massa considerável de usuários para que possam escrever aplicativos para eles. Esse círculo vicioso permite aos pioneiros criar "barreiras à entrada dos aplicativos" que excluem os concorrentes e reivindicam a quase totalidade do lucro potencial do mercado de computação.

A Wintel criou seu monopólio seqüestrando esses efeitos de rede antes que a sociedade os reconhecesse e persuadindo o mundo de que ela é um "padrão". Mas um padrão único de plataforma de computação não passa de um mito. Nenhuma empresa isolada pode ter todas as competências, todos os recursos e todos os conhecimentos de mercado essenciais à criação de plataformas de computação com a diversidade de capacidades necessária à era digital. As plataformas de computação são para os desenvolvedores de *software* o que são o solo e o clima para os agricultores. Se cada hectare de uma fazenda tivesse solo e clima idênticos, os agricultores não poderiam cultivar senão um número limitadíssimo de plantas. Se toda plataforma de computação tivesse a mesma arquitetura, os desenvolvedores de *software* poderiam criar cem mil aplicativos, e todos eles herdariam as restrições dessa arquitetura. A civilização não exige nenhuma plataforma "padrão". Exige diversidade.

E a diversidade exige interoperabilidade de modo que uma variedade de plataformas possa contribuir com a floresta tropical digital. A interoperabilidade permite que os aplicativos e os componentes de *software* funcionem em múltiplas plataformas e garante o intercâmbio de informação e arquivos entre elas. Isso possibilita que novas plataformas entrem no ecossistema digital, ocupem nichos, cresçam e agreguem opções valiosas. A interoperabilidade promoverá a especialização, a interdependência e a sinergia necessárias à criação dos aprimoramentos de elevado fator necessários à economia sustentável.

Mas a interoperabilidade ameaça o monopólio da Wintel. Por isso ela transformou a mata tropical num pomar, fazendo do hábitat essencial uma reserva particular. Ao destruir os processos de *feedback* do mercado e negar aos estrategistas-K o hábitat de que precisavam para florescer, a Wintel causou muito mais dano que os estrategistas-r típicos.

Consideremos as muitas táticas de reengenharia empregadas pela Microsoft, o sócio maior da Wintel, para impedir a concorrência e a inovação. Ela pressiona parceiros e concorrentes a fim de cercear a introdução ou o uso de produtos rivais. Pune os fabricantes de computadores e os provedores da Internet que usam os produtos da concorrência. Adquire tecnologias de plataforma cruzada, registra-as em nome da Windows e, inicialmente, dá produtos "gratuitos" aos consumidores até que eles fiquem dependentes. Isso interfere na operação adequada dos produtos concorrentes no Windows. Utiliza formatos de arquivo patenteados. Mistura código e emprega interfaces patenteadas com o fito de atrelar produtos diferentes. Todas essas táticas fazem parte de uma estratégia abrangente para impedir a interoperabilidade e transformar a unidade de concorrência em todo o ecossistema, de modo que nem os desenvolvedores de *software* nem os usuários tenham a possibilidade de substituir uma coisa sem substituir todo o resto.

Quando a IBM, sua sócia, investiu 10 milhões de dólares para agregar interfaces de aplicação Windows ao seu novo ambiente de aplicação OS/2, de modo que este acionasse a base instalada de aplicativos Windows e competisse num campo uniforme, a Microsoft modificou gratuitamente suas interfaces, com a intenção de frustrar esse processo, e ainda ameaçou privar a IBM da licença Windows. Também recorreu a desnecessárias alterações de interface para impedir que a concorrente Sun implementasse as interfaces de aplicação Windows no sistema operacional Solaris.

Depois passou a atrelar seus produtos. Confrontada com *software* de produtividade superior, como o WordPerfect e o Lotus 1-2-3, usou interfaces inéditas a fim de criar dependências entre o Windows e seu processador de texto, a planilha eletrônica, a apresentação e o *software* de manejo diário, prejudicando os concorrentes. Consolidou seu domínio acondicionando esses diferentes aplicativos num "produto" único — o "pacote" de produtividade Office, obrigando os concorrentes a oferecerem pacotes completos em vez de se concentrarem em sua competência fundamental. Também os aplicativos Office empregaram interfaces inéditas para trocar informação entre si, dificultando a substituição de qualquer uma delas por um produto superior. Os concorrentes sobreviveram por algum tempo. A Microsoft ameaçou os fabricantes de computador com preços mais elevados pelo

Windows se eles oferecessem tais produtos no lugar do Office. Frustrados, fabricantes e usuários resignaram-se com um mundo "totalmente Windows, totalmente Office".

Quando a Netscape criou um navegador que finalmente possibilitava às pessoas passar de um sistema operacional a outro, a Microsoft adquiriu o direito de propriedade de outro navegador, rebatizou-o de Internet Explorer e atrelou-o ao sistema operacional Windows. Afirmou que o dava "de graça", o que não era pouco em comparação com o desejo "egoísta" da Netscape de cobrar pelo Navigator. A seguir, utilizando os mesmos métodos, ampliou seu alcance até a mídia. Na realidade, o *software* da Internet "gratuito" foi subsidiado, com lucros monopolistas, como um investimento para consolidar seu poder de mercado em computadores de mesa e estendendo-o à Internet.

Quando a Sun desenvolveu um ambiente de aplicação de plataforma cruzada em Java, também capaz de possibilitar às pessoas trocar de sistemas operacionais, a Microsoft acrescentou extensões de patente à sua implementação Java para que os aplicativos desenvolvidos com as suas ferramentas de desenvolvimento Java só rodassem no Windows. Então forçou os fabricantes de computadores a montá-los com sua implementação, sabotando o potencial de plataforma cruzada do Java.

Em 1997, a Microsoft chegou a investir na Apple, a única empresa que, com a recém-adquirida tecnologia NeXT e dezenas de milhões de dedicados usuários, poderia ter posto no mercado um sistema operacional rival. A Apple abandonou prontamente a estratégia de *software* de plataforma cruzada, que permitiria aos aplicativos escritos para a nova plataforma Apple funcionar nos computadores Wintel e em outros, assim como uma estratégia aberta de *hardware* que facilitaria a troca de sistemas operacionais.

Atualmente, a Microsoft está ampliando o monopólio do Internet Explorer com ferramentas de desenvolvimento da *Web* que acrescentam extensões patenteadas às linguagens abertas da *World Wide Web* e as substituem por um padrão *de facto* que ela pode controlar. Essa ampliação adicionará características de patente às páginas da *Web* e obrigará os usuários a terem *web sites* em servidores que operam o Windows. Isso possibilitará que a Microsoft estenda seu monopólio ao mercado de servidores e atrele ao Windows a navegação e o comércio da *Web*.

Sempre que surge uma nova tecnologia, a Microsoft repete a mesma tática, adquirindo-a, atrelando-a a seu código mesclado e a interfaces inéditas e usando o poder monopolista para garantir que uma massa substancial de usuários a adote. Isso sabota o processo normal de padrões e cria um fluxo infinito de novos padrões *de facto*, todos eles sob as asas da Microsoft. Esta dá acesso a tais padrões secretos de *software* a desenvolvedores que concordam em não competir com seus produtos básicos e nega a informação aos que não concordam. Assim, ela determina quais deles hão de sobreviver. É praticamente impossível para um desenvolvedor de *software* substituir um produto ou mesmo o componente de um produto da Microsoft por uma tecnologia superior. Isso impede a evolução nicho a nicho que ocorre num ecossistema sadio. E permite à empresa seqüestrar os efeitos de rede e dilatar sua porção particular, de monopólio em monopólio.

Esse padrão impregnou de tal modo a cultura empresarial da Microsoft que as melhores práticas, o valor agregado e a inovação são regularmente sacrificados a estratégias que ampliam o monopólio. Os recursos que podiam ser investidos no aperfeiçoamento do produto ou na ruptura inovadora são devidamente desviados a fim de impedir os desenvolvedores de utilizar componentes superiores e aumentar o "custo da mudança" para os usuários que desejam substituir os produtos da Microsoft por alternativas preferíveis.

Empreende-se essa busca implacável pela "atrelagem" de produtos em nome da "integração". Mas essa pretensa integração não faz com que os componentes de *software* rodem mais depressa nem funcionem com mais harmonia entre si do que funcionariam com as interfaces apropriadas. Aliás, a mistura de código de tantos componentes, nos fundamentos do sistema operacional, faz com que a totalidade do sistema fique sujeita à instabilidade e a falhas de segurança e, como em qualquer monocultura, torna-a vulnerável aos vírus. A *infosfera* requer um alicerce melhor.

Na natureza, nenhum organismo tem a faculdade de passar por mutações intencionais a fim de impedir a entrada de um concorrente superior. Nenhum desenvolvedor de *software* tem incentivo para criar um sistema operacional, um processador de texto, um navegador ou qualquer outro novo programa comum. Para competir com a Microsoft, seria preciso criar todo um ecossistema próprio. No mínimo, isso incluiria um novo sistema operacional e um pacote de produtividade superior, contendo processador de texto, planilha eletrônica, todos os seus componentes e até mesmo uma base de usuário. Mesmo assim, a Microsoft poderia inutilizar essas inovações com alguns ajustes que as impedissem de interagir com a sua monocultura. Isso tem um efeito inibidor sobre a pesquisa e o investimento.

O Windows, o Office e o Explorer são apenas o começo. Pode ser que a Microsoft consiga ampliar o seu triplo monopólio e capturar a incipiente *infosfera*. Atualmente, a empresa está implementando formas de alugar esses produtos monopolizados como um conjunto de serviços pela Internet. Quando o usuário estiver conectado, os toques no teclado serão monitorados e se cobrará pelo uso de vários serviços. É o primeiro passo para a instituição do pedágio na superautopista da informação.

A Microsoft já está criando implementações de patente da próxima geração de padrões da Internet. Coisa que levará inevitavelmente a outro conjunto de secretos padrões *de facto*, eliminando a competição pela arquitetura da computação distribuída da Internet e pelo avanço dos aplicativos de rede, tão essenciais à *infosfera*. O oceano de inovações, na Internet, tornar-se-á uma lagoa estagnada. O desenvolvimento de *software* de terceiros para concorrer com a Microsoft e fornecer serviços, como a autenticação, a administração de direitos digitais e a telefonia da Internet, ficará excluído para sempre.

Esses novos padrões *de facto* também tornarão muitos serviços essenciais dependentes de bancos que armazenam dados nos centros da Microsoft e, por meio deles, possibilitam as interações entre os usuários. Neste ponto, teremos um mundo cliente/servidor que incorporará o pior da burocracia industrial e desencorajará a computação de igual para igual. Então a Microsoft ficará em condições de criar uma monocultura cada vez mais poderosa, na *Web*, e obter o controle do ciberespaço do mesmo modo que obteve o do computador de mesa.

A Intel se comporta de modo semelhante, ainda que menos agressivo. Quaisquer inovações da Intel capazes de beneficiar os consumidores que usam sistemas operacionais alternativos também facilitariam a troca por outros microprocessadores. Por isso, a empresa adota estratégias e tecnologias que favorecem o Windows em detrimento de inovações de *hardware* que beneficiariam os sistemas operacionais superiores. A união da Windows com a Intel exclui os outros de ambos os mercados.

O efeito é a desfiguração da concorrência. Em vez de se recompensar a inovação do valor e do nicho baseada em competências essenciais, assegura-se o sucesso competitivo mediante o abuso dos efeitos de rede por parte de grandes monólitos. Lamentavelmente, as atuais normas de concorrência oferecem poucos meios para conter esse tipo de renegados estrategistas-r antes que o dano seja causado.

A Wintel é como os pinheiros que debilitam os recém-chegados numa floresta pioneira, excessivamente dominante para abrir caminho rapidamente para os concorrentes melhores. Porém a monocultura restritiva que criou não oferece nem capacidade técnica nem variedade para engendrar uma *infosfera* rica e diversificada.

Sprecher e Vlahos enfatizam que, embora o benefício para a Microsoft e a Intel seja o lucro monopolista, para a sociedade, o custo desse desvio do ganho e da inovação é muitas vezes superior a tais lucros. Tal extração indiscriminada de lucros monopolistas no setor da computação priva os investidores e os inovadores de incentivo de arriscar. Isso pode destruir a promessa de uma economia digital abundante e sustentável. Se as plataformas de computação da era digital não conseguirem entrar no mercado, é possível que nunca se desenvolvam os aplicativos da era digital imprescindíveis para a *infosfera*. Isso ameaça retardar significativamente ou até mesmo excluir o surgimento da *infosfera*, dizem Sprecher e Vlahos, e impedir a transição para uma civilização verdadeiramente nova e mais avançada.

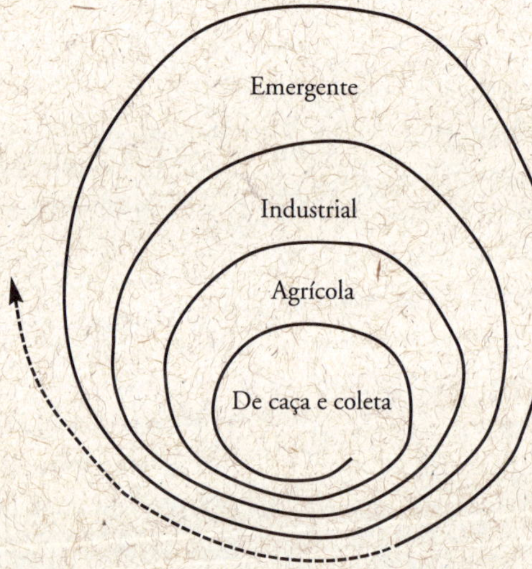

A queda dos dominós industriais criou uma rede na qual uma nova economia, nascida da industrial, apenas se inicia atualmente.

No final, o velho acabará cedendo aos concorrentes superiores e entrará em colapso para abrir caminho para o sucessor. Mas quando? Numa floresta, quando se reprime a mudança, a madeira morta se acumula, abrindo terreno para uma transformação incendiária. A mudança parece deter-se, mas está apenas sendo adiada. Quando finalmente se desencadeia, ocorre mais rápida e dolorosamente que se lhe tivesse sido permitido avançar gradualmente.

CAPÍTULO QUATRO

O Design

LIÇÃO QUATRO:
CRIAR LUCRO COM O DESIGN

NA FLORESTA TROPICAL, a inovação surge das complexas relações que vinculam os recursos físicos aos seres vivos que a constituem. Cada design, *na natureza, gera qualidades específicas exclusivas dele. O ganho líquido é criado, basicamente, pela estrutura, pelo* design.

NA EMPRESA, o lucro também é criado pelo design.

NESTE PONTO SERIA MUITO BOM ter asas, nós pensamos quando o pára-quedas de Bill não abriu. Ou pelo menos teríamos pensado se estivéssemos com disposição para refletir. Mas a altura era grande demais para nos preocuparmos com muita introspecção, pelo menos a princípio.

Para desacelerar a queda e chegar suavemente ao solo, ou mesmo para revertê-la e sair voando, não precisávamos senão do que tínhamos conosco — que era mais do que precisavam as aves. Embora dotadas de um cérebro menos desenvolvido, de modo que não compreendiam nada do que pretendíamos saber sobre a aerodinâmica, elas eram bem menores e bem mais leves e tinham uma capacidade que invejávamos.

O que nos faltava não eram recursos físicos para nos salvarmos; contávamos com todo o material necessário — Bill só precisava dele numa forma diferente. Uma cúpula aberta, por exemplo, seria a forma ideal. Se seu pára-quedas se abrisse exatamente como o de Tachi, tomando uma configuração abobadada, poderia colher o ar e desacelerar a queda.

Um par de asas seria melhor ainda. Com elas, nós deteríamos a queda e nos deslocaríamos livremente no ar. Para tanto, não havia necessidade de mais material do que já tínhamos. Bastava dispô-lo da maneira certa. Precisávamos do *design* certo. E com urgência.

NA FLORESTA TROPICAL

TODO GANHO LÍQUIDO – TODO LUCRO – É CRIADO PELO *DESIGN*

Como aprendemos anteriormente, na floresta tropical, os mangues crescem depressa para criar e ocupar um manguezal. Todavia, paradoxalmente, não estão adaptados para durar no ambiente que criam. Têm um *design* adequado para criar um manguezal, mas não para nele sobreviver. Seu *feedback* é direto e poderoso. Uma vez preenchida a região disponível para o pântano, eles chegam ao limite e morrem.

Mas realizaram um propósito. No nicho que criaram, florescerão mil novas espécies, espécies cuja forma e estrutura lhes dão um sem-número de capacidades ausentes na que lhes deu origem. O segredo do sucesso desses estrategistas-K, desses especialistas, é a sua forma, a sua estrutura: o seu *design*.

Basta olhar detidamente para o mangue — e para qualquer espécie do pântano, da mata e além — para descobrir que todas são feitas das mesmas partes: células, que são feitas de moléculas, que são feitas de átomos, que são feitos de partículas subatômicas, e assim por diante. O valor de todas as coisas, na natureza, é definido não pelo que as constitui, e sim pelo modo como se dispõem suas partes — repetindo, pela sua estrutura ou *design*.

A natureza adota três estratégias para criar valor por meio do *design*. A primeira delas é a **integração**, quando partes dissociadas se unem num novo *design*, criando um todo coeso. A integração leva à sinergia e à *ruptura inovadora* — ao surgimento de novas qualidades, como acontece quando os átomos se unem para formar moléculas ou estas se juntam para formar células.

A segunda estratégia é a **replicação**, quando se fazem cópias idênticas do *design* que produziu a inovação bem-sucedida. A replicação leva ao *crescimento* — ao aumento do tamanho ou do número, como acontece quando as células se reproduzem.

A terceira estratégia é a **diferenciação**, mediante variações da inovação bem-sucedida, geralmente como resposta adaptativa às exigências do meio. A diferenciação conduz ao aumento da variedade, da eficiência ou da qualidade, tal como por meio da reprodução sexuada e da seleção natural.

Essas três estratégias funcionam também na empresa. Porém, numa economia industrial baseada na máquina, a estratégia dominante de criação de ri-

COMO A NATUREZA TIRA MAIS DE MENOS
Ela cria Lucro por meio do *Design*

Os sistemas naturais geram dois tipos de capital:
O CAPITAL *HARD* — recursos físicos
O CAPITAL *SOFT* — *design* e conhecimento embutido

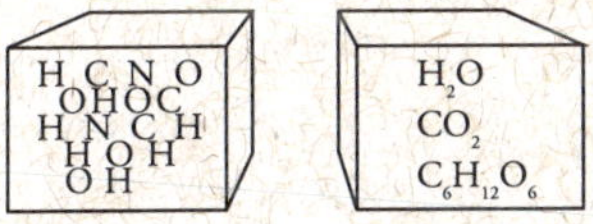

CAPITAL *HARD*
Recursos físicos — blocos de construção

CAPITAL *SOFT*
Design ou disposições dos blocos de construção que apresentam propriedades emergentes

queza é a segunda, a da replicação. As máquinas tomam as matérias-primas, decompõem-nas e as reconstituem como cópias idênticas de um *design* prototípico e, ao mesmo tempo, descartam os "não-produtos" poluição e resíduos. Enquanto uma forte ênfase nas outras duas estratégias a equilibrar, ela pode ser uma forma sustentável de criação de valor. Mas, como depende da transformação dos recursos físicos de uma forma para outra, a dependência extensiva da replicação pode levar a níveis de consumo destrutivos e insustentáveis.

A forte ênfase da economia industrial na replicação tende a cultivar falsas crenças acerca da fonte do valor. De acordo com o modelo empresarial maquinal, é natural pensar que criamos valor retirando recursos e despejando produtos, mais poluição, mais resíduos. Contudo, uma empresa não cria lucro consumindo matéria-prima. Nunca. Pode ser que ela *realize* e *privatize* o lucro desse modo, mas não o cria. *Todo lucro, todo valor, é criado pelo* design.

As árvores são feitas sobretudo de ar; os automóveis, sobretudo de rocha; os computadores, sobretudo de areia. O que faz deles árvores, automóveis e computadores, não é o ar, a rocha e a areia, é o *design*, a estrutura, o modo como suas partes estão dispostas. A língua japonesa tem dois termos para designar isso: *omote* e *ura*. *Omote* é a superfície ou a frente do objeto. *Ura* é as costas, o lado invisível. *Omote* e *ura* — realidade exterior e realidade oculta.

Nós estamos começando a aprender o quanto é importante compreender essas duas realidades na empresa. O *omote* de um *microchip* — seu conteúdo físico, principalmente areia — não é valioso. Mas o *ura* do *microchip* — sua forma, sua estrutura e seu *design* oculto — é extraordinariamente valioso. Provém de uma fonte que parece quase ilimitada: o conhecimento que retiramos da natureza e da mente humana. Esse conhecimento é o recurso mais valioso e mais abundante.

Fazendo uma revisão: *design* é informação; informação agrega valor. Cada *design* único cria um recurso único, uma forma única de valor. Devido a esse fenômeno, cada *design* sistêmico da natureza é sinérgico, ou seja, o seu todo é mais que a soma das partes. Além disso, ao tirar um *design* da natureza e combiná-lo com outro, nós criamos um terceiro, um novo recurso, com um novo conjunto de qualidades e capacidades. A reprodução sexuada segue tal princípio, mas este também se aplica a níveis inferiores e mais fundamentais. Juntos, um próton ou um nêutron geram a forma mais simples de átomo — o do hidrogênio — e de reação química. Três prótons geram o metal mais simples — o lítio — e a condutividade. O matrimônio de elementos comuns em novas combinações produz qualidades únicas.

Em toda a natureza, as coisas são continuamente destruídas e reconstruídas em novas formas. As plantas e os animais consomem o ar, a água e os minerais que os rodeiam, assim como se consomem entre si, separando tudo em pedaços que eles podem usar e aproveitando suas capacidades. A seguir, tomam esses pedaços e deles fazem uma parte de seu próprio corpo ou sistema corpóreo, erigindo-os em formas mais complexas. As partes físicas perdem as capacidades da forma anterior, mas adquirem outras na nova. Na floresta, a natureza sempre é destrutiva, impõe custos toda vez que um recurso é usado. Os processos de decomposição e composição, de destruição e criação, estão permanentemente em ação.

Não há necessidade de nenhum *designer* ou entidade consciente para que esse processo de *design* seja levado a cabo. Os dez dominós de criação de valor tombam por si sós. As ações levam ao *feedback*, à adaptação e à especialização; dependentes entre si, os especialistas são obrigados a se juntar para formar todos; esses novos todos são novos *designs*, dos quais emergem novos tipos de valor.

Sem embargo, necessária ou não, a consciência não deixa de ser uma conveniente vantagem estratégica. Tal como os pára-quedistas caindo na terra, nós podemos nos estatelar no chão, uma vida após outra, até que o processo de seleção codifique uma estratégia alternativa nos genes dos nossos semelhantes mais sensíveis. É adaptação à força. Ou podemos aplicar conscientemente o bom senso de que dispomos e adaptar-nos por escolha.

NA EMPRESA

MAXIMIZAR O LUCRO COM O DESIGN

Basta você marcar um ponto no papel para definir uma nova dimensão: a *localização*. Agora marque outro. Isso lhe dá dois pontos e uma segunda dimensão: a *distância*, definida pela linha invisível que liga os pontos. Marque mais

DESIGN	O QUE É	PROPRIEDADES EMERGENTES
	Ponto	Localização
	Dois Pontos Linha	Distância
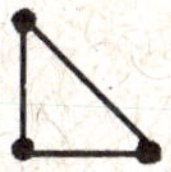	Três pontos Triângulo	Área
	Quatro pontos Tetraedro Carbono 60	Volume

um ponto fora dessa linha. Você passa a ter três pontos, outras duas linhas entre eles e uma terceira dimensão: a *área* definida pelas três linhas do triângulo. Marque mais um ponto, mas não no mesmo plano. Isso lhe dá quatro pontos, mais seis linhas, mais quatro triângulos e mais uma nova dimensão: o *volume*.

Toda vez que acrescenta um novo ponto, você recebe em troca mais do que um ponto. Seu ganho é quantitativo e qualitativo. No exemplo acima, um único ponto pode gerar nada menos que três novas linhas e três novos triângulos, mais uma qualidade totalmente nova, que não estava presente na forma anterior: uma nova dimensão.

Essa última observação merece ênfase: *o ganho vem em duas formas, a quantitativa e a qualitativa*. Você obtém maior eficiência — um maior *output* mensurável para um determinado *input*. Com o terceiro ponto, surgem *duas* linhas adicionais. Mas você também ganha uma nova qualidade, uma nova dimensão que não pode ser mensurada de acordo com as qualidades preexistentes. Com o terceiro ponto, você obtém *volume*.

A natureza gera valor exatamente assim. Decomponha uma *coisa* qualquer, na natureza, e você descobrirá que ela é feita da mesma matéria: partículas subatômicas como os *quarks* que não têm massa, peso, localização nem dimensão. O valor surge à medida que essas partes componentes se juntam em combinações únicas. Tais combinações geram algo novo — uma nova qualidade ou dimensão ausente nas partes, só presente no todo.

Combine os *quarks* para formar, por exemplo, prótons e nêutrons e para formar átomos, e nascem os elementos — mais de cem elementos distintos, cada qual com qualidades únicas definidas por sua estrutura. Combine os átomos para formar moléculas, e surgem a água e o ar, além de milhares de compostos químicos, cada qual também com qualidades únicas definidas por sua estrutura característica. Combine as moléculas na relação adequada para formar células, e eis que nasce a vida. Combine células simples com células simples para formar procariotes, e nasce a consciência.

Una tudo isso — o ar, a água, as bactérias, as plantas, os animais — e nascem as comunidades, as florestas, os ecossistemas. Em todas essas combinações e conversões da matéria, são evidentes tanto a entropia quanto a sinergia; perde-se algo e ganha-se algo. Quando os nutrientes penetram numa célula viva, gasta-se energia para decompô-los em suas partes constitutivas: **catabolismo**. Então os componentes são dispostos em novas estruturas: **anabolismo**. Nessas formas novas e mais complexas, com uma concentração maior de interconexões, surgem novas qualidades. A perda leva ao ganho, à entropia e à sinergia.

A economia industrial e todas as espécies pioneiras eficientes são muito boas na primeira parte desse processo: o catabolismo, a entropia, a decomposição e o gasto dos recursos. Há três séculos que nós consumimos vastíssimas quantidades de combustíveis fósseis e matérias-primas, procurando-os e acumulando-os no mundo inteiro, destruindo montanhas e florestas nesse processo e construindo novas montanhas de resíduos em seu lugar. Mas os pioneiros não passam disso: preparam o terreno para que algo se siga, algo que só chega quando eles começam a se aproximar dos limites do crescimento.

A MATÉRIA, A INFORMAÇÃO E O *MICROCHIP*

Recentemente, à medida que começamos a nos aproximar dos limites do crescimento consumista, passamos a explorar uma fonte mais sustentável de valor: o *design*. Gordon Moore, um dos fundadores da Intel, propõe um modo de fazê-lo numa parábola sobre a invenção do *microchip*:

> Nós precisávamos de um substrato para os nossos *chips* e examinamos o da própria Terra. Era principalmente a areia. Por isso a usamos. Precisávamos de um metal condutor para os fios e conectores do *chip*. Examinamos todos os metais do planeta e descobrimos que o alumínio era o mais abundante. E o usamos. Precisávamos de um isolante e vimos que o silício da areia se misturava com o oxigênio do ar para formar o dióxido de silício — uma espécie de vidro. O isolante perfeito para proteger o *chip*. E o usamos.

Pena que a fabricação de *chips* — que consome muita energia e depende de camadas e camadas de matéria tóxica — não seja ecologicamente benigna. Em todo caso, Moore não deixa de ter razão. Ele compreende que, quando unimos materiais simples e abundantes em combinações singulares, surge um novo valor. O *microchip* é apenas um exemplo. A economia da Internet, que ele gerou, é nada menos que o início de uma nova era. Está ao alcance de nossas mãos uma economia capaz de relegar ao passado grande parte das toxinas, da mineração de superfície, dos desmatamentos e da exploração do trabalho, típicos da era industrial — inclusive as toxinas requeridas para fabricar *chips* tal como os fabricamos atualmente. Uma economia com materiais avançados, de ingredientes simples, seguros, que tudo possibilitam, desde os automóveis supereficientes até os nódulos de comunicação da *Web*. Plásticos orgânicos a partir do milho. Placas solares que transformam a luz do Sol em eletricidade. Computadores, *software*, a Internet, a manufatura inteligente, novas formas de agricultura e tecnologia inspirada na natureza.

Como a informação viabiliza o crescimento tanto da economia quanto do meio ambiente? Como projetar produtos e processos que usem menos energia, menos material, e produzam menos toxinas? Só há um meio: sendo mais inteligente.

Quando a Toyota ou a Honda fabricam um carro tão bom quanto um Chrysler, porém mais barato, mais seguro, mais limpo e mais econômico, é porque descobriu um modo mais inteligente de projetá-lo. Substituiu combustíveis fósseis e matérias-primas por conhecimento.

Nós dissemos que há duas maneiras de usar o conhecimento como substituto de recursos num produto. Um deles é fazer esse produto com mais inteligência — o aperfeiçoamento contínuo. O outro é tornar o produto mais inteligente — a ruptura inovadora.

As rupturas inovadoras criam sementes totalmente novas que, então, podem ser muitas e muitas vezes replicadas, criando ainda mais valor. As rupturas inovadoras incluem a primeira linha de montagem da Ford, o primeiro microprocessador da Intel, o primeiro PC da Xerox, a cerâmica avançada da CoorsTek. Quando resulta em sucesso no mercado, a ruptura é replicada, reproduzindo a cada vez o valor por meio do *design* inovador. O aperfeiçoamento contínuo aumenta a eficiência, a qualidade e a variedade dessas inovações. São as sucessivas gerações de *chips* Intel, as novas características agregadas à placa-mãe do PC, todo o aprimoramento do processo que aperfeiçoa a cerâmica.

Ambos trabalham ombro a ombro. A ruptura inovadora cria produtos como o vegetal e o olho, a máquina a vapor e o *microchip*. O aperfeiçoamento contínuo sofistica-os de modo a aprimorar a eficiência e a adaptabilidade. A folha permite a fotossíntese, o olho melhora a adaptabilidade. As máquinas industriais aumentaram a produtividade da agricultura; os computadores, a produtividade da indústria.

COMBINAÇÕES CRIATIVAS

As espécies se valem do poder do *design* até mesmo para promover novas combinações criativas. Seja para atrair a vítima, o consumidor, o parceiro estratégico ou o sexual, as plantas e animais se seduzem mutuamente com aquilo que denominamos **atrativos concentrados** — as cores, os odores e os sabores atraem a espécie-alvo, oferecidos em forma concentrada, de modo que o chamariz seja irresistível. Por exemplo, uma orquídea da Costa Rica tem um néctar de tal modo inebriante que nenhuma abelha consegue resistir. Como um viciado, o inseto sempre retorna. E toda vez, ao mais leve contato, fica tão inebriado que cai naquele pequenino cálice de líquido. A única saída é retorcer-se e sair por baixo de uma haste pendente que banha de pólen o dorso da abelha. A hibridização é tão específica que a forma e a estrutura dos insetos e das plantas coevoluem de modo que o pólen se prenda no corpo do inseto numa posição que lhe permita ser depositado, posteriormente, num receptor preciso da planta.

Outras espécies recorrem a **repelentes concentrados** para afastar as ameaças. A rã venenosa é um exemplo. Na Costa Rica, era quase impossível não vê-las, com sua viva coloração verde, vermelha e preta e seus movimentos vagarosos. Nós não sabíamos, mas os predadores potenciais sabem: as cores fortes da rã são indicações de que suas glândulas mucosas segregam um veneno amargo, capaz de paralisar imediatamente uma ave ou um macaco.

Não é preciso ser um gênio do *marketing* para saber que os seres humanos utilizam atrativos e repelentes concentrados para vender mercadorias: alimentos decorados com cores vivas, cheios de açúcar e gordura e quase sem nutrientes; pessoas enfeitadas com belas roupas e maquiagem, sugerindo qualidades interiores que talvez não se tenham desenvolvido. Em proporções modestas, os atrativos concentrados condimentam a vida. Mas, a longo prazo, o uso excessivo de atrativos concentrados para auferir lucros — a estratégia de uma espécie pioneira da economia — pode prejudicar a empresa como instituição e desacreditar o esforço dos empresários para afirmar seu compromisso com a responsabilidade social. Embora os atrativos concentrados tenham o seu lugar, é melhor usá-los como condimento para atrair, não como prato principal.

À medida que nos afastamos da economia maquinal e passamos a cultivar uma economia viva, descobrimos novos propulsores do lucro empresarial que alimentam e renovam o conjunto da sociedade — não a exploração dos acúmulos de valor existentes, que dilapida as nossas riquezas, mas o cultivo de valor novo e a renovação contínua da economia e da cultura por meio da inovação.

CAPÍTULO CINCO

A Inovação

LIÇÃO CINCO: FAÇA MELHOR OS PRODUTOS E FAÇA PRODUTOS MELHORES

NA FLORESTA TROPICAL, há dois caminhos para a inovação: o primeiro, a ruptura inovadora, cria protótipos a serem replicados. O segundo, o aperfeiçoamento contínuo, adapta os designs *para que correspondam às condições locais.*

NA EMPRESA, os dois caminhos para a inovação também estão ligados: as rupturas inovadoras revelam novas sinergias — novas capacidades antes fora do nosso alcance. O aperfeiçoamento contínuo leva essas capacidades à perfeição e cria as diversas partes que se podem combinar em novos todos.

COMO O PÁRA-QUEDAS retarda a descida sem alterar fundamentalmente a nossa direção, podemos dar a isso o nome de *aperfeiçoamento contínuo*. A capacidade de voar, se conseguíssemos desenvolvê-la rapidamente, seria a *ruptura inovadora*. Não obstante, se não houvesse o chão lá embaixo, nós não teríamos necessidade nem de um nem da outra. Continuaríamos nos precipitando eternamente, sem nos darmos ao trabalho de puxar o cordão para desacelerar a queda nem de contemplar os pássaros, desejando também saber voar. De modo que, até certo ponto, é bom que o solo esteja lá embaixo. Os limites são catalisadores essenciais da evolução e da mudança.

Como os bebês no útero, as inovações ficam latentes, *in potentia*, até que a necessidade a convoque para o uso. Pode ser que nem sempre a necessidade seja a mãe da invenção, mas é a parteira. Ajuda o nascimento de idéias e invenções profundamente sepultadas dentro de nós, geralmente no momento em que elas se tornam imprescindíveis para a vida.

NA FLORESTA TROPICAL

EXISTEM DUAS FORMAS DE INOVAÇÃO: A RUPTURA INOVADORA E O APERFEIÇOAMENTO CONTÍNUO

Ante a iminência da morte, a natureza experimenta e tenta tudo o que é possível para sobreviver. Essas tentativas quase sempre fracassam, mas ocasionalmente têm êxito. Sendo este o caso, ela "toma nota" e registra. Mediante o processo de seleção natural, ela codifica o método prático de sobrevivência no DNA de seus organismos; nas espécies mais complexas, grava-o na memória dos indivíduos ou nos padrões da cultura para que as qualidades bem-sucedidas sejam transmitidas às gerações futuras.

As duas formas básicas de inovação da natureza — a ruptura inovadora e o aperfeiçoamento contínuo — funcionam em muitos de seus sistemas. Por exemplo, as células se reproduzem de duas maneiras: a mitose cria descontinuidades ocasionais e súbitas; a meiose cria a variedade contínua. Ao que parece, os planetas evoluem por meio do **catastrofismo**, a mudança repentina causada por fatos catastróficos como as colisões de asteróides e as erupções vulcânicas, e pelo **uniformitarianismo**, os processos diários e contínuos que operam lentamente. Até mesmo a evolução das espécies parece ocorrer tanto incrementalmente, mediante a adaptação e a seleção natural, como por meio de transformações mais súbitas. Os cientistas evolucionistas chamam a atenção para os longos períodos de alteração gradual pontuados por transformações repentinas, processo que alguns denominam **equilíbrio pontuado**.

Charles Darwin ficou famoso por ter observado uma das duas estratégias da natureza: a mudança contínua e incremental. Ele também se deixou fascinar pela segunda estratégia — as rupturas, os saltos evolucionários —, mas também se deixou confundir por ela. O que eram rupturas modificadoras? Acaso um processo diferente? E as mudanças incrementais se relacionavam de algum modo com os saltos evolucionários?

O que intrigava Darwin era como surgiam as adaptações físicas avançadas, aquelas rupturas inovadoras que levavam o todo a novas *qualidades*. Seu exemplo predileto era o olho, cujas intrincadas combinações do cristalino, da íris e da retina pareciam contestar a plausibilidade do desenvolvimento incremental. Dado que meio olho seria mais um empecilho que uma ajuda à sobrevivência, como era possível que o mecanismo completo do olho tivesse surgido pela variação gradual? "Quanto aos pontos fracos [da seleção natural incremental], eu concordo", escreveu ele ao amigo norte-americano Asa Gray. "Até hoje o olho me dá calafrios" (Kelly, 1994, p. 376).

Os biólogos evolucionistas debatem esse ponto sem chegar a nenhuma conclusão. Em conseqüência dessa polêmica, nos anos 90 começou a emergir um novo arcabouço teórico chamado ***design* inteligente**. Seus adeptos, como o Dr. Michael J. Behe, professor de biologia da Lehigh University, na Pensilvânia, argumentam que várias estruturas bioquímicas das células não podem ter sido construídas passo a passo, à maneira de Darwin.

Certos teóricos sistêmicos alegam que a ruptura inovadora é conseqüência de uma **causação descendente**. Para eles, os "supra-sistemas", como o corpo humano, "descem" a fim de regular efetivamente as ações dos subsistemas dentro deles, como os órgãos individuais e seus componentes, para que suas ações sirvam coletivamente ao interesse de sobrevivência do todo. Bilhões de bactérias habitam cada célula; bilhões de células habitam cada órgão. Estes, por sua vez, são partes incrementais do corpo, reguladas de modo a nos prolongar a sobrevivência. Desse ponto de vista, a humanidade, longe de ser o extremo superior do empreendimento criativo da natureza, pode ser parte de um todo muito maior e muito mais abrangente, que só começa a ser tornar visível para nós à medida que nos aproximamos dos nossos limites.

Na floresta tropical, vê-se o modelo do supra-sistema em atividade. As matas jovens, com relativamente poucas espécies, nascem, crescem e vão se diferenciando gradualmente em florestas mais complexas e antigas. Nesse meio-tempo, surgem novas espécies que ocupam uma ordem crescente de nichos. Com o tempo, surgem novas capacidades, nas quais se expande a liberdade experimentada pelas espécies individuais. De certo modo, o desenvolvimento pleno da floresta tropical "existe" na *ura*, a parte inferior da mata simples, como seu potencial. Talvez se possa ver a *ura* como uma espécie de fôrma, que vai sendo gradualmente preenchida por uma série de capacidades à proporção que a floresta e as espécies nelas contidas evoluem.

Observemos uma vez mais os dez dominós da evolução. Diante de certos limites, os pioneiros são obrigados a adaptar-se. As adaptações levam a plantas e animais mais especializados que, juntos, ocupam os múltiplos nichos de um ecossistema mais diversificado. Uma única espécie pioneira é sucedida por uma rica abundância de especialistas. Uma só samambaia se diferencia em oitocentas variedades. Um embrião se diferencia em macho e fêmea; depois, na idade adulta, macho e fêmea se unem para formar um novo todo. E, nesses todos, surgem novas qualidades. Uma nova floresta, um novo gênero, um novo embrião. Posteriormente, também eles encontram novos limites, e o processo se repete.

Desse modo, a natureza está sempre inspirando e expirando, segregando e integrando, criando uma variedade mais ampla de espécies a partir do reino do possível. Os cientistas sistêmicos dão a isso o nome de *sinergia*, graças à qual o sistema, no seu todo, é mais do que a soma das partes.

Na mata tropical, a sinergia cria um novo todo a partir de qualquer combinação nova das partes — o solo, a água, o ar, os produtos da decomposição e assim por diante. Na empresa, a sinergia faz a mesma coisa, mas com informação como substituta dos recursos físicos; a informação é o "mais" que nos permite usar "menos". Cria o lucro, o excedente, que mantém tudo em funcionamento. É o que sucede quando temos o *design* certo.

Na vida, sinergia é, por exemplo, o significado que salta das palavras desta página; o gosto de açúcar quando o carbono, o hidrogênio e o oxigênio se fundem na nossa língua; a energia que nos leva ao trabalho quando o hidrogênio e o carbono tomam a forma de combustível fóssil; o raio *laser* que lê os seus CDs e lhe proporciona música.

A natureza forma uma vasta continuidade que se estende do mais simples ao mais complexo. Em todos os níveis, a sinergia desempenha o seu papel. Essa continuidade geralmente é descrita como uma hierarquia, não no sentido em que empregamos o vocábulo na empresa, denotando domínio e controle, mas no sentido de as estruturas simples formarem o fundamento das mais complexas, todas elas relacionadas. Em cada nível da hierarquia — ou da **holarquia**, para aplicar o termo do filósofo Ken Wilber —, surgem novas qualidades que não estão presentes na hierarquia inferior: energia, matéria, vida, consciência, escolha. Cada uma delas é um passo no caminho; cada qual forma o fundamento do seguinte; cada qual abriga qualidades reveladas somente com a combinação seguinte, no nível seguinte.

NA EMPRESA

A RUPTURA INOVADORA E O APERFEIÇOAMENTO CONTÍNUO ESTÃO LIGADOS

Há quatro décadas que Gordon Moore, um dos fundadores da Intel, sugeriu a existência de um vínculo entre a mudança incremental e a de ruptura. Em 1965, ele publicou um artigo projetando o futuro dos semicondutores. "Tomando os poucos dados então baseados na primeira geração de circuitos integrados, eu postulei que a complexidade destes últimos dobraria anualmente nos dez anos seguintes [...] [e que] o custo de fazer as coisas eletronicamente continuaria a cair extraordinariamente."

O resultado foi a "Lei de Moore". Esta geralmente é parafraseada para dizer que o desempenho dobra e o preço cai pela metade mais ou menos a cada dezoito meses. Nos semicondutores, o ganho geral "duas vezes dois" — ou "fator quatro" — tem se verificado pelo menos de dois em dois anos.

A previsão de Moore se confirmou. Em 1968, os *chips* da Intel continham 1.024 *bits* de informação. Em 1994, esta última havia crescido mil vezes, para 1.024 milhão. Os primeiros *chips* Pentium processavam tal informação com 3,1 milhões de transistores por *chip*. Em 2000, o Pentium 4 tinha 42 milhões de transistores. E os *designs* prontos para a produção comercial em 2007 podem vir a ter 1 bilhão.

Cada vez que aumenta a capacidade de armazenamento e de processamento, tornam-se possíveis as rupturas inovadoras no desempenho. Os microprocessadores viabilizam os computadores pessoais que, por sua vez, possibilitam a popularidade da Internet. Esta revoluciona o ensino, o aprendizado e a comunicação global. Novas possibilidades se prolongam em espirais cada vez mais dilatadas, mudando tudo.

No entanto, as possibilidades mais promissoras dos *microchips* avançados podem demorar muito a se realizar. Examinemos por quê.

A APLICAÇÃO DA LEI DE MOORE: COMO MEDIR OS GANHOS QUANTITATIVOS E QUALITATIVOS

É fácil medir o aperfeiçoamento contínuo. Porém, o ganho qualitativo é mais difícil de avaliar, pois é novo e diferente. Em que medida o poder de computação de um *microchip* é maior em comparação com o do silício bruto? Em que medida um é maior que zero? Infinitamente maior, já que este carece das qualidades daquele.

Um modo de ilustrar a relação entre ganho quantitativo e qualitativo é usar o instrumento de medição chamado *Função de Poder*, uma medida de produtividade de recurso que qualquer empresa pode monitorar. Posto que não mensure a mudança qualitativa, ela ajuda a mostrar a relação entre mudança incremental e de ruptura.

A Função de Poder é *output* contra *input*. Desempenho contra preço. Inovação contra aprimoramento. Ganhos qualitativos contra eficiências quantitativas. Ou, se se preferir, desempenho multiplicado por economia.

A Função de Poder é uma medida de produtividade de recurso que ajuda a ilustrar um aspecto curioso da nova economia e de todos os sistemas complexos: exatamente o aspecto que Moore realçou. À medida que as eficiências aumentam, transpõem-se limiares de complexidade, criando-se pontos de queda nos quais surgem novas capacidades. As reduções da entropia geram ganhos por meio da sinergia. Cada metade da Função de Poder reforça a outra.

Eis como funciona. A Função de Poder é uma simples razão de *inputs* para *outputs* que nos permite mensurar os efeitos combinados das rupturas inovadoras e dos aprimoramentos constantes da eficiência. Pode-se exprimir a idéia em termos diferentes, dependendo da comunidade a que cada um pertence. Para o economista, trata-se de benefício e custo. Para um cientista sistêmico, é uma questão de sinergia e entropia. Já o ecologista industrial fala em *outputs* e *inputs*.

Também é possível jogar com os números de várias maneiras. Por exemplo, dividindo a redução do custo pelo ganho em desempenho, obtém-se a Intensidade do Recurso. Com relação ao tempo, o aperfeiçoamento lhe dá uma curva descendente muito boa para quem quer mostrar aos ambientalistas que está reduzindo o dano causado ao planeta. Ou, virando a razão de ponta-cabeça, obtém-se a Produtividade do Recurso. Esta traça uma curva ascendente excelente para prestar contas aos investidores. Ou ainda, se se multiplicar a redução do custo pela melhora do desempenho, obtém-se o Fator Ganho. É a abordagem do livro *Factor Four*, de Amory Lovins.

Conceitual demais? Eis alguns exemplos. Para entender o efeito cumulativo da Função de Poder, acompanhe-a em dois fluxos de desenvolvimento — o PC e a Internet —, incluindo o ponto, por volta de 1975, em que eles convergiram numa torrente.

Isto é importante: Repare que, em cada exemplo, uma parte do ganho pode ser medida, a outra não. É porque uma parte dele é um *aperfeiçoamento contínuo* da capacidade já estabelecida, ao passo que a outra é *uma capacidade inteiramente nova*, uma ruptura inovadora que só pode ser mensurada quando passa realmente a existir. Assim, cada capacidade nova cria um ponto de partida novo, irredutível, e uma unidade para a comparação futura.

O COMPUTADOR PESSOAL E A INTERNET

A INTERNET, A *WEB*, A IBM, A APPLE, A MICROSOFT, A INTEL E A CISCO

A comutação de pacotes[1] *gera um ganho Fator 10 — e a Arpanet.* Em 1960, o professor de ciência da computação da University of California em Los Ange-

1. Comutação de pacotes — Técnica de transmissão que envolve a divisão da informação em "pacotes" de dados que são enviados independentemente pela rede, por diferentes rotas, até ao destino final.

les (UCLA, na sigla em inglês) Len Kleinrock propôs, num trabalho, que a AT&T podia aumentar extraordinariamente a velocidade e o volume da transmissão de dados por fio mudando da comutação de circuitos[2] para o que ele denominou tecnologia de comutação de pacotes. Admitindo um aumento de dez vezes — estimativa conservadora em face do desempenho ulterior —, trata-se de um ganho inicial Fator 10.

A AT&T não se interessou pela comutação de pacotes. Estava contente com a comutação de circuitos, não via motivo para mudar. Mas Larry Roberts e Bob Taylor, da Agência de Projetos de Pesquisa Avançada do Departamento da Defesa dos Estados Unidos (a ARPA, na sigla em inglês) gostaram do conceito e resolveram experimentá-lo. Em 1969, a ARPA encomendou a um pequeno escritório de engenharia de Cambridge, o Bolt, Berenek & Newman (BBN), a construção da ARPAnet, a primeira rede de computadores a longa distância, a fim de conectar os computadores da ARPA com os principais centros de pesquisa das universidades.

A Arpanet gera um ganho Fator 3 — e o roteador e o LAN. Dez meses depois, no dia 1º de outubro de 1969, a ARPAnet enviou a primeira mensagem — "LO", alô — da UCLA para a Stanford. Os pesquisadores descobriram que, com a ARPAnet, já não precisavam de sua própria bateria de computadores *mainframe* para executar o trabalho. Podiam conectar-se facilmente com os outros computadores da rede.

Em 1973, tal era o sucesso da rede de computadores que permitiu a Taylor cortar em 70% o orçamento de computadores da ARPA, mais do que pagando o custo da ARPAnet. A melhora da comunicação entre os laboratórios de pesquisa gerou muitos ganhos de desempenho — afinal de contas, não era outro o objetivo da tecnologia. Ninguém previu que aquilo também reduziria o custo do equipamento. Mas, supondo um ganho de desempenho zero, só a economia em custo de computador produziu um ganho melhor que o Fator 3.

Uma das inovações da ARPAnet foi a invenção de um dos primeiros roteadores, que diminuiu a carga de dados nos servidores. Isso gerou mais um ganho inesperado: os *sites* de hospedagem podiam fisgar não só um, mas qualquer número de computadores na rede. Isso levou a outro ganho. Os centros não tardaram a perceber que, agora, seus computadores podiam conversar entre si. Antes dessa época, os diferentes tipos e marcas de computadores não tinham "condições de falar", mas a ARPAnet alterou isso. A mesma tecnologia

2. Comutação de circuitos — A base do tratamento de chamadas, com um circuito de ligação entre emissor e receptor. Esta ligação é mantida em aberto durante a chamada, mesmo quando não é transmitida qualquer informação.

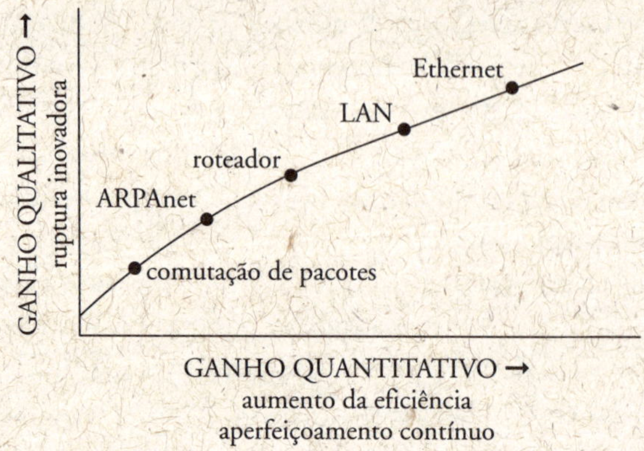

Agora o cenário estava pronto para o que atualmente chamamos de Internet — a vasta rede que conecta redes menores, inclusive os PCs — que, no fim do século passado, era o sistema de comunicação de crescimento mais rápido do mundo. Quando foi que o computador pessoal entrou em cena?

que viabilizou a comunicação a longa distância também lhes permitiu conectar-se localmente. Isso melhorou o desempenho local e preparou o cenário para a rápida expansão de outra inovação na computação, as redes de área local ou LANs (*local area networks*).

O roteador e as LANs levaram a Ethernet — e a um ganho Fator 1000. Uma das líderes no desenvolvimento da LAN foi o Centro de Pesquisa Xerox de Palo Alto (PARC, na sigla em inglês). Em 1974, o PARC era um dos 64 *sites* ligados à ARPAnet; e a conectou com uma das muitas inovações lá criadas, a Ethernet, que lhes possibilitou incluir na rede não só os computadores *mainframe*, mas também os PCs — e aumentaram mil vezes a velocidade. Fator de Ganho: 1000 ou mais.

O microprocessador Intel gera um ganho Fator 100 — e o computador pessoal e um ganho Fator 1000. Em 1970, a IBM era o principal fabricante de computadores da época e, tanto quanto a AT&T com a comutação de pacotes, estava satisfeitíssima com o que tinha, o computador *mainframe*, e não via motivo para mudar.

Em 1974, quando lançou o microprocessador ou "*chip*" 8080, a Intel, lenta e inadvertidamente, puxou o tapete da plataforma estável da IBM. O 8080 substituiu milhares de tubos de vácuo, cada qual com cerca do triplo do tamanho de uma lâmpada comum. Mesmo assim, esse microprocessador era mais rápido, mais barato, mais eficiente e mais confiável. Suponha, conservadoramente, que o ganho maciço de eficiência tenha sido de cem vezes e que o de desempenho tenha sido igual. A linha básica do aumento da Intensidade do Recurso é 1/100: o *chip* um centésimo dos recursos dos tubos de vácuo por unidade de serviço. A Produtividade do Recurso é 100/1 ou 100: o *chip* era cem vezes mais produtivo em recurso que o tubo. O Fator Ganho foi 1 x 100 ou 100.

Fiel à lei de Moore, o *chip* 8080 da Intel também melhorou o *desempenho* dos computadores, ao mesmo tempo em que os tornava mais baratos. Forneceu poder suficiente para possibilitar a Ed Roberts a invenção do Altair, o primeiro computador pessoal do mundo. Relata-se que o Altair funcionava dez vezes mais depressa que os computadores *mainframe* da época e, a 500 dólares contra 50 mil, era cem vezes mais barato que o típico computador de pesquisa de laboratório de 1975. É 10 x 100 ou o equivalente a um ganho Fator 1000.

O computador pessoal foi (para tomar emprestado um termo do *software*) a inovação *killer app*[3] que enfim entregou à Intel o seu mercado mais lucrativo. O curioso é que, quando um engenheiro da Intel propôs à empresa construir um computador pessoal, Gordon Moore achou impraticável. Steve Jobs e Steve Wozniak sabiam o que a Intel possuía. Formaram a Apple Computer, e Wozniak construiu o Apple II. Infelizmente, o custo de 175 dólares do 8080 era demasiado elevado para o seu preço. Assim, Wozniak usou o *chip* 6502, da MOS, que custava 25 dólares e oferecia o quádruplo do desempenho por ciclo do relógio — uma margem que auxiliou a Apple a obter um apoio promissor em seu nicho. Jobs o embalou numa unidade favorável ao usuário mais parecido com uma torradeira que com um instrumento de laboratório, e a Apple saiu à frente.

O PC Altair gerou o Apple II — e um ganho Fator 2. Uma vez mais, a Função de Poder abriu a porta. O Apple II parecia ser um sonho impossível. O seu funcionamento exigia demasiados *chips* para que ele fosse acessível. Mas Wozniak não sabia que isso era impossível, portanto projetou um meio de contornar a situação. "Para que ter uma memória para a tela do televisor *e outra* para o computador, basta uma", pensou. "Isso encolherá o *chip*. E todos esses circuitos de *timing* — eu consultei os manuais e achei um *chip* que fazia isso em um só, não em cinco, e o reduzi. E uma coisa foi acontecendo após a outra."

O uso engenhoso dos *chips* de Wozniak deu ao Apple II um ganho pelo menos de Fator 2 a 5 sobre o Altair, *além* dos ganhos anteriores. Os acréscimos que favoreceram o usuário de Jobs trouxeram novos ganhos de desempenho difíceis de mensurar, já que o Apple II era qualitativamente diferente, mas de extraordinária importância, pois tirou o microcomputador do nicho do *hobby* e o tornou atraente para o mercado de massa.

3. *Killer app* — Este é um jargão usado em relação a aplicativos atrativos o suficiente para convencer um grande número de consumidores a adquirir um novo produto. Um único *killer app* é suficiente para alavancar de forma formidável a popularização de uma nova plataforma.

Cada nova geração de chip gerou um ganho Fator 4 — e, por fim, a Internet. Nos anos subseqüentes, a Intel criou — inicialmente para equipar as novas máquinas IBM e as ditas "compatíveis com a IBM" — novas gerações de *chip*: o 8080, o 186, o 286, o 386, o 486, o Pentium etc. Cada nova geração de *chips* Intel observava *grosso modo* a Lei de Moore: o dobro do desempenho, a metade do preço. Assim, cada geração gerou um adicional 2 x 2 ou um ganho Fator 4.

Entretanto, o desempenho pode ser medido quantitativamente: o aumento da velocidade ou da precisão, por exemplo. Mas também é possível medi-lo qualitativamente, em termos de ganhos, os quais têm natureza radicalmente diferente. Com a chegada do *chip* 386 da Intel, as pessoas tiveram a possibilidade de comprar um computador pessoal de mesa com um conjunto completo de novas qualidades. Por exemplo, ele podia se conectar com a Internet e, portanto, com um mundo novo. Conseqüentemente, os fluxos de ruptura inovadora e de aperfeiçoamento contínuo convergiram para formar um caudal de conectividade. Em 1969, havia dois servidores na Internet. Em 1977, cem. Em 1984, mil. Três anos depois, dez mil. Passados mais dois anos, em 1989, já eram cem mil. Em 1992, um milhão. E só um ano depois, em 1993, a *World Wide Web*, o componente multimídia da Internet, estava crescendo 341 mil por cento ao ano.

A Internet gerou ganhos Fator 10 no comércio — e uma rede econômica global. A explosão sinérgica desencadeada pela convergência do PC com a Internet criou um novo mundo de comunicação global instantânea e de comércio acessível quase gratuitamente a qualquer um que tenha um computador e uma linha telefônica. Isso eliminou os acessos elitistas, atraindo milhões para o mundo cibernético da informação autogenética intermediada — com a intro-

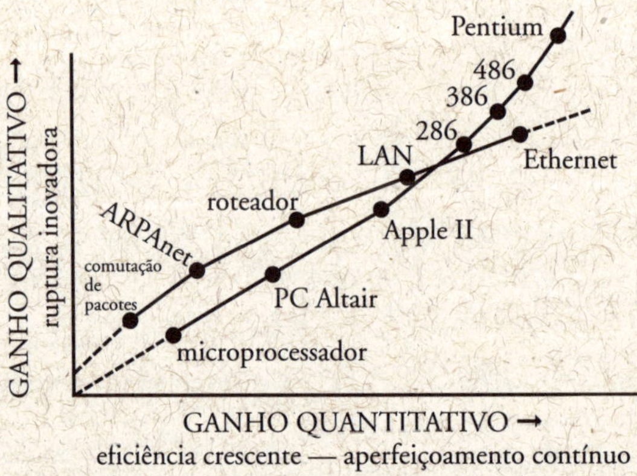

dução do Mosaic em 1993, o primeiro *software* de navegador da *Web* — por meio de organizações como a Yahoo! e a America Online. A Internet começou a dar uma idéia do seu poder.

Não tardou para que a Amazon.com, a eBay e outros mostrassem que a *Web* viria a ser um mercado do consumidor, eliminando a necessidade de lojas. Comprar livros da Amazon, em vez de ir de carro à livraria, gera um ganho de energia que se eleva ao Fator 10 se for utilizado o envio por terra. A eBay possibilitou que as pessoas fizessem negócios diretamente, eliminando o intermediário. E para os que só queriam o conteúdo, a Yahoo! e a Google forneceram uma biblioteca global de informação gratuita. Comércio sem lojas, conteúdo sem custo.

Esse último ponto é decisivo. A cultura da Internet levou à criação e ao fornecimento do conteúdo de acesso fácil, insistindo em que o conteúdo seja gratuito. Isso mudou quando a eBay e outros provaram o potencial da *Web* de comércio direto no formato *peer-to-peer* (que permite a relação direta entre "pares", sem a necessidade de passar por um mecanismo centralizado). Seu sucesso atraiu milhares de pretensos sucessores à medida que novas empresas ponto-coms passavam a disputar nichos de mercado ainda não definidos. Ninguém podia implementar um modelo viável de empresa enquanto o capital de risco de todos os demais não tivesse quase secado. As primeiras ponto-coms, como a Amazon e a eBay, geralmente não passavam de sofisticações do antigo modelo industrial; não chegavam a ser formas completamente novas. Imitavam uma livraria ou um brechó, mas mantinham boa parte dos custos do modelo industrial, inclusive armazéns, caminhões e produtos.

Isso contribuiu para a queda estrepitosa das ponto-coms em 2000. O *princípio da exclusão competitiva* imperou como sempre: quando duas ou mais espécies procuram o mesmo nicho, só uma consegue sobreviver. Assim, as ponto-coms produziram, coletivamente, o seu próprio e precoce colapso.

Contudo, a queda de alguns milhares de ponto-coms não é sinal da falência da indústria. Afinal de contas, Henry Ford expulsou do mercado nada menos que trezentos fabricantes de automóveis. Para qualquer empresa pioneira, a probabilidade de sucesso é incerta.

O surgimento da infosfera. A Internet ainda é jovem e limitada tanto pela sua juventude quanto pela do sistema emergente do qual faz parte. Ela é apenas um aspecto do que atualmente se denomina *economia da informação*. Não passa de uma parte da ainda emergente *infosfera*, que ainda está por dar alguns saltos no que diz respeito ao Fator ganho.

Segundo Michael Vlahos, a *infosfera* terá qualidades emergentes muito maiores que as das redes que conecta. A integração destas últimas a um supra-sistema alterará o caráter de cada rede individual. "As redes deixarão de servir de simples meio pelo qual as pessoas de diferentes lugares podem se comunicar, aumentando suas atividades *in situ*", diz ele. "A integração global das redes cria uma ecologia de rede — literalmente, um lugar no qual as pessoas têm a possibilidade de se reunir, fazer negócio, trocar idéias e estabelecer relações. Todos poderão conduzir cada vez mais suas atividades na ecologia de rede global: a *infosfera*.

A proto-infosfera já começa a dar uma idéia desses benefícios. As pessoas estão descobrindo que ali podem fazer negócio e, ao mesmo tempo, cortar despesas e viagens, expandindo seu alcance geográfico. À medida que se tornar essencial ao comércio, a *infosfera* passará a ser essencial para a maioria das pessoas. E será então ratificada na vida da sociedade.

O potencial real apóia-se na mudança de uma economia industrial *sofisticada* pela informação, como exemplifica a Amazon, para uma economia verdadeiramente nova, nela *fundamentada*, que crie valor dinâmica e sinergicamente na *infosfera* — um lugar em que a indústria desempenhe um papel de apoio num novo sistema que a transcende, exatamente como hoje em dia a agricultura apóia a indústria. É isso que separa a Internet dos sistemas de comunicação do passado, seu fluxo extraordinário de informação-sobre-informação, estendendo-se não em forma linear, mas através de uma rede, não em uma direção, mas em todas as direções, não com um conteúdo e repetições estáticas, mas com um conteúdo dinâmico, vivo, que se modifica à medida que é usado.

Se tudo for bem, a *infosfera* não será controlada por nenhuma instituição centralizada; pelo contrário, emergirá das ações de milhões de participantes engajados. A Internet é como uma enzima que acelera o ritmo da comunicação, do aprendizado e da mudança globais. Não é sólida, não é física. É informação, comunicação, relação, um *design* em permanente evolução, na qual o próprio *design*, não o observador, é primordial. Ela dá acesso à informação em vastíssimas quantidades. Pode criar nova informação sem a direção de ninguém. Como nunca antes, é capaz de organizar, ela mesma, a informação e torná-la disponível. E tudo isso por alguns centavos. Ela é onipresente, barata e global. "É como água num árido deserto", diz a consultora da Internet Aileen Ichikawa. "Nunca existiu e, um belo dia, bum, passa a existir! E as flores brotam da noite para o dia, o deserto ganha vida e a paisagem é transformada." De um modo que ninguém ainda entende muito bem.

Como o Domínio da Wintel Ameaça a *Infosfera*

As espécies pioneiras preparam o terreno para que as mais resistentes as sucedam. Algumas vezes, elas continuam a florescer em nichos mais bem definidos. Outras, a pioneira é de tal modo inflexível que, depois de dominar um nicho durante algum tempo, acaba entrando em colapso quando passa a prevalecer a capacidade superior das sucessoras.

A Intel x86 é a arquitetura pioneira de microprocessador na computação pessoal. Atrelando-se a essa arquitetura, o Windows passou a ser o sistema operacional dominante. Mas, assim como o primeiro suporte de vida *anaeróbia* da Terra era incapaz de sustentar formas de vida mais avançadas, que exigiam oxigênio, a plataforma Wintel não conseguirá sustentar — e pode ser que iniba — o desenvolvimento sadio da *infosfera.*

Talvez ainda sejam necessários dez ou vinte saltos de fator na produtividade da computação para que a *infosfera* surja plenamente. As plataformas avançadas permitem saltos de fator oferecendo aos desenvolvedores de *software* a possibilidade de se concentrar na arquitetura das características inovadoras e no *design* da interface humana, não em tarefas rotineiras como projetar janelas e textos de gerenciamento. Isso reduz a defasagem entre a interação humana, o código de máquina legível e o *output* produtivo, possibilitando as rupturas inovadoras nas capacidades e no desempenho das aplicações, com uma codificação mínima.

Entre as mais importantes rupturas na computação, figuram os sistemas operacionais que dependem do *design modular*. Um sistema operacional moderno inclui um sistema operacional nuclear que agenda tarefas de processamento e maneja os recursos de *hardware*, um ou mais ambientes de desenvolvimento das aplicações com interfaces que fornecem um código reutilizável para o desenvolvimento de *software*, além de uma ou mais interfaces humanas. Num sistema operacional modular, cada uma dessas importantes camadas inclui diversos módulos distintos. Com o *design* modular, os desenvolvedores de *software* podem acrescentar e substituir facilmente os módulos por componentes superiores ou com propósitos especiais, sem ocultar dependências de código que interfiram no resto do sistema.

Uma ruptura afim é a *programação orientada para o objeto*. Os ambientes de aplicação orientados para o objeto abastecem os desenvolvedores de “objetos” de *software* reutilizáveis que substituem milhões de linhas de código — as quais, do contrário, teriam de ser escritas para cada programa individual —, em muitos casos oferecendo um ganho Fator 10 ou até mais. Combinando de várias maneiras esses “objetos”, que correspondem a pacotes de informação, mesmo os usuários casuais podem criar aplicativos adaptados ao gosto pessoal, com características avançadas, primeiramente criando a interface do aplicativo, depois ligando os elementos de interface aos "objetos" existentes, que fazem quase todo o trabalho. Isso poderia democratizar a programação, dando acesso a muito mais pessoas, tal como a imprensa democratizou a leitura e a escrita.

Outra importante ruptura inovadora são os microprocessadores com um conjunto reduzido de instruções (*Reduced Intruction Set Computing* — RISC). Os microprocessadores RISC têm menos instruções que os de arquitetura CISC (*Complex Instruction Set Computing*), com um conjunto complexo de instruções, como o Pentium IV. Isso permite aos *designers* de microprocessadores utilizar uma lógica menos complicada num *design* geral mais eficiente. A RISC já oferece pelo menos aprimoramentos Fator 4 no poder de processamento, no preço, na eficiência energética, sendo que se espera mais.

Tal como a floresta tropical, o *design* modular, a programação orientada para o objeto e o processamento RISC fazem mais com menos. Tais inovações imitam muito o *design* elegante dos organismos vivos, no qual a natureza se vale da organização dinâmica de um número relativamente pequeno de tipos de célula, a fim de criar sua vasta diversidade de complexas formas de vida a partir de recursos escassos. Esse *design* elegante é decisivo para tornar o poder da *infosfera* acessível a muitos, não a poucos.

Num mercado competitivo, é provável que essas inovações já tivessem penetrado profundamente. Mas o domínio da Wintel e seu poder de obstruir a competição não deixam que os concorrentes, mesmo os superiores, firmem-se no mercado. Embora essas inovações já tenham provado sua eficácia em nichos isolados, continuam ameaçadas pela monocultura da Wintel.

O NeXTSTEP, lançado em 1988, ofereceu uma interface de usuário gráfica mais elegante e poderosa que a aclamada Macintosh e um ambiente de aplicação orientado para o objeto que permitiu a programação "arraste e solte" a pessoas com um mínimo de experiência. Isso possibilitou a indivíduos e pequenas equipes desenvolver rapidamente sofisticados aplicativos com capacidades avançadas. Sua sucessora, a multiplataforma OpenStep, rodava várias arquiteturas de microprocessador. De maior importância, o ambiente de aplicação OpenStep era um módulo diferente que também rodava em outros sistemas operacionais, contornando a maior parte de suas características limitadoras. Assim, os aplicativos escritos para o OpenStep eram capazes de rodar naqueles sistemas, oferecendo aos desenvolvedores a decisiva capacidade "escreva uma vez, execute em qualquer lugar", anos depois popularizada pela Java.

O sistema operacional Be, lançado em 1996, foi desenvolvido, desde os fundamentos, como um sistema operacional de plataforma cruzada. Ele é especializado num conjunto diferente de capacidades da era digital. Permite aos desenvolvedores de *software* decompor as grandes tarefas em outras menores e orquestrar precisamente o modo como o microprocessador as executa. Isso dá um desempenho sem paralelo à produção avançada de vídeo e áudio, de realidade virtual e de mais uma geração de aplicações de mídia digital. Também oferece velocidade e sensibilidade para tirar vantagem das redes da geração seguinte, de fibra óptica, e realizar computação avançada no formato *peer-to-peer*.

O OpenStep e o Be adotaram o *design* modular e as interfaces abertas, possibilitando aos desenvolvedores e até aos usuários integrar rapidamente os novos padrões de mídia, de sistemas de arquivo e de outras características, viabilizando aplicativos escritos por diferentes desenvolvedores para se comunicarem e compartilhar serviços. Isso permite a evolução componente por componente dessas plataformas e, como a floresta tropical, possibilita que os componentes menores e superiores encontrem um nicho. Também facilita a combinação das melhores tecnologias de várias fontes diferentes.

Há mais de uma década que as estações de trabalho da Sun e da IBM utilizam o processamento RISC, mas seu verdadeiro potencial é abastecer os usuários de PC com um poder de supercomputação a baixo custo financeiro e de energia, de modo que eles podem rodar exigindo aplicações de *infosfera*.

Essas tecnologias prometem dar a todos, não só às grandes instituições, acesso a aplicações da *infosfera*, como a transmissão de rede para computadores de mesa com qualidade de televisão, os agentes de *software* pessoais, a videoconferência tridimensional e a tradução simultânea de idiomas, muito enriquecendo a conversação mundial iniciada pela atual *Web*.

Mas a Intel rejeitou o *design* modular, a programação orientada para o objeto e o RISC. Por quê? Pelo mesmo motivo que levou a AT&T a aferrar-se à comutação de circuitos. Assim como o capital, o conhecimento e a cultura da AT&T ficaram presos na armadilha do sistema antigo, a Microsoft e a Intel têm enormes investimentos nessas velhas arquiteturas. E não há de ser agora que a Wintel vai mudar, pois adotar uma arquitetura nova não fará senão facilitar aos usuários a mudança para uma plataforma que não seja dela. Isso há de abrir um mercado no qual sua participação é de 90%, uma floresta na qual eles já são a espécie dominante. Portanto, a Wintel continua a cultuar o altar da compatibilidade retroativa. Toda a nova geração da Wintel continua limitada por predecessores obsoletos, obrigando o mundo a se adaptar.

Em 1991, a Apple, a IBM e a Motorola firmaram uma aliança para produzir o PC Power, um processador RISC para computadores de mesa. Em 1994, essa aliança anunciou o CHRP (Common Hardware Reference Platform, plataforma comum de referência para *hardware*), uma especificação para plataforma aberta, que representou um ataque direto contra a plataforma Wintel, prometendo o dobro do desempenho dos processadores Intel pela metade do preço. A Motorola e a IBM investiram bilhões. Combinar a participação de mercado do Macintosh da Apple com o do novo OS/2 da IBM daria ao CHRP 25% do mercado de sistemas operacionais, aumentando a concorrência e oferecendo hábitat a múltiplos sistemas operacionais como o OpenStep e o Be. Isso permitiria às pessoas mudar facilmente de um para o outro *sem comprar um computador totalmente novo*.

Inicialmente, a Microsoft apoiou o CHRP, transferindo o Windows NT para a nova plataforma. Mas, ao se dar conta de que a facilidade de mudar para outros sistemas operacionais ameaçaria o monopólio da Wintel, achou melhor liquidá-lo, retirando o apoio num momento decisivo. Sem o Windows, o CHRP ficou menos atraente como plataforma comum. Os clientes importantes e os desenvolvedores de *hardware* perderam a confiança em sua viabilidade, e feneceu a promessa de concorrência efetiva no mercado de computadores pessoais.

Foi então que a Wintel recebeu um inesperado apoio suplementar de uma fonte inesperada: a Apple. Em 1997, ao recuperar o controle da empresa, Steve Jobs e seus aliados anunciaram a "normalização" das relações com a Microsoft. Deixando de lado a reiterada ameaça de cancelar o Office para Macintosh, esta prometeu uma versão com características Macintosh. Em questão de semanas, os produtos OpenStep que concorriam com o Windows foram retirados da lista de preços da Apple. Jobs rompeu o compromisso da Apple com clones. E cancelou bruscamente os acordos de licenciamento da empresa, inclusive do PowerPC com os sócios IBM e Motorola, que já tinham começado a produzir o CHRP. Isso eliminou a ameaça tanto para o Windows quanto para o Pentium.

A exclusão do CHRP privou o Be de seu hábitat, obrigando-o a mudar para os computadores baseados na Intel. A seguir, a Intel recorreu a normas excludentes de licenciamento a fim de ameaçar as licenças Windows de vários fabricantes de computador que haviam concordado em incorporar o Be como segundo sistema operacional. Isso colocou os sistemas operacionais mais avançados do mercado na lista das espécies ameaçadas. Em agosto de 2001, a tecnologia Be foi vendida à Palm, que anunciou que não tinha planos de dar continuidade ao desenvolvimento de sistemas operacionais. A bagatela de 11 milhões de dólares investidos na compra equivalia a mais ou menos ao lucro que a Microsoft tinha por dia.

Muita gente vê no sistema operacional de fonte aberta Linux a resposta à ameaça da Microsoft. O CHRP também teria dado ao Linux uma oportunidade de concorrer efetivamente com o Windows, mas não com os computadores baseados na Intel, dos quais as normas excludentes de licenciamento da Microsoft deixaram o Linux efetivamente de lado. O CRHP não só teria contribuído com o progresso do Linux como este teria induzido mais fabricantes de *hardware* a produzir computadores CHRP. A combinação também podia haver incentivado o esforço no sentido de desenvolver um ambiente de aplicação mais rico e uma interface mais favorável ao usuário para tornar o Linux um sistema operacional mais atraente.

Sem a participação no mercado que viabilizaria os clones da Apple e o CHRP, a Motorola e a IBM não puderam gerar o volume de vendas necessário para dar continuidade aos grandes investimentos no PowerPC. Entrementes, a Intel tratou de proteger seu monopólio contratando os engenheiros do PowerPC para implantar características parecidas com o RISC na arcaica arquitetura Pentium.

Isso ilustra o dilema que enfrentam os que querem acelerar a migração para a *infosfera*. Os superinvestimentos de lucros monopolistas no aperfeiçoamento contínuo de um *design* obsoleto pode prejudicar os subinvestimentos em um novo *design* inovador e adiar talvez em anos a sua reconciliação com a ruptura inovadora.

Mas esse dia há de chegar. Até mesmo alguns executivos da Microsoft reconhecem que é inevitável. Reconhecem que a estratégia de proteger a franquia Windows mediante a infindável atrelagem dos componentes impõe um "custo estratégico" que inibe a inovação. Eles pressionaram a empresa para que rompesse os vínculos entre o Windows e o Office e adotasse uma abordagem menos sobrecarregada com relação ao *software* para Internet. Nos últimos anos, iniciaram-se vários projetos nesse sentido. Aliás, houve propostas internas para dividir a Microsoft em nada menos que seis empresas separadas.

Mas, no fim, a Microsoft sabotou essas iniciativas a fim de proteger a franquia Windows. E sua anunciada estratégia para a próxima geração de *software* para Internet não deixa dúvida: a proteção e a ampliação do seu poder de monopólio é a principal prioridade.

O parceiro de fato da Microsoft na aliança Wintel está mudando lentamente de direção. A Intel tem lutado para romper com a arquitetura x86 CISC e criar novos processadores com *design* novo. Porém, a insistência da

Microsoft para que a Intel construa compatibilidade x86 nos novos microprocessadores tem atrasado reiteradamente até mesmo os seus sucessores e sobrecarregado o seu desempenho. Por isso a Intel continua investindo na arquitetura Pentium, bem além do ponto dos investimentos decrescentes, sacrificando o desempenho geral para conseguir velocidades de relógio muito maiores, com a intenção de manter a ilusão da superioridade do Windows.

Que condições de mercado são necessárias para proteger as tecnologias modernas de plataforma, estimular o desenvolvimento de tecnologias mais avançadas e realizar o potencial da *infosfera*? Segundo Drexel Sprecher e Michael Vlahos, a condição crucial é simples. *A concorrência deve estar na ordem do dia, não menos refinada que o processo de inovação.* Tudo precisa ser capaz de rodar em tudo. Os desenvolvedores precisam ser livres para remover, substituir e combinar os componentes e competir pelos méritos de cada um deles. Isso garantirá uma forte competição, com muitos inovadores concorrendo para aperfeiçoar cada tipo de componente e muitos vendedores competindo para montá-los em diferentes combinações.

Haverá pouca competição e escasso dinamismo no mercado de *software* de plataforma se nem os inovadores nem os usuários puderem substituir o que quer que seja sem ter de substituir tudo. Sprecher observa que nenhuma empresa ou aliança pode substituir de uma hora para outra o Windows e os produtos de terceiros. Mesmo que pudesse, os usuários de computador têm grandes investimentos em *software* e nos arquivos que eles criaram. Assim como as famílias que se mudam para um imóvel maior e melhor esperam levar consigo a maior parte da mobília e acrescentar peças novas, os usuários precisam ter liberdade para escolher produtos novos sem ter de jogar no lixo o investimento que já fizeram. Sprecher identifica "Quatro Liberdades" necessárias ao mercado competitivo de plataformas de computação. A primeira é a liberdade de mudar para novos aplicativos sem perder dados. A segunda é a de mudar para um novo sistema operacional sem perder aplicativos. A terceira é a de mudar para uma nova arquitetura de processador sem perder o sistema operacional. A quarta é a de substituir os módulos por componentes superiores ou com objetivos especiais.

Num mercado competitivo, isso ocorreria naturalmente. Todos iam querer que o seu *software* funcionasse em qualquer plataforma e que o dos outros funcionasse na sua. Os concorrentes teriam incentivos para cooperar a fim de estabelecer padrões e publicar interfaces que assegurassem a interoperabilidade. Os *programas* de plataforma cruzada proliferariam. Seriam comuns os sistemas operacionais com múltiplos ambientes de aplicação. Os desenvolvedores poderiam escrever para os ambientes de aplicação com as melhores capacidades para o seu programa específico. A maioria dos sistemas operacionais rodaria em mais de uma arquitetura de processador.

Um mercado competitivo brindaria as empresas com incentivos reais para buscar rupturas inovadoras. Os pequenos fabricantes com uma idéia para um grande programa ou um grande componente teriam oportunidade de colocá-la no mercado.

Para inverter a tendência atual para plataformas monolíticas é necessário que as normas da concorrência na era da informação sintonizem o lucro com a inovação. Isso só é possível com novas regras que imponham componentes modulares, interfaces abertas que definam todas as formas pelas quais um componente se comunica com o resto do sistema, formatos de arquivo publicados e componentes de licenciamento obrigatórios. Essas normas dariam aos desenvolvedores liberdade para inovar e aos usuários, liberdade de escolha.

Tudo isso é possível sem violar os direitos da propriedade intelectual. Contanto que haja diferentes módulos para diferentes funções, todo código no interior dos módulos pode continuar patenteado, oferecendo abundantes incentivos à competição.

A concorrência da plataforma cruzada conteria o abuso dos efeitos de rede por parte da Wintel. Bastaria fazer do ambiente de aplicação Windows um módulo distinto, que rodasse em outros sistemas operacionais, para que a existente base instalada de aplicação Windows ficasse disponível para novos concorrentes. Isso seria importantíssimo para romper as "barreiras à entrada dos aplicativos" e nivelar suficientemente o espaço de manobra para abrir o mercado a plataformas modernas. Tornar os aplicativos e os componentes Microsoft modulares e portáteis para os outros sistemas operacionais impediria a empresa de usar esses produtos para ampliar seu monopólio até o ciberespaço. A decisão de fazer com que o Windows rodasse em outros microprocessadores restauraria a concorrência e a inovação em *hardware*.

A reforma das regras de concorrência não privaria a Wintel de nenhum incentivo à competição genuína. A Microsoft poderia ter lucro com a venda de implementações do ambiente de aplicação Windows para concorrentes potenciais, que as comprariam para que os clientes pudessem rodar tanto os aplicativos do legado Windows quanto os da era digital, só capazes de rodar nos sistemas mais avançados. A Microsoft também poderia ter lucro com a venda de versões do seu sistema operacional que rodassem em outros microprocessadores e de versões do Office e do Explorer que funcionam em outros sistemas operacionais. A Intel poderia adotar novas tecnologias que trabalhem com todos os sistemas operacionais. E ambas teriam incentivo para inovar.

Mas por que a Microsoft ou a Intel fariam tal coisa, dado o seu atual domínio do mercado? É muito mais lucrativo excluir os concorrentes e proteger o monopólio. Sem um mercado competitivo aberto para a entrada de novas plataformas de computação, é provável que a Wintel continue trilhando o caminho da menor resistência, dilatando o seu monopólio, e pode ser que demore muitos anos para que ocorram saltos de fator suficientes para tornar realidade uma *infosfera* robusta.

Sem embargo, o domínio da Wintel não durará eternamente. Hoje em dia, o Pentium roda instruções por intermédio de uma arquitetura tão complexa e superconectada que os *laptops* "Intel Inside" geralmente precisam de ventiladores para evitar o superaquecimento. As dezenas de milhões de linhas de código Windows amalgamadas serão cada vez mais vulneráveis aos vírus. Pode ser que as lideranças, os cidadãos e o sistema legal vejam a necessidade de criar regras de mercado, para a era da informação, que promovam a concorrência livre e aberta. Por fim, a Wintel perderá o domínio de seu nicho.

Mas isso pode demorar muito. A persistência de uma arquitetura obsoleta investe poder nas grandes instituições capazes de arcar com o custo de suas ineficiências e de retardar a democratização da *Web* e o surgimento da *infosfera*. Quanto mais tempo a mata da computação continuar sendo uma monocultura da Wintel, mais quentes ficarão os seus *chips*, mais lenha se acumulará e mais incendiária há de ser a transição para uma floresta diversificada.

CAPÍTULO SEIS

A Diversidade

LIÇÃO SEIS:
DIVERSIDADE = ESCOLHA = PODER DE RECUPERAÇÃO

NA FLORESTA TROPICAL, a diversidade possibilita a escolha; e a escolha, o poder de recuperação e a sustentabilidade. Cada espécie diferente é projetada para primar num determinado nicho — para nele exercer suas funções com mais eficiência e eficácia que qualquer outra.

NA EMPRESA, a diversidade também proporciona um leque de opções maior com relação aos instrumentos e capacidades — exatamente do que a empresa precisa para se tornar mais eficiente e mais eficaz, para tirar mais de menos.

AO SALTAR DO AVIÃO, cada um de nós tinha à sua disposição um só tipo de tecnologia. Se ela não funcionasse, tanto pior.

Mas e se pudéssemos escolher entre um grande número de tecnologias: o pára-quedas, a prática do vôo livre, um planador ou até mesmo aprender a voar?

NA FLORESTA TROPICAL

DIVERSIDADE = ESCOLHA, ESCOLHA = PODER DE RECUPERAÇÃO

A diversidade promove a sustentabilidade simplesmente porque *diversidade é escolha*. Quanto mais diversificado for um organismo num ecossistema, tanto mais tipos de recursos estarão à sua disposição para enfrentar qualquer desafio e maior será a probabilidade de sucesso.

W. Ross Ashby articulou essa visão em 1958, ao estudar os conjuntos genéticos e a adaptabilidade biológica e ao formular a **Lei da Variedade Necessária**. A lei de Ashby afirma que "a sobrevivência de um sistema depende de sua capacidade de gerar, dentro de suas fronteiras, pelo menos tanta variedade quanto exibem as formas de perturbações ameaçadoras vindas do meio ambiente". Em outras palavras, a sobrevivência de qualquer sistema — organismo, pessoa, empresa ou comunidade — depende da capacidade de se adaptar aos desafios. Se o número de desafios que enfrenta for maior que a variedade que ele pode superar, o sistema não sobreviverá em face do desafio. Mas, posto que a diversidade seja fundamental a longo prazo, pode ser que envolva conflito a curto prazo, principalmente se elementos diversos forem lançados juntos no mesmo nicho e antes que se tenham integrado para criar novos todos.

Entre as viagens a Corcovado e Tortuguero, nós passamos uma tarde em San José, a capital da Costa Rica. Ficamos no Costa Rica Marriott, um hotel de luxo na periferia da cidade. Com seu *design* típico de um estabelecimento de Phoenix ou da Flórida, o Marriott é um desses hotéis concebidos para quem quer viajar sem ir a nenhum lugar diferente.

Aparentemente para arredar qualquer forma de diversidade, o Marriott eliminou todos os vestígios da floresta que outrora vicejava no lugar, substituindo-a por um tapete de relva tratada com tanto cuidado que lá os visitantes podem jogar golfe como se estivessem em Palm Springs. Os relvados são uma monocultura, espécies pioneiras que exigem uma grande quantidade de água e energia para crescer e litros de pesticidas e fungicidas que os protejam das espécies vegetais e animais que, na natureza, eles estão destinados a atrair.

Ao longo da orla externa do gramado e estendendo-se até o portão de entrada, há outra barreira: uma cerca vigiada e uma área de segurança, de terreno inculto, que separa o Marriott das comunidades locais. Essa área de segurança existe porque, mesmo sendo uma das cidades mais afluentes da América Central, San José não é uniformemente segura.

A fortaleza Marriott não é um exemplo clássico de borda. Ela condensa uma forma de desenvolvimento econômico que substitui um sistema por outro, segregando-o com uma muralha em vez de integrar os dois. Desse modo, coloca a uniformidade cultural acima da diversidade e, com isso, arrisca não investir na integração cultural tão vital para a criatividade e a inovação, na natureza e na empresa.

As bordas, espaços em que duas culturas se sobrepõem, podem ser lugares difíceis e desconfortáveis, ameaçadores para a estabilidade dos interesses estabelecidos. Mas é por intermédio dessas combinações culturais, nas quais a essência de uma cultura se sobrepõe e enfim se integra à de outra, que surge a inovação, atribuindo a partes da vida qualidades que enriquecem o todo.

A DIVERSIDADE É UMA DESVANTAGEM?

Nem todos os ecologistas concordam quanto ao valor da diversidade. Alguns acham que, longe de ser um ativo, a diversidade pode ser uma desvantagem. Eis uma teoria. Digamos que você tenha uma floresta povoada por dez grandes espécies de árvores. Uma peste invade a mata e destrói praticamente a população de uma das espécies. Na maior parte dos casos reais estudados pelos cientistas, as espécies devastadas, quando conseguem se recuperar, não chegam a restabelecer a população anterior.

Vejamos uma floresta simples, dominada por uma única espécie de árvore. Se a peste chegar a ponto de quase destruí-la por completo, é muito mais provável que ela volte a brotar na estação seguinte do que a espécie do primeiro exemplo. Esse fato significa que a floresta simples é mais resistente que a complexa?

O biólogo Daniel Goodman, da Montana State University, acredita que sim. Numerosos estudos apóiam esse ponto de vista. Ali onde as redes alimentares são simples — ou seja, constituídas por umas poucas espécies —, as populações reduzidas de uma delas geralmente voltam a brotar. Porém, onde as redes alimentares são complexas, é possível que uma espécie reduzida não volte a se recuperar. As outras avançam rapidamente e lhe tomam o lugar. A explicação de Goodman é mecanicista: "Quanto mais complexa é uma máquina", escreve, "mais peças podem encrencar".

Outros ecologistas acreditam no contrário: é provável que os ecossistemas complexos tenham um poder maior de recuperação. Os biólogos Joseph Connell e Wayne Sousa, por exemplo, propõem uma teoria denominada *persistência dentro de limites*. Eles dizem que, quando uma perturbação reduz ou aumenta uma população a níveis extremos, pelo menos alguns membros da espécie sobrevivem (*persistência...*), e a população tende a se recuperar até determinado ponto de um amplo espectro (*...dentro de limites*). A biomassa geral do ecossistema — o volume de seres vivos dentro dele — permanece basicamente estável. Por exemplo, se o carvalho e o bordo são comuns numa floresta temperada e a peste destrói o primeiro, é possível que o segundo avance a fim de ocupar o lugar daquele e aumentar sua população. O carvalho voltará a brotar, mas talvez em uma população bem menor que a anterior.

Um terceiro grupo de ecologistas oferece outra perspectiva. Ela se baseia na convicção que têm na teoria da informação. As espécies são, essencialmente, uma forma de informação. Seu DNA é um código embutido que define um conjunto particular de capacidades diferentes das de todas as outras. Quanto maior é o número de espécies, mais informações o ecossistema contém e, assim, dispõe de mais instrumentos para enfrentar diferentes tipos de desafio. Num ecossistema simples, uma espécie prejudicada pode rebrotar simplesmente porque não há nenhuma outra na fila para ocupar o seu lugar. Mas, num ecossistema complexo, muitas espécies podem se ajustar razoavelmente numa variedade de nichos. A primeira pode declinar ou desaparecer meramente porque seu lugar foi tomado por outras ou porque, nas novas condições ambientais, seu conjunto de informações é de menor valor. A diversidade do ecossistema, como um todo, torna-o mais resistente mesmo diante dessa perda. "Quando as variações climáticas prejudicam uma espécie, aumentam os concorrentes intactos. Esses crescimentos compensatórios estabilizam a biomassa total da comunidade, mas faz com que a abundância de espécies seja mais variável", escreve David Tilman. O resultado reconcilia o debate diversidade/estabilidade, diz ele, "contribuindo para congraçar uma antiga polêmica".

Com base em nossas aventuras na floresta tropical, nós nos inclinamos para a última das duas visões. Na Costa Rica, as espécies dos continentes tanto norte-americano quanto sul-americano foram obrigadas a se unir na borda. Invariavelmente, seu encontro provoca conflito no início. Duas espécies não podem ocupar exatamente o mesmo nicho durante muito tempo. Umas se adaptam, outras morrem. Mas a verdade é que na Costa Rica *todas as espécies, de ambos os continentes, se modificaram.* Todas se entrelaçaram de tal modo que, no fim, não havia espécies do norte nem do sul, só costa-riquenhas. À medida que se uniram, a maioria delas foi se adaptando, irradiando-se a partir da própria origem para criar uma diversidade de vida maior do que a que lá havia chegado, combinando as do norte com as do sul.

Em termos econômicos, aumento de diversidade significa aumento de eficiência *e muitas vezes* também de eficácia. As espécies adquirem características físicas que as sintonizam mais precisamente às condições do meio. Passam por aperfeiçoamentos contínuos; tornam-se *melhores*. Todavia, como cada nova capacidade que lhes promove a sobrevivência também amplia as capacidades delas de outras maneiras, é possível que elas também acrescentem algo *novo e diferente* ao ambiente — uma ruptura fundamental. Por causa disso, a diversidade serve para fazer avançar ambos os tipos de "valor pelo *design*" ao mesmo tempo: um maior número de ferramentas mais precisamente adequadas à função em questão. E ferramentas fundamentalmente melhores. Por conseguinte, como serve a ambos, a diversidade é fundamental para a sustentabilidade.

NA EMPRESA

A DIVERSIDADE IMPULSIONA A EFICIÊNCIA E A INOVAÇÃO – É O ALICERCE DA SUSTENTABILIDADE: ECONÔMICA, CULTURAL E AMBIENTAL

A DIVERSIDADE É UM IMPERATIVO DO *MARKETING*: A NOVA EMPRESA COCA-COLA

Nos anos 70, a Coca-Cola lançou uma campanha de publicidade na qual um grupo de cantores jovens e idealistas proclamavam o desejo de "comprar uma 'Coca' para o mundo" e de viver em paz e harmonia. Na época, a empresa era o símbolo da cultura ocidental e o emblema da globalização, uma marca única a promover um produto único com toda determinação.

Posteriormente, no entanto, ela mudou de estratégia. Antes, tinha por meta convencer os consumidores do mundo inteiro de que o seu refrigerante preferido era a Coca-Cola. Atualmente, em vez de simplesmente *persuadir* os consumidores, a empresa está empenhada em refleti-los: a oferecer-lhes as bebidas que *eles* querem, não só as que a Coca-Cola inicialmente queria vender. Isso significa que, em vez de canalizar todos os recursos para o seu produto principal, ela os está distribuindo entre 170 marcas e estimulando os engarrafadores a dar ouvidos aos mercados e culturas locais e a introduzir outras marcas.

Isso não é tudo. A Coca-Cola reinventou a sua missão empresarial. Hoje em dia, declara que esta é "beneficiar a todos os afetados pela nossa empresa". O presidente diz que a Coca-Cola está decidida a "ser um modelo de cidadão empresarial". E, para prová-lo, vinculou seu salário não às vendas, mas à diversidade do local de trabalho.

Como se não bastasse, ele pôs fim ao *marketing* que simplesmente impunha o produto principal da Coca-Cola aos consumidores dos mercados emergentes. Na sua opinião, a diversidade *cultural* também é um valor central para a empresa. "Nós temos de manter o nosso lugar especial nas culturas locais, reconhecendo as diferenças entre os países e as regiões."

O arquiteto da mudança é Doug Daft, o presidente global da empresa, o primeiro diretor-executivo nascido fora das Américas. Depois de chefiar durante mais de uma década a unidade australiana, ele assumiu a direção mundial da Coca-Cola Company, em 1999, e começou a transformá-la, da empresa local que era, numa empresa mundial diferente.

Por que a marca mais onipresente do mundo — uma companhia que sempre lucrou com a uniformidade de gosto dos mercados de massa globais — resolveu subitamente dedicar-se à diversidade?

O novo enfoque da Coca-Cola reflete o compromisso pessoal de gente como Daft e sua equipe. Mas não é só isso. A Coca-Cola tem sólidos motivos empresariais para querer "beneficiar a todos os afetados pela empresa" e "garantir integridade em tudo quanto fazemos". Seu mercado exige isso.

Em dezembro de 1999, ele assumiu o cargo com a missão de gerir a conservadora empresa centenária de modo a maximizar o desempenho, na antiga economia industrial, e "transformá-la numa coisa desenvolta, ágil, criativa, responsiva e dinâmica", diz: numa empresa sustentável, capaz de primar não só na velha economia, mas também na nova.

A primeira lição, Daft a teve quando ainda era um novato na empresa, na época em que a Coca-Cola só pensava em vender a sua marca principal em toda parte. Durante algum tempo, isso produziu um crescimento rápido, mas em tempos mais recentes a empresa descobriu que aquele não era um curso sustentável. Na época em que ele chefiava as operações da Coca-Cola na Austrália, a estratégia "uma marca se ajusta a tudo" estava muito desgastada. "Nós descobrimos que era impossível sustentar a empresa com a antiga estratégia ocidental de administração verticalizada e impor uma estratégia de *marketing* igualmente verticalizada a fim de inundar o mundo com um único refrigerante ocidental. Pelo contrário, tínhamos de reverter totalmente a nossa estratégia de administração e *marketing*. Em vez de ser de cima para baixo, era melhor que fosse de baixo para cima: nós precisávamos saber reagir aos mercados locais. Precisávamos aprender."

E Daft começou a ouvir as comunidades, a criar vínculos com uma série de grupos de interesse[1]. Reagindo às informações que recebeu, introduziu novas marcas e novos sabores produzidos em instalações locais, geralmente de proprietários locais e operadas por administradores e empregados locais, atendendo a desejos localmente definidos. "A Coca-Cola continuou sendo o nosso produto principal, a marca mais popular e reconhecida do mundo. Porém, nós tratamos de alavancar os sistemas de desenvolvimento, *marketing* e distribuição do nosso produto de modo a pôr no mercado uma variedade de bebidas localmente definidas."

A busca da diversidade veio reforçar todos os mercados de que Daft se encarregou. Isso lhes permitiu criar e fornecer mais valor aos clientes e acionistas. Para chegar a tanto, a Coca-Cola foi obrigada a descartar o estilo maquinal de administração que tanto contribuíra com a expansão da empresa "quando simplesmente dobramos os produtos, as fábricas e os sistemas de distribuição que havíamos desenvolvido no Ocidente". Eles tiveram de despertar

1. Em inglês, *stakeholders*. Todos os interessados no sucesso da empresa: clientes, fornecedores, funcionários, acionistas, investidores, parceiros, consumidores e consumidores em potencial. (N. T.)

a empresa como uma organização dinâmica, responsiva e disposta a aprender. Para empregar a terminologia visionária de Arie de Geus, da Shell, foi preciso transformar a Coca-Cola numa *empresa viva.*

Tal mudança causou repercussão em Atlanta. A idéia de ampliar radicalmente os produtos e serviços da Coca-Cola contrariava a tradição da empresa. Daft recorda ter lutado muito para vencer o temor da matriz de que a introdução de novos refrigerantes, em todos os mercados, viesse a diluir a marca Coca-Cola. Mas sua estratégia acabou sendo aprovada pelo mercado.

Por quê? O ativo mais valioso da Coca-Cola não são suas fábricas, engarrafadoras, frotas de caminhão e nem mesmo seus produtos. Seu ativo mais valioso é o nome de marca, Coca-Cola. Mas, de certo modo, ela já não é a dona dessa marca. A Coca é "mágica" porque os consumidores a tornaram mágica. "A magia não pertence à nossa empresa; não é um ingrediente da fórmula secreta. É algo que surge da imaginação de todos os que são tocados pela Coca-Cola", diz o relatório anual de 2000 da empresa. Não deixa de ser um modo incomum de uma empresa descrever sua eqüidade: *algo que surge da imaginação de todos os que são tocados pela Coca-Cola. Não pertence à empresa, pertence ao público.*

Não admira que, hoje em dia, a Coca-Cola queira *ouvir* o mercado. Refletindo mais precisamente os gostos e preferências sutis dos afetados, ela pode converter mais plenamente em ganhos a sua eqüidade de marca. Isso altera a direção de seu esforço de *marketing*. Em vez de comprar o mundo com a publicidade, a empresa começa a se deixar comprar pelo mundo, de modo que a Coca-Cola reflita as diversas pessoas e mercados que atende.

Ela aprendeu a lição da pior maneira. Em 1980, a arquiconcorrente Pepsi começou a conquistar os consumidores jovens afirmando que o seu produto era mais gostoso. A participação no mercado oscilou a favor da Pepsi. Em setembro de 1984, a Coca-Cola achou que tinha encontrado a resposta para o desafio da rival: uma nova fórmula que bateu tanto a Pepsi quanto a antiga *Coca* nos testes de sabor. Já que esta não passava de um "refrigerante", bastava que fosse "mais saboroso" para vencer facilmente a concorrência. Assim, no dia 23 de abril de 1985, lançou-se a Nova Coca com muito alarde. Porém, nos meados de junho, as pessoas já estavam dizendo não à Nova Coca. Os consumidores passaram a armazenar a Velha Coca em casa. Um fã chegou a comparar a nova fórmula a "remover a escultura de Teddy Roosevelt do flanco do Monte Rushmore".

Num país em que o "novo e aperfeiçoado" tem sucesso de mercado quase garantido, os consumidores de Coca-Cola se sublevaram em massa. A rebelião deixou clara uma coisa: tanto para a empresa quanto para os consumidores, a Coca *não* era um refrigerante qualquer. Era uma tradição de propriedade não só da empresa, mas do conjunto da comunidade. Em poucas semanas, a matriz se viu obrigada a recolocar a Coca-Cola Clássica no mercado. E foi recompensada com ganhos de participação que nenhuma de suas recentes campanhas publicitárias *intencionais* havia conseguido obter.

Daft absorveu a experiência. Reconheceu que o futuro da empresa não estava em fabricar o refrigerante mais gostoso do mundo. O sucesso da Coca-Cola se arrima em sua licença social, na confiança e na estima que as pessoas têm pela empresa, um contrato muito mais poderoso que qualquer coisa escrita no papel.

Para aumentar as vendas, a empresa não precisou inventar o refrigerante perfeito e pressionar para que todos o comprassem. Sua oportunidade real estava em fornecer uma variedade maior de produtos, todos nos termos do contrato social da empresa com o público: as qualidades que este considerava intrínsecas à marca. Desse modo, Daft assumiu duas grandes responsabilidades: primeiro, a de proteger a integridade da marca Coca-Cola e honrar os termos do contrato social da empresa; segundo, a de expandir a variedade de produtos oferecidos em nome desse contrato. Tal como uma floresta pioneira simples que prepara o terreno para a diferenciação para um ecossistema mais rico e diverso, a Coca-Cola está aumentando a diversidade dos produtos sem diluir de modo algum as qualidades internas da marca.

Por quê? A primeira responsabilidade — garantir a integridade da marca — protege o mercado atual da Coca-Cola. A segunda — diversificação da marca — permite à empresa atender a uma amplitude maior de gostos e criar mais valor para os consumidores, as partes interessadas e os acionistas. Na natureza e na empresa, diversidade significa escolha, e a escolha cria valor. Quanto mais diversificada for uma espécie num determinado ecossistema, tanto maior é sua capacidade de reagir às alterações do clima ou das condições. De modo semelhante, diz Daft, "quanto mais diversificadas forem as pessoas numa empresa, maior é a capacidade dela de reagir às mudanças no mercado. Quanto mais diversificado for o mercado, tanto mais nichos podem ser preenchidos de modo a oferecer serviços e fontes de valor únicos. Quanto mais diversificadas forem as culturas na economia global, tanto maiores serão os nossos recursos humanos como comunidade global".

Uma das provas mais rigorosas da cidadania empresarial é a que diz respeito ao meio ambiente, e Daft sabe disso. Ele quer que a Coca-Cola seja um modelo de sustentabilidade empresarial, que mensure e diminua continuamente o seu custo ambiental e impulsione a produtividade do recurso. "Queremos saber quanta energia, embalagem e água usamos em cada bebida que fornecemos", diz.

O ideal da Coca-Cola é fazer com que a poluição, o consumo e os resíduos tendam permanentemente para zero. "Nós sabemos que é impossível chegar ao zero absoluto quando se trata de defeitos da fábrica e do produto ou de poluição e resíduos. Mas também sabemos que temos capacidade de aproximá-los cada vez mais desse ideal."

Por que focalizar a liderança ambiental corporativa? Repetindo: trata-se de uma convergência de compromisso pessoal e imperativo empresarial. Qualquer coisa que ameace a marca ameaça tudo. A Coca-Cola não pode se dar ao luxo de ser uma empresa de segunda classe em questões ambientais ou sociais. Não pode se dar ao luxo de relaxar.

A estratégia de Daft é ousada, arriscada e essencial. Tem de proteger o ativo nuclear da empresa e, simultaneamente, correr o risco de adotar novas idéias e produtos. Não há garantia de que essa estratégia frutifique plenamente durante a sua gestão. É necessário que o conjunto da empresa, não só o presidente, passe por uma transformação cultural.

Recordemos a Lei da Variedade Necessária de Ashby: "a sobrevivência de um sistema depende de sua capacidade de gerar, dentro de suas fronteiras, pelo menos tanta variedade quanto exibem as formas de perturbações ameaçadoras vindas do meio ambiente". Para ser bem-sucedida a longo prazo no mercado global, a Coca-Cola precisa refletir internamente o potencial externo de seu mercado não só em termos de raça, etnia e nacionalidade, mas em todo um vastíssimo espectro de qualidades humanas.

A chave é, até certo ponto, soltar a empresa e deixar sua administração nas mãos da comunidade que a define, permitindo que ela evolua rumo ao que se deseja que ela venha a ser. A partir das ações coletivas de seus executivos, funcionários, clientes e outros grupos de interesse, algo novo surgirá. A empresa será o produto dessa criação mútua.

Esse processo tem a possibilidade de alterar fundamentalmente o que a empresa é. Queira-se ou não, o sistema corporativo que dominou a indústria no século XX, a empresa cuja missão não era senão a de maximizar o retorno para os acionistas, talvez precise evoluir no sentido de uma forma mais representativa e responsiva para a totalidade das pessoas que ela atinge.

CAPÍTULO SETE

A Sucessão

LIÇÃO SETE:
CONHEÇA AS QUATRO FASES DE SUCESSÃO: A INOVAÇÃO, O CRESCIMENTO, O APERFEIÇOAMENTO E A LIBERAÇÃO

NA FLORESTA TROPICAL, para criar com sucesso todos os tipos de valor, a natureza adota uma estratégia simples de gerenciamento. Por meio do processo de sucessão, cada sistema complexo passa por um ciclo de quatro fases: a inovação, o crescimento, o aperfeiçoamento e a liberação.

A EMPRESA também passa por esse ciclo e, com o correr do tempo, cria os mesmos tipos de valor. As rupturas iniciam a fase de inovação. Esta leva ao crescimento pela replicação, que, ao atingir seu limite, desencadeia o aperfeiçoamento contínuo. E isso cria o excedente necessário para apoiar novas rupturas, renovando o ciclo.

O ATO DE SALTAR de pára-quedas não deixa de ser uma metáfora em alta velocidade das fases da vida de uma pessoa. Por exemplo, pular do avião é como nascer: somos "jogados" no ar, na vida. A queda livre tem algo a ver com a infância e a adolescência — uma época de liberdade para explorar em relativa segurança, pois ainda estamos longe do solo. Preparar e abrir o pára-quedas corresponde à maturidade: ao assumir a responsabilidade, ao pensar e planejar cada vez mais detalhadamente a velocidade, o rumo e o modo de descer. Ora — para evitar o súbito advento da quarta fase —, o que realmente importa é a nossa competência.

NA FLORESTA TROPICAL

TUDO PASSA POR UM CICLO DE QUATRO FASES: INOVAÇÃO, CRESCIMENTO, APERFEIÇOAMENTO E LIBERAÇÃO

Todos os tipos de ecossistema tendem a passar por quatro fases ou "estações" distintas: a inovação, o crescimento, o aperfeiçoamento e a liberação, seguidas de uma nova fase de inovação. Os ecologistas as denominam as quatro fases clássicas de **sucessão** na floresta. O ecologista C. S. Holling e o executivo da indústria siderúrgica David Hurst recorrem ao símbolo do infinito para diagramar as fases.

A primeira delas — **a inovação** — é impulsionada por processos de integração, à medida que partes dissociadas se unem em todos únicos, em arranjos especiais que geram uma qualidade sinérgica. Essa ruptura inovadora é o primeiro modo pelo qual a natureza cria valor por meio do *design*.

A segunda fase — **o crescimento** — é orientada pela replicação, à proporção que um *design* bem-sucedido vai se repetindo sem mudança significativa. O crescimento multiplica o valor criado pela inovação, propagando-o amplamente. Esse processo de replicação é o segundo modo pelo qual a natureza cria valor por meio do *design*.

A terceira — **o aperfeiçoamento** — é impelida pela diferenciação, à medida que um *design* bem-sucedido enfrenta restrições e a elas se adapta. Populações outrora uniformes de indivíduos idênticos podem se tornar mais diversificadas. Os indivíduos e os grupos se adaptam a condições locais específicas para ser mais eficientes. Esse aperfeiçoamento contínuo é o terceiro modo pelo qual a natureza cria valor por meio do *design*.

A quarta fase — **a liberação** — é uma conseqüência da desintegração, quando um sistema antes funcional fica obsoleto e se decompõe, liberando seus componentes físicos para que assumam novas formas de integração, à medida que o ciclo se reinicia.

As quatro fases também recebem outros nomes que chamam a atenção para as suas diferentes qualidades. Por exemplo, as fases de *inovação* às vezes se denominam estações de criação ou renovação. As de *crescimento* também são conhecidas por exploração, expansão ou fases pioneiras. O *aperfeiçoamento* pode ser designado por eficiência, conservação, aperfeiçoamento contínuo, desenvolvimento, autoridade ou burocracia. E há quem chame a *liberação* de declínio, desintegração, morte, destruição criativa ou reorganização. E não faltam outras denominações. Os estudiosos debatem e argumentam para determinar quais seriam os nomes "certos".

Sejam quais forem as designações que lhes damos, todas elas se relacionam com as quatro fases. Ocorrem não só nas florestas, mas em muitos tipos de sistema. Por exemplo, as fases de inovação são as épocas de nascimento. As de crescimento, as de expansão física, o reino dos estrategistas-r. As de aperfeiçoamento se dão quando o crescimento físico chega ao limite e o sistema se desenvolve interiormente, aumentando a eficiência, a diversidade e a complexidade: os estrategistas-K. Essa é a fase da variação darwiniana e do aperfeiçoamento contínuo de Deming. A liberação ocorre quando o sistema chega a um limite que ele não pode transcender e morre, liberando recursos para abastecer uma fase de renovação. Ora, isso ocorre quando o sistema se altera de modo fundamental e mediante a ruptura inovadora para, contornando a sua morte, reiniciar um novo ciclo.

As Quatro Fases de Sucessão

Fase 1	*Fase 2*	*Fase 3*	*Fase 4*
O Efeito das Fases			
Inovação	Crescimento	Aperfeiçoamento	Liberação
Que Impulsiona as Fases			
Integração	Replicação	Diferenciação	Desintegração
As Fases da Vida			
Nascimento	Crescimento	Maturidade	Morte
As Fases do Ano			
Primavera	Verão	Outono	Inverno

Compreender as quatro fases seria interessante, mas não muito útil, se isso não oferecesse duas vantagens diferentes que descreveremos mais detalhadamente no próximo capítulo. Primeiro, as quatro correspondem a quatro conjuntos caracteristicamente distintos de princípios administrativos — conquista-se o sucesso de modo muito diferente em cada fase. E, em segundo lugar, administrando bem as fases, você cria novos tipos de valor de três maneiras: pelas rupturas inovadoras, pela replicação e pelo aperfeiçoamento contínuo dos *designs* bem-sucedidos. Assim fazendo, começa a extrair os potenciais de sustentabilidade que a natureza domina tão bem. Aumenta os lucros e o desempenho da empresa, a sustentabilidade. E maximiza verdadeiramente o lucro, para o conjunto.

Todos os sistemas vivos passam reiteradamente por essas fases. Posto que todos os sistemas estejam aninhados no interior de outros, as fases dos diferentes sistemas aninhados raramente coincidem. Um homem acha que, com o nascimento — criação — de mais um filho, sua família cresce, ao passo que ele mesmo enfrenta desafios, aprimora-se, trabalha numa empresa cuja linha de produtos se acha em declínio. O aninhamento e a sobreposição dos sistemas em diversas fases do desenvolvimento — uns inovando, outros crescendo, aperfeiçoando-se e morrendo, tudo de uma vez — são como a complexa rede de espécies nas copas das árvores de uma floresta. Ajudam a fornecer ao ecossistema como um todo uma sadia mescla de qualidades e condições que lhe aumentam a resistência. A ruptura inovadora, a replicação e o aperfeiçoamento contínuo ocorrem ao mesmo tempo.

SUCESSÃO E SUSTENTABILIDADE

A essência da sustentabilidade, na natureza e na empresa, é aprender a dominar não só uma fase, mas todas elas: a inovação, o crescimento, o aperfeiçoamento e a liberação. Não o fazemos unicamente em nome da sobrevivência, e sim porque, ao prosperar através dessas fases, nós trilhamos um caminho evolucionário que leva para o desenvolvimento geral, suprindo não só as nossas próprias necessidades, *mas as dos sistemas nos quais estamos aninhados.*

É fácil observar as quatro fases na floresta, principalmente nas temperadas do Hemisfério Norte. Na Sierra Nevada da Califórnia, por exemplo, num campo em que o fogo eliminou toda a vegetação, começará a crescer um ralo aglomerado de árvores. Entre as magras mudas, podem encontrar-se o pinheiro, a bétula, o álamo, o carvalho, a magnólia, o bordo e a sequóia, cujas sementes foram trazidas pelo vento, a água e os animais silvestres.

Todas as plantas jovens se mostram sadias nessa fase de *inovação* da floresta. Mas, dentro de alguns meses, a maioria delas terá morrido, incapazes de suportar o tórrido calor do sol do vale. Contudo, uma espécie passa a ser domi-

O diagrama e a tabela ilustram como as florestas tendem a evoluir a partir de monoculturas uniformes, consumidoras e vulneráveis de estrategistas-r, de crescimento rápido, para policulturas mais diversificadas, eficientes e resistentes de estrategistas-K, de crescimento lento.

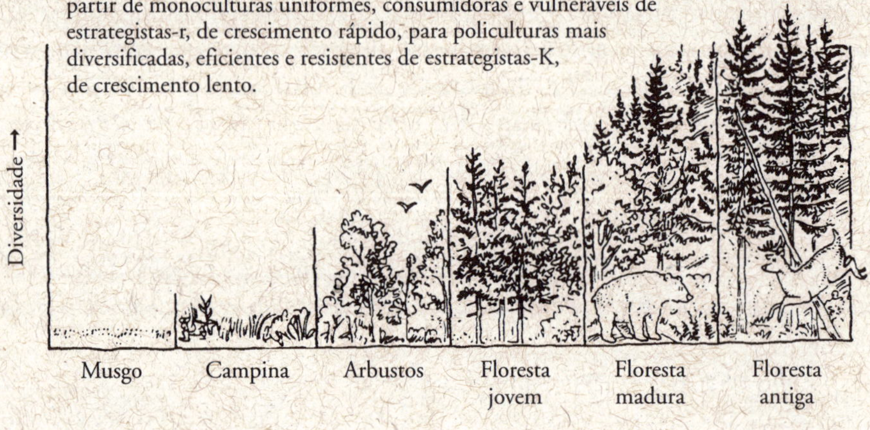

Solos mais ricos	→ Solos finos
Crescimento rápido	→ Crescimento lento
Elevada uniformidade	→ Elevada biodiversidade
Monocultura simples	→ Policultura complexa
Alto consumo	→ Alta eficiência
Alta competição	→ Alta interdependência
Alta vulnerabilidade	→ Muita resistência
Baixa sustentabilidade	→ Alta sustentabilidade

nante. O pinheiro se estabelece rapidamente, consumindo os abundantes recursos que o cercam. Isso marca o início de uma nova estação, a do *crescimento*. Em breve o campo estará coberto por um denso pinheiral jovem e saudável.

À sombra das cerdas densas dos pinheiros dominantes, as tenras folhas da colônia de carvalhos-vermelhos agora contam com a proteção contra o calor abrasador e consegue sobreviver onde antes lhe era impossível. Abrigados pelos pinheiros mais resistentes ao sol, os carvalhos não tardam em ultrapassar-lhes a altura. Em poucos anos, tornam-se tão abundantes que acabam expulsando os pinheiros que lhes deram oportunidade de viver. Cobrindo a floresta de sombras profundas, negam aos novos pinheiros o sol de que necessitam para crescer e, desse modo, confinam seus antecessores em nichos mais estreitos, onde há luz solar e água suficientes para lhes satisfazer o apetite. A sucessão dos pinheiros pelos carvalhos marca o início da terceira fase de sucessão na floresta, a estação do *aperfeiçoamento*, na qual começa a se formar uma variedade de novos nichos, cada qual aparentemente feito sob medida para alguma outra espécie.

Gradualmente, porém, à proporção que os carvalhos vão adensando ainda mais o bosque, eles bloqueiam a luz solar exigida por seus próprios brotos. Os carvalhos acabam por alterar o próprio clima que os sustentava. Agora, na sombra do chão da floresta, chega a hora da ascensão das gigantescas sequóias.

Milhares de sementes dessa árvore, anteriormente ameaçadas pelo calor escaldante, brotam na terra, deitam raízes e crescem.

Com um *design* muito mais intrincado que o dos predecessores, mais capaz de conservar a energia, reciclar a água, resistir ao fogo e proteger seus rebentos, as sequóias retiram muito menos do meio ambiente do que as pioneiras que as antecederam e fornecem muito mais. Nelas e ao seu redor, surge uma miríade de novos micronichos em toda a floresta, cada um deles oferecendo um lar a outras espécies vegetais e animais, conforme a floresta vai se enriquecendo em diversidade e complexidade.

Contudo a mata torna-se tão densa e suas articulações passam a ser de tal modo sinuosas que a madeira morta, seca, vai se acumulando no solo e os incêndios retornam, dando início à quarta fase da floresta, a da *liberação*. Graças ao fogo, a terra e os nutrientes anteriormente contidos na floresta madura são liberados e ficam disponíveis para alimentar as sementes de uma nova fase.

A duração das diferentes fases pode variar muito. Nas regiões temperadas das Sierras, as estações climáticas do ano têm aproximadamente a mesma extensão, por isso lhes atribuímos a duração oficial de aproximadamente três meses cada. Mas, nos trópicos e na empresa, não é bem assim. Geralmente as fases de crescimento são relativamente rápidas; as de aperfeiçoamento e diferenciação chegam a estender-se por um período muito prolongado; as de liberação costumam ser velozes como o raio; e as de inovação podem ser de curta ou de longa duração.

Em Corcovado e Tortuguero, por exemplo, duas estações dominam o ano na floresta como um todo. O período úmido vai mais ou menos de maio a novembro; o seco, de dezembro a abril. Na estação chuvosa, a água é abundante e, em conseqüência, a vegetação consegue crescer prolificamente. Na estiagem, as precipitações são muito limitadas, e tanto os animais quanto os vegetais precisam conseguir viver com menos ou extrair de fontes que armazenaram o excedente do passado. Isso tem interessantes implicações para a sustentabilidade, tanto na natureza quanto na empresa. Os reiterados ciclos de períodos úmidos e secos, nas florestas costa-riquenhas, constituem uma longa fase de diferenciação e aperfeiçoamento. Talvez esse seja um dos motivos pelos quais as matas tropicais oferecem uma tão extraordinária variação de temas. As espécies são constantemente mantidas na margem, constantemente desafiadas a sofisticar sua forma para lidar com a escassez relativa de água e recursos ou tirar vantagem das condições ligeiramente diferentes do nicho vizinho. Raramente os desafios são grandes a ponto de causar a morte de toda uma floresta. Os verdadeiros períodos de destruição geralmente são localizados, desde que os vulcões e as motosserras não entrem em atividade. Uma velha árvore pode tombar, criando uma abertura para que a luz do sol passe pelas copas da mata e chegue diretamente ao solo. Essas pequenas e freqüentes aberturas são vitais para talvez três quartos das espécies de árvores da mata tropical. A dose maior de energia em forma de luz solar promove o crescimento, e uma nova estação se inicia ali. Não tardam a brotar as sementes há muito tempo latentes das relvas pioneiras, dos arbustos e das árvores, captando a água e o sol, firmando o solo e criando nichos para as plantas e os animais de crescimento rápido.

Assim, quando os dominós da evolução completam sua queda, um novo ciclo se inaugura, mas num novo ponto de partida. Os processos implacáveis da evolução — a seleção natural das variações benéficas, o surgimento espontâneo de saltos evolucionários — faz com que o ecossistema vá subindo uma escada de desenvolvimento à medida que se compõe complexidade sobre complexidade, criando lentamente novos pontos de partida, novas espécies e todo um sistema novo.

OS ESTÁGIOS E AS FASES

Se a floresta ficasse eternamente passando pelo mesmo ciclo das quatro fases de sucessão, como evoluiriam as formas avançadas de vida? Se todo sistema vivo apenas percorresse o ciclo iniciado com o nascimento e concluído com a morte, como avançariam as espécies inteiramente novas? Se toda mudança é incremental e temporária, como é possível que ocorram as rupturas inovadoras?

Pode-se achar uma resposta na relação entre as fases e os estágios. Aquelas são recorrentes, como as fases da Lua, as estações do ano, os estágios de sucessão. No fim de cada ciclo, tudo volta ao ponto de partida. Os estágios, pelo contrário, ou avançam ou recuam, ou sobem ou descem. Pense nos degraus de uma escada. Ao subir, você avança desde o ponto de partida. É impossível voltar a ele sem descer.

Drexel Sprecher propõe a existência de um ritmo natural de desenvolvimento que permite à evolução ocorrer num contexto de estabilidade. Todos os sistemas vivos progridem rumo a estágios de desenvolvimento mais avançados através das quatro fases de renovação. A interação entre os estágios e as fases possibilita tanto as rupturas quanto a mudança gradual.

Os estágios de desenvolvimento são direcionais. Assim como as pessoas sobem ou descem uma escada, os sistemas naturais ascendem a uma ordem mais complexa ou declinam rumo ao caos. Um sistema natural que retorna à situação original está em regressão, não em desenvolvimento.

As quatro fases de sucessão, pelo contrário, são recorrentes. Toda vez que um sistema repete um ciclo de desenvolvimento, retorna ao ponto de partida.

As fases de renovação permitem-lhe progredir dos estágios simples de desenvolvimento aos superiores e mais complexos.

As empresas e a economia também evoluem para estágios superiores de desenvolvimento passando pelas quatro fases de sucessão. Cada um dos sucessivos sistemas econômicos nasce, cresce, desenvolve-se e declina. Mas todos eles deixam um legado na forma de conhecimento, aptidão e sabedoria adquiridos: um degrau da escada. A forma física de uma empresa pode perecer. Mas suas qualidades internas geralmente são conservadas. Aliás, *devem* ser conservadas para que se avance ao passo seguinte. Formam a base que alicerça a economia nos estágios seguintes de desenvolvimento. Se um degrau intermediário da escada se desintegrar, toda a estrutura ruirá. As empresas e as economias também são assim.

Só se pode alcançar a sustentabilidade por meio das duas coisas: a restauração do velho e o surgimento do novo. Uma cultura que rejeita sistematicamente o velho destrói seus próprios fundamentos. No mundo industrial, às vezes se imagina que o progresso econômico exige que os sistemas econômicos anteriores sejam substituídos pelos atuais. Mas nós somos os beneficiários dos séculos durante os quais as economias precedentes lançaram as bases do conhecimento, da aptidão e das convicções. Esses recursos culturais são o nosso esteio e o nosso sustento. De que modo eles nos ensinam a nos sustentar agora e a dar os próximos passos?

NA EMPRESA

AO PASSAR PELAS QUATRO FASES, AS EMPRESAS INOVADORAS IMPULSIONAM O CRESCIMENTO, O APRIMORAMENTO E MAIS INOVAÇÃO

DOS AUTOMÓVEIS À INTERNET – AS QUATRO FASES DE INDUSTRIALIZAÇÃO

Basta observar a evolução de qualquer indivíduo, comunidade ou empresa — de qualquer sistema vivo, inclusive a própria sociedade humana — para ver que todos passam repetidamente pelas fases de sucessão. Como já dissemos, sair-se bem nessas fases, à medida que elas conduzem de um estágio a outro, é a essência da sustentabilidade.

Por que é assim? Porque as quatro fases englobam um processo pelo qual os seres vivos não só servem aos interesses próprios como interagem com o meio para também servir a interesses mais amplos. Por exemplo, na economia, a mão invisível de Adam Smith fica prejudicada quando uma empresa procura apenas crescer, sem reagir às necessidades externas aprimorando-se ou inovando. A mão invisível trabalha melhor quando as empresas estão abertas para todas as formas de *feedback* e se adaptam de modo a tender a "fazer bem fazendo o que é bom" — seja esta uma escolha consciente ou não.

Vejamos como as fases moldaram o nascimento, o crescimento e o desenvolvimento de séculos de industrialização, assim como a sua gradual sucessão por um novo tipo de economia que atualmente emerge para lhe tomar o lugar.

Fase Um: Inovação. A estação da *inovação* da industrialização iniciou-se com a primeira revolução científica e as idéias dos grandes pensadores da época: Copérnico, Galileu, Descartes, Newton e, posteriormente, Adam Smith e Charles Darwin. Eles plantaram as sementes conceituais das quais brotou a economia industrial; sua principal fonte de valor, a máquina; e sua tecnologia preeminente, o automóvel.

Nicolau Copérnico principiou a corrida para um universo mecanicista, e as teorias da mecânica de Galileu descreveram a dinâmica celestial. Descartes estendeu o pensamento mecanicista ao mundo biológico, afirmando que também o comportamento dos vegetais e dos animais podia reduzir-se a mero mecanismo. E Isaac Newton propôs que essas máquinas, vivas ou não, eram totalmente feitas de partículas sólidas e impenetráveis, "tão duras que jamais se desgastam nem se fragmentam; já que nenhum poder é capaz de dividir o que o próprio Deus uniu na primeira criação".

Ao explicar a dinâmica das máquinas da natureza, Newton e seus contemporâneos deram à humanidade as teorias fundamentais necessárias para a construção de suas próprias máquinas. Mas teoria não é prática. Para mover a industrialização da fase de inovação para a de crescimento, foi imprescindível uma função coerciva: uma necessidade premente que levasse as teorias a serem aplicadas, a lançarem raízes e difundirem-se.

Fase Dois: Crescimento. A função coerciva foi a falta de madeira por que passou a Europa, uma crise energética causada pelo desmatamento. Obrigados a cavar minas mais profundas a fim de extrair o carvão, os europeus descobriram que elas se enchiam de água, criando também a escassez de carvão. Aqui as idéias do Iluminismo começaram a adquirir forma material para nortear a economia então emergente. Newcomen desenvolveu o motor a vapor para bombear a água das minas. A seguir, James Smith aperfeiçoou radicalmente o *design* de Newcomen com o compressor e o motor rotativo. Isso levou ao navio e à locomotiva a vapor a preços acessíveis e à carruagem sem cavalos, também movida a vapor.

No espaço de um século, as sementes brotaram, a economia industrial ficou solidamente estabelecida e cresceu com rapidez. Isso originou uma economia que, tal como os mecanismos que empregava e a ciência que aplicava, era uma "grande máquina" constituída de encadeamentos deterministas de causas e efeitos, segundo Adam Smith. Nessa máquina três fatores de produção eram vitais: a terra, o trabalho e o capital. Distribuindo-os nas combinações corretas, podia-se "soltar" a economia para que crescesse e se desenvolvesse automaticamente, como que dirigida por uma mão invisível. Requeria-se pouco ou nenhum pensamento, planejamento ou regulação.

O crescimento se acelerou quando Henry Ford concebeu a linha de montagem e multiplicou a eficiência da manufatura. Tal como as sementes da relva num campo limpo, os produtos da indústria se replicaram rapidamente e em grande abundância, espalhando-se velozmente rumo aos limites externos do ambiente para elas aberto.

A administração maquinal de Ford passou a ser um modelo não só para a empresa, mas para a economia e a cultura nela aninhadas. Se a riqueza era uma função do consumo de recurso e as máquinas, o agente para extraí-lo e usá-lo, quanto maiores as máquinas e quanto mais depressa operassem, tanto mais riqueza podia-se extrair da Terra, transformando-a em produtos e abastecendo as pessoas.

O processo de assimilação industrial levou ao que certos cientistas sistêmicos denominam **causação inversa**: da convergência de pequenos sistemas, surge um maior que, então, se volta para baixo a fim de regular o comportamento dos subsistemas que o constituem. Nesse caso, os subsistemas eram os seres humanos. O custo do sistema industrial foi a redução da liberdade de que eles gozavam.

No entanto, os benefícios dessa permuta foram extraordinários. A fase de crescimento da economia industrial levou a ganhos enormes em bem-estar social, e não só do ponto de vista material. Enquanto a máquina industrial se alimentou da energia, dos materiais e das provisões de que necessitava para seguir funcionando conforme o seu *design*, as empresas e os trabalhadores prosperaram. Mas nenhum sistema que consome o seu próprio capital pode crescer eternamente. Nos anos 50, o geofísico M. K. Hubbert anunciou o famoso "pico de Hubbert", ilustrando que por mais que se pudesse extrair petróleo, carvão e gás natural da Terra, a era do combustível fóssil seria efêmera em termos históricos. No fim da década de 60, um número cada vez maior de indicadores mostrava que em breve estaríamos nos aproximando de um beco sem saída.

Fase Três: Aperfeiçoamento. Em 1974, nós colidimos com ela. O ano do embargo árabe do petróleo lançou sobre a economia sucessivas ondas de choque de

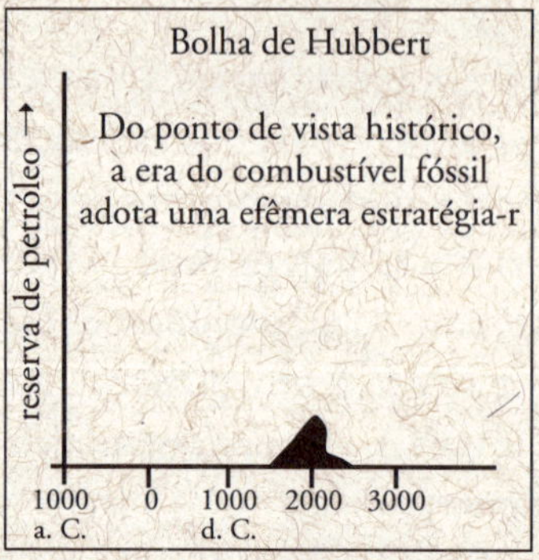

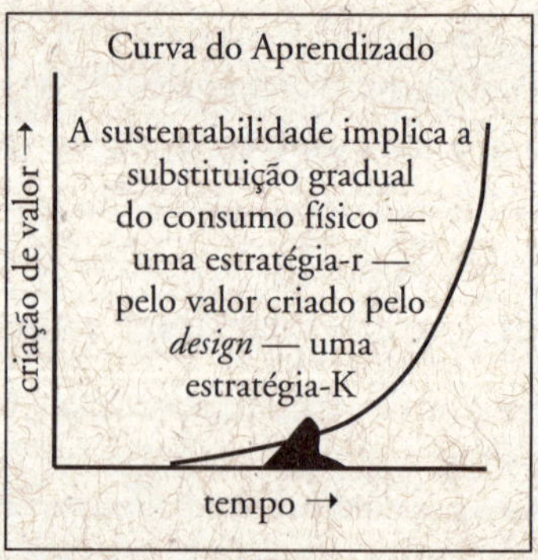

À medida que os limites se impõem, o *feedback* leva ao aprendizado e à adaptação. Os *designs* consumidores são paulatinamente substituídos por outros mais inteligentes, e as estratégias-r vão dando lugar às estratégias-K apresentadas na Curva do Aprendizado.

aumentos do preço. O *feedback* foi direto e doloroso. Todas as economias industriais viram-se afetadas. As rígidas economias maquinais do bloco soviético não voltaram a se recuperar.

A escassez de petróleo impôs uma transição da fase de crescimento da industrialização para uma época de aperfeiçoamento, na qual se reduziu a ênfase no tamanho e na quantidade e, em seu lugar, emergiu o valor a partir da qualidade, da eficiência e da variedade. As empresas não tardaram a começar a aprender que o modelo maquinal não era o supremo criador de valor na natureza — que, em face da mudança, a grande vantagem dos sistemas vivos adaptativos era o poder de recuperação.

A eficiência revelou-se mais barata que os resíduos. Porém, as máquinas não podiam tornar-se mais eficientes. Eram necessárias pessoas criativas. À proporção que os preços da energia se elevavam, as pessoas passaram a despertar e intervir na economia maquinal, empregando milhares de inovações técnicas, alterações sistêmicas e sofisticações de produto que reduziram a demanda do recurso mais necessário: o petróleo. A máquina rígida e irracional do crescimento da industrialização começou a se transformar na organização do aprendizado de sua fase de aperfeiçoamento. Qualidade, eficiência, variedade, agilidade, flexibilidade — esses passaram a ser os atributos necessários à empresa na organização, no pessoal e até mesmo nas máquinas.

Surgiu toda uma família de tecnologias — semicondutores, microprocessadores, computadores, aparelhos de fax, *modems* e a Internet — e em breve, a partir do doloroso *feedback* da crise energética, a informação superou os combustíveis fósseis como principais catalisadores do crescimento econômico.

Na geração que se seguiu, a eficiência — não o consumo — passou a ser a maior "fonte" de energia e materiais do mundo industrial. Entre 1972 e

1990, os denominados *imateriais* aumentaram a ponto de abastecer aproximadamente um terço dos materiais consumidos pela economia norte-americana; os *negawatts* supriram um terço de nossas necessidades energéticas.

O efeito sobre a indústria da informação foi maciço. Inicialmente, a alta dos preços da energia desacelerou o conjunto da economia, mas não tardou para que o setor da informação se expandisse, em parte impulsionado por uma demanda sem precedentes de tecnologias que permitissem às pessoas fazer mais com menos. Os instrumentos que elas desenvolveram fomentaram a revolução da produtividade que se estendeu ao novo século.

Fase Quatro e Um: Uma Nidificação de Sistemas — A Industrialização Inicia o seu Declínio enquanto Nasce a Economia Cibernética. Como dissemos, os sistemas se aninham dentro de outros sistemas. Um dá origem a outro no seu próprio interior, e este vem alterar o meio ambiente no qual o primeiro prosperou. Assim como a agricultura deu origem à indústria, a sociedade industrial gerou a economia cibernética. Atualmente, tendo primeiro aperfeiçoado a eficiência e o desempenho da indústria, a economia cibernética lhe está solapando os fundamentos e acelerando-lhe o declínio e a liberação. O filho começa a suplantar o pai.

Na natureza, nem sempre é o mais capaz que sobrevive, mas aquele que está no lugar certo na hora certa, o que captura a rede e assume o controle dos benefícios da Lei de Metcalfe. Em 1975, quando a IBM expandia confortavelmente o negócio de computadores *mainframe*, Bill Gates e Paul Allen apareceram num artigo da *Popular Mechanics*, tomaram uma linguagem de programação simples e prontamente disponível na época, para criar o primeiro produto Microsoft, ajudando no parto do microcomputador e ameaçando o domínio da IBM. Esta cometeu um erro de cálculo estratégico que deu à Microsoft o controle do sistema operacional DOS, que transformou o MS-DOS num padrão de PC. Foi o início da Wintel. Esta veio a ser uma espécie pionei-

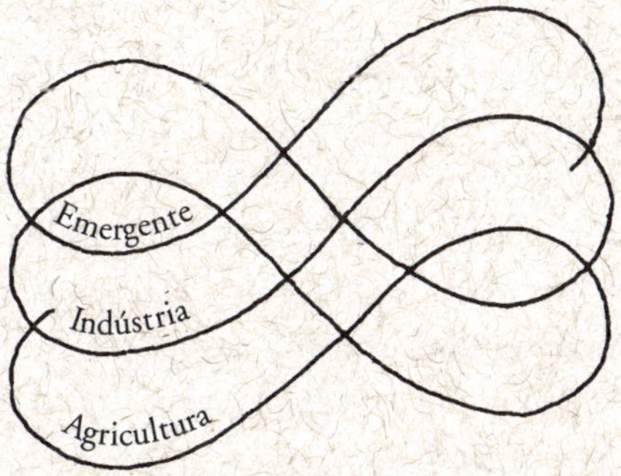

ra de crescimento na nova economia, não como sua causa, mas como seu efeito. A IBM e a Apple tinham sementes melhores, mas não se interessaram por ocupar o nicho. Embora o ímpeto de Gates tenha sido um fator, foi ele haver capturado os efeitos de rede que tornou extraordinário o seu sucesso.

Paradoxalmente, a visão de mundo que levou a Microsoft a transformar um pouco de sorte e muita persistência num império hegemônico do *software* arrisca combinar-se com a Internet para produzir uma contra-revolução medíocre. A revolução do PC arruinou os gigantescos computadores *mainframe* usados pela IBM para dominar o mercado. Agora, à medida que a Microsoft se avizinha de sua estratégia da próxima geração da Internet, pode ser que recriemos efetivamente o *mainframe* na forma de "servidores" um bilhão de vezes mais poderosos que os predecessores.

Mas, contrariamente à crença popular, a era da informação por si só não significou uma revolução. A maior parte das mudanças causadas pelos computadores limitou-se a sofisticar uma economia que continuava sendo predominantemente industrial. Os computadores fizeram avançar a fase de aperfeiçoamento da industrialização, levando-a a operar mais depressa, de forma mais limpa e com mais eficiência, com melhor qualidade e maior variedade. Mas não mudaram radicalmente a industrialização. Esse processo de transformação está apenas começando.

FUNÇÕES COERCIVAS: O FIM DA ERA INDUSTRIAL

Mas, enfim, só as formas externas da velha economia precisam cair. Suas qualidades internas devem ser conservadas para que a nova economia floresça.

Nenhuma economia ou tecnologia, por avançada que seja, pode meramente substituir as predecessoras. Cada qual é sustentada pelas anteriores. Num sistema sadio, todas se voltam para trás a fim de restaurar a saúde e a vitalidade das precedentes. Cada geração de tecnologia transcende e depois transforma a que existia antes, assinala Drexel Sprecher. As máquinas industriais transformaram a agricultura, expandindo-lhe a capacidade produtiva. Os computadores estão transformando a indústria do mesmo modo que esta transforma a agricultura. A nova tecnologia não derrota a antiga — renova-a. Com o tempo, as tecnologias mais sutis tendem a avançar; e as mais toscas, a declinar. A mais eficiente sucede a que desperdiça mais. As estrategistas-K eliminam as estrategistas-r. As florestas complexas substituem os manguezais simples. É desse modo que a informação destrói o domínio da matéria.

Todo estágio da economia tem uma fase de semeadura, uma de crescimento, uma de aperfeiçoamento e uma de declínio. À medida que nasce e cresce, uma nova economia vai se sobrepondo à já altamente desenvolvida predecessora. Assim como os garotos de 10 anos de hoje têm mais aptidão técnica que os pais, o novo estágio pode ser mais avançado, porém carece de maturidade. De modo semelhante, uma economia industrial pode ser mais avançada, porém é mais imatura que as economias agrícolas ou caçadoras-coletoras que acabou por suplantar.

Assim, os defensores das novas economias ou das novas tecnologias costumam proclamar que eliminaram a necessidade de tudo quanto existia antes, assim como cada geração de adolescentes pretende ter a resposta para todos os problemas do mundo. Na realidade, as novas gerações demoram a amadurecer. Com o tempo, aprendem a se abrir para o *input* dos antepassados, das gerações anteriores.

A industrialização ocidental é uma cultura jovem e vibrante. Como qualquer estrategista-r, está ansiosa por se expandir rapidamente, dominar o globo e provar que o seu modo de vida é o melhor do mundo. Contudo, embora seja tecnicamente mais apta que as predecessoras, nem sempre é mais sábia. Conquanto possa ter as respostas, não tem todas as perguntas. Para aprendê-las, precisa começar a escutar.

Quais são as implicações para as lideranças empresariais? Elas têm de reconhecer que as culturas industrial e da informação se encontram num *estágio* tecnológico mais avançado, mas numa *fase* menos madura; são tecnologicamente mais avançadas, porém mais imaturas que muitas culturas tradicionais.

Esse fato gera conflito. A globalização o exacerba. Assim como os adolescentes se sublevam contra os pais ao se aproximar da maturidade, os defensores das economias da informação e industrial rebelam-se contra as culturas mais amadurecidas. Os padrões de vida divergentes, a ignorância cultural e os limites ecológicos tornam essa revolta mais explosiva. Quanto mais tempo levar para os dirigentes empresariais deixarem de opor resistência ao *feedback* de suas comunidades próximas e distantes, mais incendiárias serão as condições em que há de crescer a floresta tropical global.

As lideranças têm de transcender os limites da fase "r" da indústria. Nós precisamos superar a administração, o *marketing* e os imperativos estratégicos do passado e tornarmo-nos mais responsivos para o *feedback* de culturas que talvez nos inclinemos a considerar retrógradas. Temos de nos transformar em estrategistas-K, altamente adaptativos às condições ambientais e culturais nas quais estamos injetando nossos produtos, processos e empresas.

A agricultura aninhou, nutriu e gerou as tecnologias industriais. Agora, a economia industrial começa a engendrar a economia cibernética. A infusão de tecnologias industriais nas economias mais tradicionais está destruindo o ninho em que elas se assentam, tanto quanto as tecnologias da informação destroem a economia industrial. As primeiras espécies a se extinguirem foram as máquinas industriais mais rígidas — as economias maquinais da União Soviética, as burocracias corporativas estratificadas dos Estados Unidos, da Europa e da Ásia. Mas isso pode ser apenas o começo. Lembre-se do mangue, do pinheiro, do carvalho. À medida que as condições globais se modificarem, as espécies bem-sucedidas não serão as mais fortes e mais consumidoras. Serão as mais responsivas e adaptativas.

No nível das economias industriais, as lideranças empresariais e políticas devem reconhecer que as transformações econômicas fundamentais são extremamente perturbadoras. Cada transição anterior resultou em pelo menos uma grande depressão, e todas se fizeram acompanhar de explosivas expansões da capacidade econômica e social. Os dirigentes industriais querem que as economias em desenvolvimento evitem padrões de negação e reconheçam que seus sistemas precisam mudar. Mas também eles precisam evitar a negação e reconhecer o fim iminente da era do combustível fóssil. O pensamento clássico do mercado livre, com fronteiras nacionais e culturais totalmente abertas para o influxo das tecnologias e do capital industriais antes que o *feedback* cultural o influencie, pode ser contraproducente neste contexto. Proceder do modo simplista, sem compreender a importância da diversidade e da adaptabilidade globais, arrisca levar a conseqüências dolorosas.

No nível das empresas individuais, as lideranças têm de ser capazes de sintonizar-se com o ritmo de desenvolvimento e colaborar com as forças da mudança, segundo Sprecher. Devem sintetizar as visões do mercado, dos avanços tecnológicos em outros lugares e da sua própria situação numa visão abrangente da tecnologia e do desenvolvimento do produto. Precisam monitorar novas tendências e inovações com o potencial de abalar ou destruir seus nichos de mercado e estar dispostos a efetuar a mudança maior para diferentes nichos com novas tecnologias — mesmo que a maior parte da sua empresa se concentre na próxima geração dos produtos existentes. Trabalhar com — não contra — as forças da mudança é o teste da sustentabilidade corporativa.

Os dirigentes que quiserem que suas empresas tenham sucesso devem dominar os princípios da sucessão e aplicá-los na forma de sistemas administrativos práticos.

PARTE DOIS

Como Utilizar os Princípios: Estratégias, Administração, Táticas e Instrumentos da Empresa Viva

CAPÍTULO OITO

A Administração

LIÇÃO OITO: MAXIMIZAR O DESEMPENHO TOTAL – DOMINAR AS QUATRO FASES DE ADMINISTRAÇÃO

NA FLORESTA TROPICAL, a natureza cria diversidade e abundância no transcurso das quatro estações de sucessão.

A EMPRESA pode maximizar a sustentabilidade dos lucros dominando as quatro estações de administração.

QUANDO DA FALHA INICIAL do pára-quedas de Bill, se nós tivéssemos enfocado um *redesign* abrangente da tecnologia, de modo que semelhante fato não se repetisse, é improvável que conseguíssemos concluir e instalar as necessárias modificações nos sessenta e poucos segundos que restavam para que ele atingisse o solo.

Ao administrar, você precisa saber em que fase se encontra e qual de suas qualidades será de maior valor imediato: a inovação intuitiva da fase de criação, a exuberância do crescimento, a meticulosidade do aperfeiçoamento ou a atenção concentrada induzida pela perspectiva da desintegração iminente.

Conhecer as quatro estações do ciclo de sucessão, dominar uma delas e primar em todas. Isso oferece duas vantagens distintas. Primeiro, as quatro fases lhe ensinam a desenvolver e realizar os objetivos que deseja e a descobrir possibilidades e potenciais que talvez você não saiba que tem. Em segundo lugar, elas lhe darão um domínio maior sobre a empresa e a vida, assim como o sucesso e a realização incrementados que o acompanham: o aperfeiçoamento contínuo, à medida que você aguça suas capacidades intrínsecas, e as rupturas pessoais, conforme vai descobrindo a riqueza que há em você.

No caso de Bill a se precipitar no espaço com um pára-quedas encrencado, nós enfrentamos um desafio capaz de se desenvolver numa solução ou de degenerar num desastre. Se agíssemos com serena inteligência, era provável que saíssemos intactos e um pouco mais inteligentes. Portanto, foi nisso que concentramos a nossa energia.

NA FLORESTA

A ABUNDÂNCIA E O PODER DE RECUPERAÇÃO FLUEM DAS QUATRO ESTAÇÕES

Num campo aberto de possibilidades, as sementes dos pioneiros de rápido crescimento se enraízam e crescem. Os mangues à beira da água na mata tropical, os pinheiros nos bosques das Sierras, o mato nas fendas entre as seções da calçada — cada qual é selecionada porque o plano inscrito em suas sementes combina com as condições do ambiente local.

Assim começa a fase inovadora na vida de um ecossistema e, na de crescimento que se segue, as pioneiras se replicam para ocupar o território disponível. Como já aprendemos, elas estendem um manto de apoio para miríades de outras espécies que encontram lares mais adequados nos nichos criados pelas pioneiras. Utilizando os recursos com mais moderação, essas espécies mais resistentes preenchem os nichos de modo mais enfocado e especializado, promovendo um ecossistema florestal mais rico e variado. Este evolui para um emaranhado de milhares de espécies e subsistemas em todas as fases do ciclo.

Também as empresas evoluem em quatro fases ou estações. E, ao fazê-lo, têm oportunidade de se tornarem mais produtivas, eficientes e especializadas para então morrer ou se renovar em formas potencialmente mais resistentes e lucrativas.

Crescer e tornar-se mais eficiente exige uma só forma de administração. Mas para ser verdadeiramente resistente — para ter a capacidade de se sair bem em todo o ciclo de vida da empresa e emergir mais lucrativa da mudança — é preciso dominar as quatro estações.

NA EMPRESA

É O DOMÍNIO DAS QUATRO ESTAÇÕES DA EMPRESA QUE MAXIMIZA OS LUCROS

APRENDA A ADMINISTRAR NA BORDA

Há um segredo para administrar uma empresa como um sistema vivo, segredo esse que todo jardineiro conhece: não se pode administrar uma empresa o tempo todo do mesmo modo. Pelo contrário, é preciso administrá-la de quatro maneiras diferentes — uma para cada estação. E é necessário aprender a administrá-la *entre* as estações, a estar preparado para a transição de uma para a outra.

Nos últimos três séculos de industrialismo, nós aprendemos a primar em uma dessas estações: a do crescimento físico, quando os recursos materiais são abundantes e se pode consumir em massa o capital acumulado nas eras geológicas.

Sendo vastos os recursos, isso tem sentido ecológico. Mas não basta. Na natureza e na empresa, a sustentabilidade requer que aprendamos a prosperar em todas as estações.

Pode parecer complicado, mas é bem menos do que a abordagem atual. Todo ano, tal como as plantas anuais que surgem e desaparecem com a primavera, uma nova safra de consultores acorre às grandes empresas dos Estados Unidos e do Japão, oferecendo uma nova teoria de administração, cada qual com a sua ideologia e o seu guru.

Todas as teorias parecem extraordinariamente novas e diferentes. Mas, examinando-as com atenção, nota-se que todas elas reciclam as quatro teorias básicas de administração, uma para cada fase da empresa.

Primeiro, há a administração científica, as idéias de Frederick Taylor que ajudaram a moldar as empresas pioneiras de fabricação em massa como a Ford Motor Company no começo do século XX. A empresa é uma máquina. Tem de funcionar como uma hierarquia, sendo cada trabalhador uma peça que executa funções com muita precisão, de acordo com as orientações centrais.

Isso dá certo quando a empresa se encontra na fase de *crescimento*, expandindo rapidamente sua dimensão física, acrescentando novas peças na máquina — mais trabalhadores, fábricas, recursos. Porém, como as máquinas não são flexíveis, isso não dá certo quando a empresa precisa mudar.

Para atender a essa necessidade, existe a segunda teoria, a da administração de qualidade, idéias de gente como Edwards Deming, Kaoru Ishikawa e Joseph Juran, que permitiram ao Japão saltar para uma potência econômica global na década de 1980. Eles dizem que a empresa é uma comunidade de aprendizagem, na qual as pessoas colaboram para aperfeiçoar continuamente a eficiência e a qualidade.

Essa abordagem dá certo quando a empresa está na fase de *aperfeiçoamento* e sofistica gradualmente os produtos e processos, fase na qual o Japão primou. Mas não serve quando a empresa precisa mudar de repente, aparentemente da noite para o dia.

Para tanto, há uma terceira teoria, as idéias de Michael Hammer e James Champy, mais recentemente apelidadas de reengenharia. Segundo eles, a empresa é como um jardim: precisa ser radicalmente podado no outono ou no inverno para evitar a maturidade estática e crescer abundantemente na primavera.

Isso dá certo uma ou duas vezes. Mas não quando a empresa precisa de poda todo ano, pois as pessoas sempre sentem que são elas que serão podadas. A empresa perde a confiança e a lealdade e muitas vezes também a iniciativa e a criatividade.

Para proteger a firma e os funcionários ao mesmo tempo, existe uma quarta teoria que representa as idéias de Jim Collins e Jerry Porras, descritas no livro *Built to Last* [Construída para durar]. Eles dizem que a empresa raramente consegue sustentar uma grande mudança, a não ser que tenha o propósito profundamente implantado de perdurar. Revisitar esse propósito à luz dos tempos cambiantes permite-lhe encontrar novas metas e um novo caminho de desenvolvimento mesmo quando seus produtos principais se tornam obsoletos.

Isso dá certo quando a empresa está em busca de orientação, seja no seu início, seja em períodos altamente perturbados, mas pode ser contraproducente quando a empresa não consegue isolar esse processo da necessidade permanente, para a maioria dos empregados, de focalizar o crescimento e o aperfeiçoamento.

Todas essas teorias algumas vezes dão certo, outras falham. O necessário é um meio de integrá-las de modo que a empresa se avantaje em todas as fases.

O sistema administrativo das quatro estações explica como fazê-lo. A idéia básica é simples e revolucionária. Toda empresa é um organismo vivo. Nasce, cresce, amadurece e morre. Cada fase é diferente e exige uma estratégia administrativa diferente.

Primeiro, *a inovação*. Na economia, a primeira fase ocorre quando Steve Wozniak experimenta um microprocessador MOS e aprende a multiplicar-lhe o poder funcional, criando o Apple II. Ou quando Bob Taylor reúne um gru-

1. Administração Criativa
(INOVAÇÕES)
Criativa
Emergente
Auto-organizadora

3. Administração de Qualidade
(APERFEIÇOAMENTO)
Eficiência
Qualidade
Variedade

2. Administração Científica
(CRESCIMENTO)
Exploração
Ação Racional
Do geral para o detalhe

4. Administração da Crise
(LIBERAÇÃO)
Crise
Confusão
Desintegração

po criativo de engenheiros no PARC da Xerox, e eles incubam tecnologias que acabam povoando a Internet. *Na primeira fase, também chamada fase de criação, é preciso plantar muitas sementes — muitas idéias e inovações fundamentais —, nutri-las num ambiente protegido dos controles empresariais normais e ver qual delas cresce.*

Segundo, *o crescimento*. Na economia, isso acontece quando Steve Jobs toma a idéia de Wozniak, percebe que ele tem uma semente bem-sucedida e reúne pessoal, dinheiro e recursos para fazer com que muitas delas cresçam. *Na segunda fase, geralmente chamada pioneira, de expansão ou de exploração, é necessário crescer e replicar em massa para ocupar o nicho disponível.*

Terceiro, *o aperfeiçoamento*, também denominado fase de *qualidade, eficiência, variedade* ou *desenvolvimento*. Na economia, ocorre o aperfeiçoamento quando o Apple II esgota as possibilidades de penetrar no novo mercado, mas percebe (se é que percebe) que criou toda uma nova floresta econômica, com nichos para novas variedades de computadores, *software* e periféricos. *Na terceira fase, a empresa precisa melhorar a eficiência, a variedade e a qualidade.*

Quarto, *a liberação*, também chamada *desintegração, declínio* ou *morte*. A quarta fase se verifica quando os concorrentes fragmentam o mercado da Apple, roubando os nichos um a um, e a empresa é obrigada a reinventar-se ou declinar até a morte. Trata-se de um período de deterioração, mas que também prepara o terreno para a reorganização ou o renascimento. *Na quarta fase, a empresa deve avaliar muito os produtos a fim de descobrir seu propósito duradouro e usá-lo como um guia para enfocar os recursos.*

Operando em muitos níveis, o ciclo de quatro fases auxilia a fornecer a rica combinação de criação e destruição que conserva a economia sadia e vigorosa. As qualidades de cada fase se combinam para oferecer uma saudável mescla de inovação, crescimento, aperfeiçoamento e declínio. O economista Joseph Schumpeter cunhou a expressão *destruição criativa* para designar essa capacidade da livre iniciativa. Segundo ele, a destruição criativa era "o fato essencial do capitalismo". A concorrência tinha importância por ajudar a baixar os preços e melhorar a qualidade. Porém muito mais significativa era a capacidade da empresa privada de eliminar e dissolver as indústrias obsoletas. Causando pequenos incêndios que livram a floresta empresarial da madeira seca tecnológica e burocrática, dizia Schumpeter, ela promove a "mutação [i]ndustrial — se me permitem empregar um termo biológico — que revoluciona incessantemente a estrutura econômica *por dentro*, destruindo incessantemente a antiga e criando incessantemente uma nova".

O sistema administrativo das quatro estações reconhece que, para ter sucesso numa economia em rápida mudança, a empresa geralmente precisa aplicar simultaneamente as quatro disciplinas administrativas. Mas esse sistema apresenta as fases num arcabouço lógico e integrado. Diz em que método se concentrar e quando. As fases também proporcionam a estrutura na qual os sistemas evoluem gradualmente para formas novas e mais elaboradas, criando novos tipos de valor durante essa evolução.

Além de *sustentarem-se*, as empresas que dominam as quatro fases da administração têm condições de operar de modo ambiental e culturalmente mais sustentável. Tornam-se mais responsivas e adaptativas ao seu mercado total de acionistas, tanto ao meio econômico quanto ao social.

Para concluir seu MBA em trinta minutos, leve em conta o seguinte: as quatro fases da sucessão, na natureza, permitem-nos incorporar boa parte da história da consultoria administrativa. Basta compreender a sucessão natural para saber, em termos amplos, pilotar uma empresa em todas as épocas de oportunidade, adversidade e mudança.

Nós aprendemos o valor da administração em quatro fases com David Hurst que, por sua vez, aprendeu com o ecologista C. S. (Buzz) Holling, da University of Florida. Hurst era o segundo principal executivo da siderúrgica canadense Russelsteel quando, nos anos 80, devido a uma compra infeliz, a empresa mergulhou numa grave crise e teve de se reinventar.

À beira da falência, Hurst e o novo presidente da Russelsteel reuniram um grupo de funcionários respeitados, explicaram-lhes os terríveis detalhes da crise e pediram idéias, aglutinando a empresa qual uma comunidade em torno de uma missão central. Hurst e o presidente passaram a dividir o escritório "para que cada um soubesse em tempo real o que o outro fazia". Quase de imediato, a Russelsteel começou a reestruturar-se naturalmente. Não se fez caso da velha burocracia. A equipe passou a resolver os problemas à medida que surgiam e procedeu a mudanças radicais com facilidade. Redes espontâneas permitiam que as pessoas fizessem as coisas com rapidez e sem causar alarde. Cortaram-se os custos e se reduziu o passivo fiscal. Quatro anos depois, a empresa tivera tanto sucesso que conseguiu se recapitalizar e ser vendida.

Hurst ficou admirado com a extraordinária diferença entre os estilos de operação nas fases de crescimento, de aperfeiçoamento e de liberação da siderúrgica. Com o tempo, inspirou-se no trabalho de Holling para desenvolver o sistema administrativo em quatro estágios.

Como a maioria de nós se relaciona com as quatro estações, elas oferecem um excelente arcabouço para ilustrar dinamicamente que as empresas podem prosperar com os princípios da natureza. Estes nos ajudam a explicar os confusos paradoxos administrativos que às vezes nos deixam perplexos: por que certas táticas dão certo num ano e falham no outro; por que um ótimo gerente ora é bem-sucedido, ora se mostra desesperadamente incapaz; por que tomar o melhor como padrão às vezes beneficia o desempenho e às vezes o prejudica.

As quatro estações dão soluções para a *pequena* empresa? Em muitos aspectos, elas podem ser mais decisivas para as pequenas que para as grandes empresas. Por exemplo, ajudam a explicar por que os empresários muitas vezes passam anos encalhados em períodos de criação, sempre incapazes de focalizar uma idéia promissora e transformá-la num propulsor do lucro. E mostram por que os inícios bem-sucedidos geralmente explodem em anos de crescimento rápido e elevados lucros e, depois, se estendem excessivamente e quebram quando surgem concorrentes ou seu mercado fácil fica saturado.

Para o mundo como um todo, as quatro fases nos mostram como criar empresas e economias mais sustentáveis, nas quais os imperativos econômicos, sociais e ambientais se correlacionem positivamente.

Não obstante, utilizar as quatro fases não é tão simples quanto administrar uma só. Assim como se combinam para fomentar a destruição criativa nas economias como um todo, as quatro fases coexistem nas empresas. Basta decompor uma destas em suas partes para descobrir que ela opera em várias fases ao mesmo tempo. Pode ser que um produto se ache na de inovação e outro na de aperfeiçoamento. Ou que uma unidade se encontre na de crescimento enquanto a empresa como um todo está às voltas com a bancarrota.

O mais importante, porém, é o seguinte: como as mudanças ocorrem muito rapidamente, não se pode administrar apenas para a estação *atual*. É preciso também estar preparado para a *próxima*. É preciso aprender a administrar na borda.

ADMINISTRAR NA BORDA: A CHAVE DO SUCESSO EMPRESARIAL

Ser "bem-sucedido" significa literalmente *avançar em ordem*, passar de uma fase para a seguinte.

O segredo do sucesso na economia em rápida mudança de hoje em dia é administrar na borda. Na natureza, as bordas figuram entre os lugares mais dinâmicos e criativos. Como já aprendemos, a borda é uma rica mistura de ecossistemas que ocorre onde dois sistemas diferentes se sobrepõem e entremesclam. As bordas, na natureza, são pontos de enorme diversidade e oferecem condições para as combinações explosivas que levam a admiráveis inovações.

Nas organizações humanas, a criatividade também surge na borda. Na música, o *jazz* nasceu na borda entre a polirritmia africana e a música popular européia, lugar em que duas culturas distintas encontram uma forma que transcende as diferenças e as une. Na cultura, Daniel Boorstin vê nas bordas o catalisador de grande parte da criatividade norte-americana: "Os Estados Unidos eram um país de bordas — de todos os tipos de bordas, entre paisagens terrestres e marinhas, entre estágios de civilização, entre modos de pensamento e estilos de vida [...] A criatividade — a esperança — da nação estava nas bordas, nas misturas e nas novas confusões". Na economia, a Internet se acha na borda entre a economia industrial e sua sucessora, lugar onde o comércio ao velho estilo está explodindo e onde começam a existir novas formas de ligação humana.

As bordas não são monoculturas, lugares onde duas ou mais formas entram em combate e só a "mais capaz" sobrevive. Elas são um *locus* de criatividade. Une opostos complementares, transforma partes em todos, une teses e antíteses para formar uma nova síntese. São lugares em que se gera valor novo e onde pode nascer o potencial da sustentabilidade.

Como uma empresa pode ser bem administrada na borda? Dominando-se os princípios da estação atual e providenciando para facilitar a transição para a próxima. É o que mostram os seguintes exemplos e resumos.

Administrando na Borda: A Nike

A Nike proporciona um bom estudo de caso dos desafios da administração na borda. Em 1972, ela era uma empresa pequena, nova e com uma meta ambiciosa: bater a líder do mercado, a Adidas. Ali trabalhavam 48 pessoas; na Adidas, três mil.

A Nike selecionou bem as sementes. Encontrou um nicho nos calçados esportivos de alta qualidade, aplicando *designs* europeus e produção mais barata em fábricas asiáticas. Fornecendo o muito procurado produto a preços acessíveis, viu suas vendas se expandirem. Nos doze anos que se seguiram a 1972, cresceu nada menos que mil vezes, de 1 milhão de dólares em vendas para 1 bilhão em 1983.

"Foi quando as coisas mudaram", diz um executivo. "A empresa ficou tão grande e complexa que era impossível para [o CEO e um dos fundadores] Phill [Knight] ou para qualquer um de nós desempenhar o mesmo papel." O crescimento e os lucros atingiram níveis elevadíssimos. A empresa parecia sadia. Mas estava se tornando maquinal, cega para as mudanças do mercado. E não se deu conta do crescimento do mercado aeróbico.

Mas a Reebok não se distraiu. Entre 1981 e 1987, suas vendas cresceram quase mil vezes, geralmente à custa da Nike. Esta reagiu aplicando os princípios da organização de aprendizagem, ao estilo de Deming. Descentralizou a autoridade, aumentou a diversidade e diferenciou a linha de produção. A mudança de estratégia administrativa deu certo. Em dezoito meses, a empresa se estabilizou e as vendas começaram a crescer. Entre 1993 e 1997, tornaram a explodir, dessa vez de 2 bilhões de dólares para 9 bilhões.

Então a Nike foi mais uma vez surpreendida, agora graças à mídia e aos ativistas que a acusaram de explorar o trabalho infantil na fabricação de seus produtos. Isso começou a prejudicar o seu mais valioso ativo, a marca, mas lhe deu uma importante lição: não bastava monitorar os clientes *como clientes*, era preciso ir mais além. Era preciso atender às suas necessidades totais, como acionistas.

A empresa reagiu com uma campanha agressiva para melhorar as condições de trabalho e estabelecer e verificar padrões em toda a rede global de fornecedores independentes que fabricam os produtos Nike. Para os críticos, pode ser que ela continue sendo o alvo preferido dos militantes na indústria de confecções esportivas, sempre pronta para ser atacada como símbolo da globalização. Isso é o que toda marca importante deve esperar na era da militância pela Internet. Mas a capacidade adquirida de se adaptar ao *feedback* foi decisiva para que a empresa recuperasse o impulso no mercado e mantivesse a posição de liderança.

O poder de recuperação a longo prazo da Nike depende agora de sua capacidade de conservar a confiança, a lealdade e o apoio da totalidade dos grupos de interesse. Com eles, ela pode crescer, desenvolver-se e até redefinir a linha de produção quando for necessário. Pode ter sucesso na borda.

RESUMO DE CADA FASE

ADMINISTRAR A INOVAÇÃO

Na estação da inovação, a empresa é como um laboratório. O poder está ao alcance de qualquer um que tenha uma idéia promissora e a visão e o ímpeto de transformá-la num produto, num processo ou num serviço. Portanto, as lideranças se autodefinem e se selecionam.

A mais valiosa forma de capital na fase de inovação é a criatividade. A realização é motivada pela nossa visão ou pela nossa capacidade de nos devotarmos à visão do outro. O *status* provém da compreensão e da dedicação à visão ou da decisão de concretizá-la de modo bem-sucedido.

As organizações criativas geralmente ficam travadas em ciclos de criatividade que não levam a nada quando excessivas idéias e visões competem, entre si, sem que haja tempo ou concentração para ter sucesso. Isso deixa a organização girando a esmo e geralmente acaba minando sua eficácia.

Por esse motivo, a qualidade necessária à promoção da transição para a fase de crescimento é a faculdade de *selecionar bem as sementes — as idéias* com capacidade de ser bem-sucedidas — e nelas de concentrar a atenção. Muitas vezes essa disciplina é imposta de fora para dentro pelos investidores ou diretores que estão de olho no resultado futuro.

PRINCÍPIOS ADMINISTRATIVOS DA ESTAÇÃO DA INOVAÇÃO

Indicadores	*Enfoque Administrativo Típico*
• Liberdade de experimentação	• Recompensar a criatividade
• Liderança emergente	• Recompensar a iniciativa
• Equipes autoformadas	• Ensinar e recompensar a individualidade e o trabalho em equipe; desestimular o individualismo
• Suprir as necessidades sociais	• Aplicar valores fundamentais a fim de atender às necessidades sociais
• Poucos vencedores	• Distribuir amplamente as recompensas; selecionar e aumentar as inovações com potencial de mercado

ADMINISTRAR O CRESCIMENTO

Na estação do crescimento, o local de trabalho tende a ser altamente controlado. O planejamento e o "trabalho intelectual" geralmente é centralizado no topo de uma alta hierarquia. O poder tende a ficar nas mãos de autoridades designadas que impõem as regras. A mais valiosa forma de capital, nessa fase, geralmente é a física: as instalações, o equipamento, o estoque. O trabalho é relativamente intercambiável, de modo que aos trabalhadores falta força, a não ser que se unam para negociar coletivamente.

A realização numa organização maquinal é motivada pelas metas e a compensação, e o *status* corresponde ao dinheiro, ao poder e às posses. O sucesso pessoal está intimamente ligado à conformidade, à autoconfiança e à dedicação ao trabalho, uma vez que são essas as qualidades que ajudam a garantir o bom funcionamento da máquina.

Na fase de crescimento, o desenvolvimento do produto muitas vezes se concentra em fazer mais e mais depressa ou versões mais amplas ou poderosas da mesma linha básica. As casas podem ser maiores; os carros, maiores e mais velozes. As fábricas podem se tornar gigantescas e uniformes.

PRINCÍPIOS ADMINISTRATIVOS DA ESTAÇÃO DO CRESCIMENTO

Indicadores	*Enfoque Administrativo Típico*
• Crescimento rápido	• Produção agressiva
• Produção em massa	• Enfocar uma só coisa
• Padronização	• Estabelecer procedimentos rígidos
• Conformidade	• Retribuir o desempenho individual
• Organização maquinal	• Hierarquia verticalizada
• A oportunidade é mais lucrativa que a eficiência	• Investir em capital físico para a replicação em massa

ADMINISTRAR O APERFEIÇOAMENTO

Nas estações de aperfeiçoamento contínuo, o local de trabalho se parece mais com uma comunidade de aprendizagem, com um *campus* no qual as pessoas são motivadas pela capacidade de aplicar sua própria inteligência e aptidão. O poder é descentralizado. As pessoas colaboram em equipes e redes. As hierarquias são relativamente horizontais. A liderança é dos que conseguem facilitar as relações funcionais entre as equipes formais e informais de especialistas.

A forma mais valiosa de capital é a informação. Os trabalhadores a criam e a aplicam para sofisticar e aperfeiçoar continuamente os produtos e processos. A realização está no reconhecimento dos colegas. O *status* depende de como a especialidade da pessoa contribui com o sucesso da equipe.

Na organização de aprendizagem, o desenvolvimento do produto e do processo concentra-se na variedade e na qualidade. São poucos os produtos totalmente novos introduzidos; em vez disso, desenvolvem-se infinitas variantes. O *marketing* pode divergir entre os mercados de massa e os de nicho. Os principais impulsos competitivos são para diferenciar os próprios produtos e serviços, apoiar-se numa base segura de clientes e reduzir o custo por unidade.

O sucesso pessoal é uma função não da conformidade e da autoconfiança, mas da distinção e da interdependência. A principal unidade é o grupo, não o indivíduo. No grupo, as pessoas se tornam inteiras. Com o tempo, no entanto, as organizações de aprendizagem quase sempre acabam se "ossificando" em burocracias.

Para evitar a decadência, a organização de aprendizagem deve abraçar sua missão básica e seus valores essenciais, seu senso de propósito duradouro, para se orientar em períodos de mudança fundamental.

PRINCÍPIOS ADMINISTRATIVOS DA ESTAÇÃO DO APERFEIÇOAMENTO

Indicadores	*Enfoque Administrativo Típico*
• Os recursos ficam escassos	• Recompensar a eficiência
• Os mercados se diversificam e os produtos se diferenciam	• Introduzir variações de produto e serviço
• Os clientes se diferenciam	• Aperfeiçoar a personalização e o serviço
• As pessoas se individualizam (tornam-se menos parecidas)	• Recompensar a individualidade, as aptidões e os atributos singulares.
• Aumenta a interdependência	• Recompensar o trabalho de equipe
• Reorganizações contínuas — não revoluções	• Buscar aperfeiçoamento contínuo

ADMINISTRAR A ESTAÇÃO DA LIBERAÇÃO

Na fase de liberação ou decadência, a empresa é como uma floresta ou plataforma incendiada. A estrutura começa a se desintegrar. O poder é difuso e liberado. A liderança se desloca das autoridades designadas para indivíduos carismáticos, pessoas que retiram do caos um senso de propósito, clareza e certeza.

A realização é motivada pelo desejo de sobreviver ou acumular poder. O *status* e o sucesso pessoal dependem da capacidade adaptativa, da facilidade para enfrentar a mudança e da faculdade de transmitir aos outros um senso de orientação.

As mais preciosas formas de capital são os valores essenciais da empresa e a noção de missão ou propósito. Isso proporciona a estrutura que mantém a empresa e os funcionários unidos na crise.

O desenvolvimento do produto e do processo concentra-se em ter a missão e o propósito da empresa como ponto de partida e em explorar idéias inovadoras que possam refleti-los e impulsioná-los. O *marketing* procura conservar o que resta dos mercados em declínio por meio da ampla reestruturação a fim de cortar os custos e liberar o capital e, paradoxalmente, gastar livremente para identificar novas oportunidades de crescimento.

O sucesso em conduzir uma empresa da liberação para um novo ciclo de inovação e crescimento requer o compromisso total com a sua missão e o seu propósito, assim como lideranças que conquistem a confiança dos empregados, devastada pelo fogo que arde ao seu redor.

PRINCÍPIOS ADMINISTRATIVOS DA ESTAÇÃO DA LIBERAÇÃO

Indicadores	*Enfoque Administrativo Típico*
• A antiga estrutura se desintegra	• Identificar a missão, o propósito e os valores
• A diversidade declina e cresce a uniformidade	• Estabelecer uma visão comum
• Os antigos produtos e processos já não servem; deve-se desenvolver novos	• Recompensar o pensamento criativo
• O poder é liberado	• Recompensar os líderes espontâneos e os grupos de trabalho naturais
• Ocorrem a entropia acelerada e o capital retido	• Redirecionar o capital

ADMINISTRAR NA BORDA

Administrar na borda significa dominar a sobreposição de *duas* fases, o que exige que você administre *tanto* para a fase atual *quanto* para a seguinte e, no momento certo, dê o salto entre elas.

Para dar o salto que leva a empresa da inovação para o crescimento, é preciso ter a capacidade de escolher os vencedores entre as opções inovadoras do cardápio, tanto quanto a indispensável disciplina para neles concentrar a atenção.

Para dar o salto do crescimento para o aperfeiçoamento, é necessário desenvolver a capacidade de gerar variações diferentes e melhores dos produtos ou serviços essenciais da empresa, assim como a indispensável variedade de pessoal e aptidões para lançá-los do modo que for necessário.

Para dar o salto do aperfeiçoamento para a liberação e, enfim, para um novo ciclo de inovação, é preciso conhecer a missão básica e o propósito duradouro que dá vida à empresa e ter a indispensável visão para expressar essa missão de modo a seguir os planos e desempenhar o papel que todos os interessados esperam.

Um modo útil de dar todos esses passos consiste em aumentar a capacidade de reagir às mudanças do mercado total. Os dados ajudam. Os dados estão para a empresa assim como os cinco sentidos estão para os seres humanos: sistemas de *feedback* que nos aprimoram a capacidade de adaptação e de ter sucesso a longo prazo. Na era industrial, as empresas se concentraram sobretudo em dados como as vendas, a participação no mercado e os lucros — cifras da fase de crescimento. Na economia mais dinâmica da atualidade, talvez seja necessário um conjunto mais abrangente de dados, tal como descreve o quadro a seguir.

RELATÓRIO DE DESEMPENHO EMPRESARIAL: ELEMENTOS-CHAVE DE UMA ABORDAGEM ABRANGENTE

INOVAÇÃO	Missão empresarial e necessidades sociais visadas Número de protótipos ou produtos lançados Taxa de sucesso
CRESCIMENTO	Produção Vendas Participação no mercado Lucros Produtividade do trabalho Retorno do capital
APERFEIÇOAMENTO	Ecoeficiência Produtividade do recurso Taxa de qualidade/defeito Satisfação do cliente Retenção da mão-de-obra Satisfação do empregado Medição muito acima dos concorrentes
LIBERAÇÃO	Valores essenciais Missão essencial e propósito duradouro Necessidades sociais atendidas pela missão essencial Satisfação do acionista

COMO A 3M DOMINA AS QUATRO ESTAÇÕES

ELA NÃO SE LIMITA A CRIAR SEMENTES, SELECIONA AS MELHORES – AS QUE TÊM *KILLER APPS*

Inovação não significa apenas criar novas sementes. Para brotar, as sementes precisam ser plantadas e nutridas. E não quaisquer sementes, mas as certas. A 3M tem um recurso astucioso para selecionar as sementes certas, cultivá-las e aprimorá-las continuamente a fim de lhes extrair o valor pleno. Reserva tempo para que o pessoal explore as idéias interessantes e apóia-os na busca do *killer app* das mais promissoras, tomando emprestado uma expressão dos *designers* de *software*. Talvez graças a isso, um terço dos lucros da empresa provém de produtos inventados nos três ou quatro anos anteriores. Se existe uma empresa, no mundo, que entende de sustentabilidade empresarial — a capacidade de dominar as quatro fases de uma empresa viva ao mesmo tempo e, nesse meio-tempo, sentir os interesses econômicos, sociais e ambientais do conjunto da comunidade e servir a eles —, há de ser a 3M.

Ela é um "mastodonte" corporativo de cem anos, 15 bilhões de dólares e setenta mil empregados, que pode agir como uma iniciante, uma máquina de crescimento, uma organização de aprendizagem e uma burocracia excessivamente grande, tudo de uma vez. É mais uma rede de ramos semi-autônomos que uma hierarquia formal ou uma organização de aprendizagem. As unidades da 3M são dinamicamente interativas, cooperam e competem, "contratando" e "demitindo" pessoal de um projeto para outro. A coordenação não é imposta; ela surge espontaneamente.

O DNA da 3M abrange a missão da empresa e suas trinta tecnologias principais, trinta *designs* que os cientistas e engenheiros rearranjam continuamente para criar novos produtos com novas qualidades, ao ritmo de mais de um por dia.

Faz parte da filosofia da 3M assumir a responsabilidade pelo efeito de tudo quanto ela faz, não só o efeito interno, mas também o social e o ambiental. A empresa descobriu cedo que a sua razão de ser não é senão servir à sociedade: resolver os problemas e criar oportunidades. Em vez de empurrar os custos para a sociedade, a 3M procura arcar com eles. Por exemplo, a primeira plataforma da política ambiental da empresa foi "resolver os seus próprios problemas ambientais". E levou isso a sério. Foi a pioneira do movimento global da Prevenção da Poluição.

A 3M cria novas sementes por meio de inovações fundamentadas em seus valores básicos. E faz as coisas durarem. Sua competência central é o desenvolvimento de revestimento e adesivo para quase todos os usos. O esforço pelo desenvolvimento do produto é orientado por quatro valores essenciais: "Respeitar o ambiente social e físico. Satisfazer os clientes com qualidade e valor superiores. Oferecer aos investidores um retorno atraente mediante o crescimento sustentado e de alta qualidade. Ser uma empresa da qual os empregados se orgulhem".

Os relatos falam de valores mais profundos. Muitas empresas têm uma figura histórica que lhes deu uma visão e serve de fonte permanente de inspiração. A 3M tem uma — William L. McKnight, chairman de 1949 a 1966, que descentralizou a autoridade muito antes que isso ficasse na moda e recompensava os inovadores e os que assumiam riscos mesmo quando eles contestavam as prioridades internas. Chegou até a estimular os empregados a desenvolver inovações capazes de canibalizar os produtos da 3M: antes ser canibalizada pela sua própria tribo que por outra, pensava ele. As teorias administrativas de McKnight continuam sendo princípios norteadores da empresa.

Mas a 3M é uma comunidade de pessoas e, em toda a empresa, os créditos se distribuem entre centenas de pessoas dentro e fora dos limites formais da 3M. Suas histórias enfatizam as qualidades pessoais que ela incentiva: o engenho, a riqueza de recursos, a coragem de questionar e até de se opor à autoridade, a dedicação à sociedade e ao meio ambiente.

Com muita freqüência, a crise é a força que forja os valores essenciais de uma empresa e os implanta nas pessoas, nos processos e nos produtos. É bem o caso da 3M.

Para selecionar as sementes com potencial de crescimento, a 3M procura killer apps. Há muito tempo que a empresa vem tendo lucros imprevistos e escuta atentamente os clientes. Descobrindo o que eles faziam com seus produtos, a 3M constatou que podia sofisticá-los continuamente a fim de ocupar novos nichos. Entre os produtos cujo propósito foi descoberto pelos clientes está a lixa à prova de água, o Thermo-Fax™, todo tipo de fitas adesivas, fitas de áudio e de vídeo, os papéis sem carbono, os sistemas de retroprojeção e uma série de produtos médicos e odontológicos. Cada novo produto parecia criar nichos para outros, abrindo um caminho de desenvolvimento que a 3M simplesmente teve de seguir.

Com o tempo, esse caminho levou a um "sistema 3M" *de facto* que, desde então, vem sendo desenvolvido, aperfeiçoado e documentado como modelo de "*in*presariado" corporativo; Gifford e Libba Pinchot foram os pioneiros do conceito de "*in*presariado" e utilizaram a 3M como um de seus modelos empresariais.

A primeira parte do sistema 3M é o indivíduo. Em 1949, McKnight declarou que aquela era uma empresa que estimulava a desobediência produtiva. Segundo os Pinchot, sua política era a de só promover a cargos executivos as pessoas que demonstrassem coragem de desafiar a autoridade em nome de algo em que acreditavam. "Se a administração for intolerante e recorrer à crítica destrutiva quando se cometem erros, [nós] achamos que ela mata a iniciativa, e é essencial termos muita gente com iniciativa se quisermos continuar crescendo", disse McKnight.

Para formalizar essa filosofia, a 3M estabeleceu a "regra dos 15%". Os empregados podem passar 15% do tempo experimentando as idéias que lhes parecem úteis, sem ter de justificar suas decisões nem pedir a aprovação dos superiores. Essa independência nada tem a ver com o conformismo geralmente imposto para maximizar o crescimento de estilo maquinal. Dá oportunidade ao processo de especialização e diferenciação essencial à fase de aperfeiçoamento.

A segunda parte da fórmula de transferência da inovação da 3M é a equipe. A filosofia de McKnight levou à idéia de que o desenvolvimento de novos produtos devia ser incumbência de equipes formadas espontaneamente, que incluíam três especialistas: um técnico, um de *marketing* e um de fabricação. Os "*in*presários" com uma boa idéia devem recrutar pelo menos dois outros "co-conspiradores" — um de cada uma dessas três categorias — a fim de lançar a idéia. Reunindo essas três áreas, a 3M realiza o que as outras empresas geralmente deixam de realizar: seleciona e desenvolve sementes com capacidade de crescimento.

Essa é a teoria. Na prática, as equipes interdisciplinares ou unidades de desenvolvimento empresarial costumam ser usadas para desenvolver novas idéias de produtos, mas essa prática está longe de ser universal. Os produtos são inventados e desenvolvidos de todas as maneiras possíveis nas 45 divisões da empresa. Certamente é verdade que, em determinado estágio, o novo produto envolve necessariamente o *marketing* e a fabricação, contudo o processo difere conforme o produto, os inventores, as equipes de desenvolvimento e as divisões. Às vezes as idéias mais promissoras da 3M demoram anos para germinar e crescer e, para acontecer, exigem a dedicação dos defensores internos e dos agentes de mudança.

O exemplo mais conhecido é o bloco de notas Post-it. O dr. Spence Silver desenvolveu o adesivo reposicionável usado nos blocos de notas auto-adesivos Post-it — acidentalmente, o que não surpreende. Em 1968, quando procurava aperfeiçoar a adesão dos acrílicos da 3M, ele topou com um modo de *diminuir-lhe* a adesão.

Mas o que fazer com isso? Nos cinco anos seguintes, Silver ministrou seminários e teve conversas individuais com o pessoal da 3M. Surgiram alguns produtos, mas nada revolucionário. Então Art Fry, um novo pesquisador de produto, assistiu a uma de suas palestras e teve uma idéia que viria ser o *killer app* do adesivo de Silver.

Fry enfrentou a oposição interna do pessoal de operações, que achava que os Post-its seriam tecnicamente difíceis de fazer, e a dos executivos, que achavam o produto pouco promissor em termos de vendas. Os técnicos tinham razão, mas, quando os executivos iniciaram uma série de telefonemas diretos aos consumidores potenciais, tentando vender o produto, encontraram uma demanda tão grande que os desafios técnicos foram rapidamente superados. Em 1981, um ano depois de sua introdução, o bloco de notas Post-it ganhou o *status* de o Novo Produto em Destaque da empresa. Fry foi nomeado cientista da empresa em 1986.

Na sua estação de aperfeiçoamento, a 3M procura reduzir os resíduos ao máximo. Um dos instrumentos mais importantes da 3M, em sua fase de aperfeiçoamento, é o que ali é denominado 3P, ou seja, *Pagamentos de Prevenção da Poluição*. Joe Ling, conhecido mundialmente como "Mr. Prevenção da Poluição", é lendário por ter criado o programa em 1975. A idéia era reconhecer os empregados que eliminavam a poluição com economia. No primeiro ano, Ling relatou que dezenove projetos haviam eliminado 750 mil quilos de poluição com uma economia de 11 milhões de dólares.

O sucesso dos 3P foi uma inspiração, não só na 3M, mas no mundo inteiro. Vinte e cinco anos depois, 4.650 projetos dos empregados evitaram a geração de oitocentos milhões de quilos de poluição. A economia foi conservadoramente estimada em 810 milhões de dólares (a 3M só acompanha a economia do primeiro ano dos 3P).

Com o tempo, Ling expandiu os 3P para englobar o desenvolvimento sustentável. Sustentabilidade "é o mecanismo pelo qual nós nos empenhamos em obter uma qualidade de vida desejável, não só para nós, mas para todas as gerações futuras", diz ele. A fim de promover a sustentabilidade, a 3M foi uma das primeiras empresas a adotar a Administração do Ciclo de Vida (ACV), um processo que elas passaram a aplicar cada vez mais ao desenvolvimento de novos produtos a fim de reduzir os impactos ambientais. Essa administração se aplica tanto ao *design* e à manufatura quanto ao uso e ao descarte por parte do consumidor. Nos meados da década de 1990, introduziu-se a ACV nas divisões da empresa como um método voluntário. Em 2000, a política dos 3P fez com que a ACV fizesse parte do desenvolvimento de novos produtos e com que as divisões pusessem em prática um plano prioritário de aplicação da ACV aos produtos existentes.

Fechando o ciclo na questão dos resíduos, desde 1990 a 3M vem descobrindo meios de cortar 82% da poluição industrial da água, 88% das emissões orgânicas voláteis no ar, 24% dos resíduos sólidos e 35% da taxa de geração de resíduos.

A 3M impede que seus produtos principais se transformem em commodities *criando continuamente novos produtos principais.* Geralmente, quando uma empresa cria um novo produto, os imitadores a seguem no mercado. Com o tempo, a experiência moderniza a fabricação e a concorrência leva à queda dos preços e, enfim, transforma as inovações de elevada margem em *commodities* de baixa margem. A 3M evita isso constantemente criando novos produtos e variedades de produtos. Há um século que a regra dos 15% e os sistemas que impulsionam as inovações, transformando-as em veículos de crescimento, a mantêm jovem e vigorosa.

Em muitos aspectos, a 3M não é uma grande empresa realmente industrial no sentido tradicional, e não o foi na maior parte dos seus cem anos. É uma rede, uma malha, um ecossistema industrial em evolução gradual, afastando-se de suas raízes de empresa industrial consumidora, tendendo a promover o desempenho e, ao mesmo tempo, reduzir o consumo, a poluição e os resíduos.

NA BORDA ENTRE A ORDEM E O CAOS: A VISA

Será possível estruturar uma empresa para que ela prime na borda? A VISA é uma organização assim. A VISA International nada tem de tradicional. Seu CEO fundador, Dee Hock, tomou as qualidades sinérgicas dos sistemas biológicos como modelo de empresa que, segundo a sua convicção, cresceria quase por si só — desde que se conseguisse obter o *design* adequado.

A estratégia deu certo. Estruturando a VISA para crescer tal como os sistemas naturais, ele criou uma organização cujo sucesso é resultado das relações entre as empresas-membros. A VISA mudou significativamente desde a saída de Hock, mas continua sendo um modelo de negócio que cresce emulando os princípios da natureza.

Ele tinha 20 anos em 1951, quando começou a trabalhar numa pequena e vacilante empresa de financiamento ao consumidor. Poucos meses depois, o gerente se demitiu e Hock assumiu as funções. Inexperientes, ele e seus colegas de vinte e poucos anos "jogaram no lixo o manual da firma, desprezaram os mandamentos e passaram a fazer as coisas do modo como sugeria o bom senso, a situação e a engenhosidade combinados".

Passados dois anos, o negócio havia triplicado e o escritório liderava o crescimento da empresa. Naturalmente, a sede resolveu ficar de olho e instituiu controles sobre os jovens renegados.

Depois de anos de batalha com a burocracia, Hock foi contratado pelo National Bank of Commerce e, posteriormente, levado pelo diretor, Maxwell Carlson, a chefiar uma acelerada campanha de noventa dias para lançar um cartão de crédito conjunto com o Bank of America. O empreendimento não tardou a se expandir e a abranger um consórcio regional de bancos, todos os quais precisavam de um sistema de cartão interbancário que fosse financeiramente seguro e de uso fácil pelo cliente. "De repente, como um diamante na terra, lá estava ela", diz Hock. "A necessidade de um novo conceito de organização e um suporte precário no qual se apoiar para fazer a tentativa."

Hock se propôs a inventar a indústria do cartão de crédito interbancário. Como era impossível fazer tal coisa sozinho, pôs-se a procurar um modelo empresarial bem-sucedido que emular. Encontrou-o na biologia. "O truque do organismo biológico num meio cambiante é [...] cada uma de suas partes assumir uma forma útil para a evolução do todo. Isso também vale para as empresas", decidiu.

Foi o que o levou a desenvolver o conceito de **organizações caórdicas.** *Caórdico* é um termo cunhado por Hock para designar organizações sempre na borda entre a ordem e o caos. Elas têm a ordem rigidamente estruturada da máquina de crescimento, o aperfeiçoamento contínuo da empresa em desenvolvimento e o livre caos da organização criativa. Na opinião de Hock, os ecossistemas sadios sempre são caórdicos. Assim como as empresas sadias.

Seu grupo de trabalho empenhou-se em conceber o propósito e os princípios fundamentais da organização. Por exemplo, ela seria propriedade conjunta de todos os participantes. Cada um deles teria direitos e obrigações equitativos. O poder distribuir-se-ia tão amplamente quanto possível. A empresa deveria induzir a mudança, não impô-la. E seria infinitamente maleável, embora extremamente durável.

Unidos, os pequenos bancos que Hock representava passaram a ter um poder de barganha maior que o do Bank of America, o dono da franquia do BankAmericard. E o B of A, que anteriormente se opunha à estrutura da empresa, acabou cedendo. Em 1970, nascia a VISA International, sendo Dee Hock o CEO e fundador.

Atualmente, três quartos de um bilhão de pessoas usam o cartão VISA para fazer quatorze bilhões de transações, produzindo um volume anual de 1,25 trilhão de dólares — o maior bloco isolado de poder de compra do consumidor do mundo.

O que levou a Visa ao sucesso? Hock enfatiza que o primeiro passo consiste em ter o *design* apropriado: o propósito, os princípios, o conceito. Sua equipe concebeu um objetivo e princípios que atraíram um amplo séquito de bancos e instituições financeiras. Isso lhes deu uma vantagem combinada para vencer a oposição do maior banco da cidade, o Bank of America, e conquistar o mercado nos seus próprios termos.

Depois, eles conseguiram montar a estrutura certa: uma organização altamente descentralizada, com a autoridade e a responsabilidade amplamente distribuídas entre as partes. Os membros não eram coagidos a cooperar; pelo contrário, estruturavam-se os incentivos de modo que cada parte satisfizesse seus próprios interesses satisfazendo o do todo.

Em conseqüência, ninguém era realmente o chefe da VISA. Ninguém precisava ser. A empresa se auto-organizava a partir das ações não controladas de todos os seus membros, que auto-regulavam suas atividades a fim de atender tanto a si próprios quanto ao conjunto da organização.

A CAORD – UM MODELO EMPRESARIAL QUE LUCRA POR MEIO DA SINERGIA

Depois de anos construindo a VISA, Hock começou a refletir mais profundamente acerca dos princípios de base sistêmica que levaram ao sucesso da empresa. Indagou como seria possível aplicá-los para fazer avançar uma revolução empresarial que derrubasse a forma maquinal.

Ele estava convencido de que, em uma economia em rápida mudança, as estruturas empresariais tradicionais não eram nem econômica nem ambientalmente sustentáveis. "Nossas atuais formas de organização são quase universalmente baseadas no comportamento obrigatório [...] A organização do futuro há de incorporar a *comunidade* com base num *propósito comum* que apele para as *mais elevadas aspirações das pessoas.*"

O modelo de Hock de organização que lucra criando ganho líquido é o que se denomina *caórdico*. A caord é "qualquer organismo, organização, comunidade ou sistema adaptável, não-linear e complexo, que se organiza e se governa — seja ele físico, biológico ou social — e cujo comportamento combina harmoniosamente características tanto do caos quanto da ordem". Seu comportamento "não é governado nem explicado pelas regras que governam ou explicam suas partes constituintes".

A antiga abordagem para elaborar o *design* de uma empresa consiste em começar pelo produto e retroceder: Definir a Prática — o que a empresa vai fazer —, depois a Estrutura — como ela será controlada e administrada. Então o Pessoal e os Princípios — quem será contratado e que convicções e princípios se espera que os orientem. Nesse modelo, o Propósito da empresa é, na melhor das hipóteses, uma idéia *a posteriori*.

O *design* organizacional caórdico vira a sabedoria tradicional de ponta-cabeça. Começa pelo Propósito empresarial — algo de importância vital que há de motivar as pessoas a se unirem e a acreditarem na empresa. A seguir, passa-se para os Princípios, o Pessoal, o Conceito e, enfim, para a Estrutura e a Prática.

Em muitos aspectos, a organização caórdica de Hock se desenvolve do modo pelo qual os próprios sistemas vivos da natureza se desenvolvem, seguindo padrões de sucessão.

OS SEIS PASSOS DE UMA EMPRESA CAÓRDICA

Propósito: uma declaração de intenções clara e simples, uma realização digna que identifica e vincula a comunidade. Pode ser o padronizado "nós faremos bons produtos e daremos um retorno saudável aos nossos acionistas", propõe Hock. Deve calar tão fundo nas pessoas que elas possam dizer — com convicção — que "se *nós* conseguirmos isso, *a minha* vida terá sentido".

Princípios: os valores comportamentais e as aspirações da comunidade — como o conjunto e todas as partes pretendem se orientar na busca do propósito. Aqui se incluem os princípios estruturais, como "todos os sócios terão participação igual na propriedade", e os práticos, como "nós respeitaremos a diversidadc das comunidades que atendemos". Os princípios não falam em meios, só em fins. Não são normativos — são o *quê*, não o *como*.

Pessoal e Organizações: O número e a variedade do pessoal e das organizações a serem envolvidas com a gestão, a propriedade, as recompensas, os direitos e as obrigações. Aqui a empresa precisa do requisito variedade para refletir plenamente as demandas do meio e enfrentar todo e qualquer desafio que surgir.

Conceito: O "animal" — as relações organizacionais entre as partes que levarão ao todo mais eficaz. É aqui que muitos esforços fracassam, diz Hock. Por quê? As pessoas recaem no velho, no familiar, nos modelos normativos de empresa que contradizem o propósito e os princípios anteriormente definidos.

Estrutura: Uma vez concebidos o propósito, os princípios, o pessoal e o conceito, nada impedirá o grupo de tentar erigir a empresa. Agora ele terá a introvisão e a inspiração para desenvolver sua estrutura — uma descrição detalhada do conceito, por escrito, capaz de formar a base dos contratos legais. A estrutura inclui detalhes de elegibilidade, propriedade, votação e métodos de governança.

Prática: Tudo, até aqui, é o que a empresa *é*. A prática é o que ela *faz*. São as ações de todos os participantes em atividade dentro da estrutura, perseguindo um propósito comum, de acordo com os princípios — ações essas viabilizadas e motivadas por incentivos que supram as necessidades das partes à medida que fazem que o conjunto avance.

Seis passos nem sempre seqüenciais, muitas vezes sobrepostos, sempre caóticos, mas alicerçados na ordem. A chave é ter o propósito e os princípios certos. Estando certo, esse *design* essencial atrairá inevitavelmente as pessoas e os recursos necessários. Se então ele for capaz de refletir plenamente o seu mercado, se contar com o requisito variedade para refletir as necessidades internas que lhe cabe satisfazer e os desafios que tem de enfrentar externamente, o "lucro se transforma num cachorro latindo e pedindo para entrar", diz Hock.

PRINCÍPIOS ADMINISTRATIVOS E PRÁTICAS DAS QUATRO ESTAÇÕES DA EMPRESA

Estratégia	*Fase 1* *Inovação*	*Fase 2* *Crescimento*	*Fase 3* *Aperfeiçoamento*	*Fase 4* *Liberação*
A empresa é como	Um Laboratório	Uma Máquina	Um *Campus*	Uma Floresta Incendiada
O lucro vem	Da Inovação	Da Replicação	Da Diferenciação: eficiência, variedade, qualidade	Da identidade básica: uma missão e um senso de propósito duradouro
O poder é	De quem o pegar	Centralizado e com hierarquia verticalizada	Rede/hierarquia horizontal descentralizada	Liberado
A liderança	É autodefinida	São as autoridades designadas que impõem as regras	São os facilitadores capazes de administrar as pessoas em equipes	Os carismáticos
A forma mais valiosa de capital é	O *design*	Física	O *design* aplicado para redefinir o antigo capital físico	A missão e os valores fundamentais que abrem do caos para a ordem
A realização é motivada	Pela visão	Pelas metas e a compensação	Pelo reconhecimento e o apreço	Pelo desejo de sobreviver
O *status* provém	Do sucesso pela inovação	Do que eu tenho: meu dinheiro e meu poder	Do que eu faço: minha especialidade e como ela beneficia a equipe	Da capacidade de transmitir conforto e certeza aos incertos
P e D centrados em	Criar novos produtos e processos	Como fazer mais, maior e mais depressa	Sofisticar, aperfeiçoar e diferenciar os produtos e processos existentes	Missão e valores para orientar uma fase criativa
A estratégia de desenvolvimento do produto é	Matéria nova	Mais matéria	Matéria diferente e melhor	Estar aberto a nova matéria que reflita os seus valores

Estratégia	*Fase 1* *Inovação*	*Fase 2* *Crescimento*	*Fase 3* *Aperfeiçoamento*	*Fase 4* *Liberação*
A estratégia de sobrevivência pessoal é	Espírito empreendedor	Conformismo, autoconfiança muito trabalho	Especialidades, trabalho de equipe trabalho inteligente	Adaptabilidade, liderança
O enfoque do *marketing* é	Experimentar coisas, ver o que dá certo	Enfoque único, mercado de massa	Enfoque múltiplo, nichos do mercado	Novo enfoque, novo mercado
Sucessão na borda: que qualidade é essencial à transição para a próxima fase?	A capacidade de escolher os vencedores e de neles se concentrar	A capacidade de criar variações diferentes e melhores quando o mercado o exige: *o requisito diversidade*	A capacidade de inventar uma empresa inteiramente nova a partir da velha *Uma missão organizacional e valores*	A capacidade de vencer em meio ao caos e de usar o poder liberado pela mudança *Um senso de Identidade — missão e propósito de perdurar*

CAPÍTULO NOVE

Novos Instrumentos e Novos Valores

LIÇÃO NOVE: REUNIR OS INSTRUMENTOS PARA LEVAR A CABO OS DOIS PLANOS: O INTERIOR E O EXTERIOR

NA FLORESTA TROPICAL, a vida floresce quando conta com instrumentos para implementar seu plano interior — que está na semente de todo ser vivo — e para adaptar-se ao plano exterior — definido pelo meio ambiente.

NA ECONOMIA, a empresa também precisa de instrumentos para implementar seu plano interior e se adaptar ao meio ambiente total.

VENDO QUE o pára-quedas de Bill não se abria, nós nos pusemos a avaliar a natureza do planejamento e a refletir sobre o curioso fato de nossos planos tantas vezes se alterarem diante de circunstâncias novas. Por exemplo, a queda livre de Bill em pleno ar era não o resultado de um, e sim a convergência de dois planos muito diferentes. O dele era de desacelerar a queda, conseguir aterrissar suavemente e reunir-se a Tachi e aos outros colegas a fim de explorar a floresta tropical. Já o da natureza parecia ser o de jogá-lo com toda força *dentro* da mata, de um modo que imporia novas mudanças aos nossos planos.

Para levar a cabo o plano de Bill, não o da natureza, nós precisávamos de instrumentos. Os pára-quedas. Os pára-quedas de emergência. As mãos e os braços que usaríamos para soltá-los. E principalmente a sabedoria de usá-los de modo a conter a natureza, alinhar-lhe os planos aos nossos e descer em segurança.

NA FLORESTA

O PRIMEIRO PLANO ESTÁ NA PRÓPRIA SEMENTE; O SEGUNDO, NO MEIO AMBIENTE

A monstera é um dos motivos pelos quais a mata tropical tem aparência de selva. Trata-se de uma trepadeira comprida e muito fina que abre caminho em toda a floresta; ao brotar no chão, dá a impressão de que olha à sua volta e trata de correr para a maior árvore das redondezas. Uma vez atingido o alvo, muda subitamente de direção e, usando o tronco como apoio, trepa na árvore até atravessar a copa, no alto da mata, subindo diretamente rumo à luz solar. Depois disso, pára de se deslocar e, ao que tudo indica, contenta-se em simplesmente ficar engordando na morada que obteve na juventude.

Por que a monstera, ao acabar de brotar no solo e novata na floresta tropical, "procura" a maior árvore do meio ambiente? Como ela "sabe", mesmo a uma grande distância, onde encontrar a mais alta de todas? A seguir, como "decide" que chegou a hora de parar de crescer na direção dessa árvore, mudar de rumo e começar a subir em busca do sol?

O plano da monstera está inscrito em seus genes. Embora a maioria das plantas cresça instintivamente na direção da luz, a monstera é incapaz disso. Sendo uma trepadeira, carece de suporte estrutural para crescer rumo ao céu. Tampouco pode simplesmente prender-se a qualquer árvore próxima na esperança de colher a luz solar: são escassas as chances de encontrar uma que seja suficientemente alta para isso.

De modo que essa trepadeira está programada para adotar uma estratégia diferente. Primeiro, executa o Plano Interno A, "crescer rumo à escuridão" — especificamente, na direção dos lugares mais sombrios da mata, ou seja, na direção das bases das árvores mais altas. Depois, tendo ela encontrado essa árvore, entra em cena o Plano Interno B: "crescer o mais depressa possível, árvore acima, em busca da luz". Seu comportamento se altera e a monstera começa a subir.

Na floresta tropical e na vida, porém, nada ocorre exatamente como queria o nosso plano interno inicial. Este deve ser transvazado mediante um segundo plano, o externo, imposto pelas condições ambientais. No caso da monstera, tal plano é constituído pelos nutrientes da colônia ou dos arredores, pelas condições do lugar em que ela brota na superfície do solo, pela locação e a distância a percorrer até o ponto mais escuro, pela altura da árvore nesse ponto, pelo efeito de milhares de animais e plantas que também disputam o espaço e os recursos, além de muitos outros fatores.

Assim, a monstera também está codificada com certa capacidade de alterar seus planos. Somente se tiver a necessária variedade de instrumentos e táticas para se adaptar a cada obstáculo é que consegue sobreviver.

Neste caso, para que planejar se os fatores impõem invariavelmente uma mudança de direção? Porque sem plano nenhum, a monstera nunca seria capaz de se adaptar à mudança e abrir caminho até o sol. Para chegar ao seu destino, tem de seguir esse plano, não alheia ao meio ambiente, mas reagindo cabalmente a ele.

NA EMPRESA

NOVOS INSTRUMENTOS E NOVOS VALORES

Na antiga economia industrial, as empresas e os consumidores utilizavam máquinas que aceleravam a produção e espalhavam a riqueza, consumindo no processo enormes volumes de recursos do planeta. Era como se cada ganho econômico significasse mais uma árvore derrubada, mais um barril de petróleo extraído da terra, mais uma tonelada de carbono a poluir o ar. Muita gente acabou acreditando que o bem-estar econômico exige que os recursos sejam consumidos além dos níveis sustentáveis.

Isso não surpreende. Toda espécie pioneira cresce principalmente graças ao consumo irrestrito dos recursos disponíveis. Mas o reino das pioneiras, como o de todos os tipos de espécies, é temporário. Não se pode consumir eternamente a conta bancária global de capital ecológico. Sempre chega o momento em que é preciso criar valor para repô-lo. Sem isso, não são apenas as plantas e os animais que correm risco. Também as pessoas e as empresas são espécies ameaçadas de extinção.

Na economia emergente, as empresas estão assimilando algumas idéias simples. Toda poluição e todo resíduo são lucro perdido. Todo valor e todo lucro são criados pelo *design*. As empresas podem consumir o lucro à maneira antiga — simplesmente retirando recursos *físicos* da natureza e, nesse meio-tempo, destruindo-a incrementalmente. Mas também podem criar lucro de modo novo: imitando os padrões, os princípios e as idéias da natureza, aprendendo com ela a criar valor sustentavelmente.

Em 1994, nós fizemos uma excursão nas matas tropicais de Bornéu. Lá começamos a aprender os princípios utilizados pela natureza para criar valor sustentavelmente. Em dezembro de 1995, reunimos sessenta lideranças empresariais em Aspen, Colorado, e formamos a Future 500. Esta é uma rede global de empresas líderes cuja missão é aplicar os princípios da natureza a fim de melhorar o desempenho e a sustentabilidade. Nossa meta é cultivar empresas e uma economia em que o desempenho econômico, o social e o ambiental se correlacionem positivamente e em que todo ganho em lucro gere igualmente um ganho social e ambiental. Tomando a floresta tropical como modelo, nós buscamos aplicar esses princípios mediante instrumentos que qualquer empresa pode utilizar a fim de se tornar mais lucrativa e mais sustentável.

Rejeitando o antigo modelo maquinal, encaramos a empresa como um ecossistema vivo. Diagramamos o ecossistema empresarial como um conjunto de cinco sistemas aninhados, representado por círculos concêntricos, sendo que cada um deles significa uma das esferas do ecossistema. O círculo menor representa o propósito duradouro da empresa e as lideranças encarregadas de realizá-lo. Esse núcleo se aninha no local de trabalho da empresa, na comunidade, no mercado e no meio ambiente. Cada esfera é interdependente, transcende e, ao mesmo tempo, inclui as esferas dentro dela. Para prosperar, a empresa deve servir não só ao núcleo, mas a cada animal da rede. O *feedback* ajuda a sintonizar gradualmente os interesses próprios a outros mais amplos.

Tradicionalmente, o *design* dos instrumentos de gestão, contabilidade e comunicações visa refletir o modelo maquinal de empresa. Para aplicar esses instrumentos ao novo modelo, nós recrutamos especialistas familiarizados tanto com o modelo tradicional quanto com o emergente. Muitos já haviam começado a redesenhar os instrumentos estabelecidos de administração, contabilidade e comunicações a fim de aplicar mais efetivamente os princípios dos sistemas vivos.

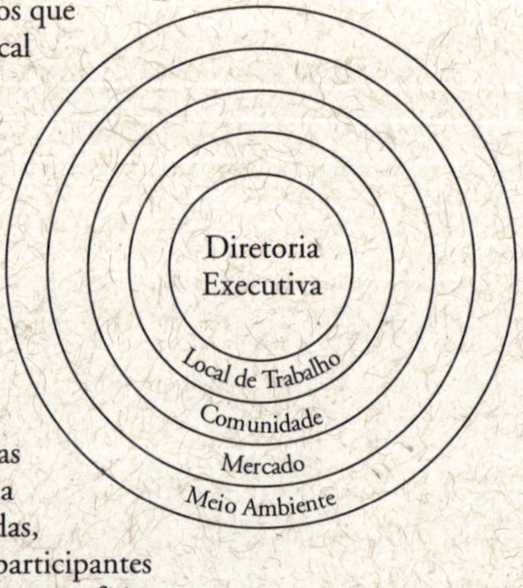

O Ecossistema Empresarial: As empresas são ecossistemas vivos, aninhados no interior de uma série de outros ecossistemas vivos, cada qual mais complexo e abrangente que o anterior. Imagine-os como cinco círculos concêntricos que correspondem à Diretoria Executiva, ao Local de Trabalho, à Comunidade, ao Mercado e ao Meio Ambiente. O círculo central, Diretoria Executiva, é o código genético da empresa — sua missão, seus valores e as prioridades dos acionistas. O Local de Trabalho inclui os empregados e as políticas e práticas trabalhistas. A Comunidade inclui as comunidades físicas dentro das quais operam as instalações da empresa. O Mercado é o conjunto mais amplo de comunidades físicas e de outro tipo no qual ele se estende — sua cadeia de fornecedores e as partes interessadas, assim como as comunidades políticas e de participantes que ele afeta. O Meio Ambiente inclui os recursos físicos e os sistemas vivos do qual ela retira recursos físicos e no qual deposita produtos e resíduos. Juntas, essas cinco camadas formam a rede que sustenta a empresa desde que esta a sustente.

Por exemplo, aplicando os princípios de *feedback*, a Deloitte & Touche forneceu instrumentos de contabilidade capazes de rastrear os custos nas cinco esferas do ecossistema empresarial. Aplicando os princípios da sucessão, Dee Hock, o fundador da VISA, e o especialista em renovação empresarial David Hurst ofereceram instrumentos de administração projetados para maximizar o desempenho nas quatro fases do ciclo de vida empresarial. A fim de criar valor pelo *design*, a naturalista Janine Benyus mostrou-nos como a natureza evolui para processos e produtos que geram valor não com materiais perigosos, mas com um *design* elegante e favorável à vida. Para estabelecer o contato em todo o ecossistema empresarial, a Manning Selvage & Lee forneceu instrumentos de comunicações que ajudam a garantir que todos os níveis do ecossistema empresarial se apóiem reciprocamente.

Nós unimos dois amplos tipos de empresa para desenvolver e testar os instrumentos práticos. O primeiro grupo abrangia os conglomerados líderes que ingressaram na Future 500 a fim de utilizar esses instrumentos, como a Coca-Cola, a Coors, a Ford, a Mitsubishi, a Nike e a Weyerhaeuser. O segundo englobava firmas concentradas no desenvolvimento dos próprios instrumentos. Entre elas figuravam empresas de consultoria e tecnologia como a Deloitte & Touche, a Hewlett-Packard, a Manning Selvage & Lee, a Pitney Bowes, a ERM, a Det Norski Veritas, a WSP e a Ecostream. Esse grupo passou a ser conhecido como a Future 500 Corporate Accountability Practice ou CAP [Prática de responsabilidade empresarial].

FORNECEDORES DE INSTRUMENTOS DA FUTURE 500 (LISTA PARCIAL)

Deloitte & Touche	*Contabilidade e Seguro*
Det Norski Veritas	*Certificação e Verificação*
Ecospring	*Nova Mídia*
ERM	*Administração Ambiental*
Global Futures	*Administração de Conflitos e Parceria de Grupos de Interesse*
Hewlett-Packard *e-Services,*	*E-Inclusão Mundial*
Manning Selvage & Lee	*Comunicação*
Pitney Bowes	*Gestão de Documentação*
WSP	*Engenharia; Administração Ambiental*

Para que as empresas dispusessem de instrumentos para melhorar o desempenho, nós desenvolvemos um "*kit* de instrumentos": os de contabilidade e seguro de empresas como a Deloitte & Touche; os de comunicação da Manning Selvage & Lee e da Ecostream; os de eficiência da H-P e da Pitney Bowes; os de planejamento da Global Futures, da E-Square, da ERM, da WSP e outras. Mediante oficinas, manuais, consultas, conferências anuais e até mesmo viagens à floresta tropical, começamos a disseminar esses instrumentos nas empresas-membros. Na tabela a seguir, há exemplos de *kits* de instrumentos. Os instrumentos adicionais acham-se no Apêndice, na página da Internet da Future 500 e em diversos manuais empresariais para os membros da Future 500.

Alguns deles podem ser aplicados de modo geral a praticamente qualquer unidade de qualquer empresa. Outros foram projetados para suprir necessidades específicas. Por exemplo, o CAP Audit forneceu um instantâneo abrangente dos impactos de uma empresa nas cinco camadas, da diretoria executiva ao local de trabalho e ao meio ambiente, oferecendo-lhe um rol de coisas a fazer para aumentar o valor e cortar os custos em todas elas. O CAP Scan inventariou problemas ou oportunidades específicos e gerou uma lista de soluções possíveis. O CAP Plan detalhou passo a passo o modo de implementar as constatações da auditoria e do escaneamento. E a Série de Oficinas CAP da Future 500, *O que a floresta tropical nos ensinou*, transmitiu os princípios, os métodos de gestão e os instrumentos de que as empresas podem se servir para lucrar sustentavelmente.

As empresas ligadas à Future 500 utilizam esses e outros instrumentos para criar valor de quatro modos diversos, cada qual correspondente a uma das diferentes fases ou estações da empresa. A primeira é a ruptura inovadora, a fase de criação. Na primavera, milhares de sementes brotam na floresta. Cada uma delas é como uma idéia à espera das condições ambientais perfeitas para crescer. Na empresa, é possível estimular as fases de inovação com o uso de instrumentos como a *biomimética*, de que empresas como a British Telecom lançaram mão para criar modos inovadores de auxiliar as pessoas a se comunicarem. Ou por intermédio da regra dos 15% da 3M, que motiva os empregados a criarem um fluxo constante de possíveis novos produtos, alguns dos quais acabam tendo um significativo potencial de mercado.

A segunda maneira pela qual a natureza cria valor verifica-se na estação de crescimento. Mediante o crescimento, ela *replica* as sementes que melhor satisfazem suas necessidades imediatas. Toma um *design* valioso, inscrito no código químico ou genético de suas criações, e o reproduz muitas e muitas vezes, multiplicando-lhe o valor embutido. Corporações como a H-P, a Intel e a Mitsubishi Electric fazem a mesma coisa com o *microchip* e o *software*. Em vez

O *KIT* DE INSTRUMENTOS CAP DA FUTURE 500

Tópico	***Especialista***
Resumos gerais:	
O que a floresta tropical nos ensinou	Tachi Kiuchi e Bill Shireman
Ecologia industrial	A Future 500
Desenvolvendo capacidades fundamentais	
Contabilidade e mensuração	Deloitte & Touche
Gestão	David Hurst
Administração caórdica	Dee Hock
Planejamento estratégico	Cate Gable
Engenharia	WSP
Comunicações	Manning Selvage & Lee
Conjuntos de soluções e disciplinas especializadas:	
Biomimética	Janine Benyus
Tecnologias de E-Solutions	Hewlett-Packard
Gestão da documentação	Pitney Bowes
Certificação e verificação	Det Norski Veritas
Desenvolvimento organizacional	ERM
Coalizões de causa de poder	Manning Selvage & Lee
Liderança	American Renaissance
Tecnologia verde	Joel Makower
Ativismo empresarial	Doug Ivey, Anita Burke
Legislação e regulamentação com base no mercado	Global Futures e WSP
Solução de conflitos	Global Futures
Instrumentos de Planejamento e Avaliação:	
CAP Audit (abrangente)	empresas CAP
CAP Scan (direcionado)	empresas CAP
CAP Plan	empresas CAP

de extrair e usar um recurso escasso como o petróleo, tomam um recurso abundante como a areia e nele inscrevem o valor correto.

Seguindo o exemplo, numerosas empresas da Future 500 utilizam o CAP Scan para realçar os *designs* valiosos de produtos e processos e criar estratégias para replicá-los em toda a empresa ou comunidade. Por exemplo, uma grande fabricante de refrigerantes usou um instrumento anterior de CAP Scan para identificar possíveis sistemas de ruptura inovadora no fornecimento de bebidas, consumindo apenas uma fração dos recursos atualmente exigidos. A Procter & Gamble serviu-se do CAP Scan para identificar uma política pública que criasse incentivos positivos à redução da demanda de embalagens e de custos e a replicou com sucesso em comunidades de toda a Califórnia.

O terceiro modo pelo qual a natureza cria valor é por meio do aperfeiçoamento contínuo. Nas ocasiões em que escasseiam a luz solar, a água e os minerais, a floresta reage com a adaptação. As espécies sofisticam e aprimoram seu *design* a fim de se ajustar mais perfeitamente às condições ambientais. Tornam-se mais especializadas e eficientes e, à medida que o fazem, as conexões que vinculam todas as espécies a todas as outras formam uma rede mais complexa.

A Coca-Cola, a Coors, a Mitsubishi Electric e a Nike empenharam-se em pôr em prática esse princípio. Recorrendo ao CAP Scan para identificar oportunidades de lucro inexploradas, desenvolveram *menus* de opções por meio dos quais conseguem mensurar seu triplo desempenho fundamental, cortar o custo, economizar material e energia, reduzir a embalagem e reagir mais aos grupos de interesse. A Future 500 e a Organização Asiática de Produtividade estão co-editando um rol abrangente de instrumentos de mensuração extraídos de sua experiência e da de outros.

A quarta maneira pela qual a natureza cria valor é pela decadência e a liberação, que abrem espaço para a inovação por intermédio de destrutivos processos de desagregação. Na mata, o fogo queima e remove a madeira morta, libera recursos e permite à luz do Sol alcançar as colônias que passaram muito tempo à sombra das espécies outrora dominantes.

A CAP Audit é um abrangente instrumento de aprendizado a que as empresas da Future 500 recorrem para remover sua própria lenha inútil de modo que os grupos de interesse não o façam por elas. A auditoria é projetada para oferecer *feedback* por meio de 108 dados do espectro completo dos grupos de interesse da empresa: a direção, o local de trabalho, a comunidade, o mercado e o meio ambiente. Dá destaque às oportunidades de negócio e sinaliza os riscos capazes de impor custos via litígio, regulamentação ou conflito com os grupos de interesse. Identifica o capital atrelado a práticas desatualizadas ou custosas e permite à empresa redirecionar-se para empreendimentos mais lucrativos. Em vez de criar uma nova estrutura de mensuração e prestação de contas, integra elementos das estruturas existentes, como o Índice Dow Jones de Sustentabilidade, o Índice Social Domini e a Iniciativa de Relatório Global.

Hoje em dia, a economia industrial maquinal está entrando no seu inverno. As empresas que no passado dominaram a Fortune 500 têm duas opções. Ou se adaptam, criam o valor sustentabilidade e aprendem a primar no futuro, ou declinam e se deixam consumir pelas chamas da mudança que abrem a economia para a inovação e o crescimento. Nós acreditamos que, sem aplicar os princípios da natureza a fim de dar vida às empresas, a Fortune 500 não terá futuro. Trabalhando juntos, todos podemos tê-lo.

ALÉM DOS INSTRUMENTOS: OS VALORES

Nenhum sistema físico há de crescer eternamente. Querendo ou não, a era industrial e seu crescimento exponencial em extração e dissipação de recursos chegarão ao fim. Com eles, é bem provável que termine o domínio do modelo maquinal de empresa.

Sem embargo, muitos receiam que isso seja pouco e ocorra tarde demais. Acreditam que nós violamos de tal modo os limites da natureza que é inevitável uma mudança difícil, draconiana até.

Pode ser verdade. Quando se reprimem os pequenos incêndios na floresta, a tendência é surgirem outros muito maiores. Quando se reprimem as pequenas mudanças numa empresa ou numa economia, pode ser que haja pressão e venha a ser necessário transpor certos limiares. Quando se inibe o *feedback* acerca dos impactos ecológico ou social, é possível que a mudança dolorosa nos seja imposta pela força.

Quanto tempo demorará para que o *feedback* leve à adaptação? Muitos crêem que a industrialização é uma força de tal modo poderosa e de tal modo resistente à mudança que dizimará a floresta cultural global muito antes de sofrer a influência do *feedback* ecológico ou social. Temem que a diversidade cultural seja substituída pela monocultura materialista ocidental, despojando a terra da variedade cultural imprescindível ao nosso sustento a longo prazo.

Também pode ser verdade. Se a industrialização se disseminar no mundo sem se ajustar ao *feedback* cultural, é possível que sofra o revide das forças culturais que se sentirem ameaçadas pela sua propagação.

Mas também é possível um outro resultado. Se aprendermos a aplicar os princípios da natureza às empresas — se usarmos os instrumentos para nos adaptarmos mais prontamente ao *feedback* —, podemos iniciar a transição para um modelo com capacidade ainda maior de nos apoiar, sustentar e nutrir: a empresa como um sistema vivo, a economia como uma floresta tropical.

Os instrumentos acima podem ajudar a abrandar a transição. Mas será que esses instrumentos simples têm deveras o poder de dar vida a uma empresa ou economia maquinal? Muitos duvidam. Acham que a transição para a próxima economia exigirá uma transformação total dos valores.

O analista de mercado e sociólogo Paul Ray identificou um grupo cultural que geralmente adota essa visão. Em 1996, publicou um estudo afirmando que uma cultura inteiramente nova está surgindo entre nós e trazendo consigo uma nova tábua de valores. Denominou o grupo "criativos culturais", pois, em sua opinião, eles estavam criando ativamente uma nova cultura. A descoberta de um novo segmento de consumidores virou notícia nos círculos de *marketing*. "Nada melhor que os valores para prever o comportamento real", diz Ray. Isso significa que, quando os valores das pessoas mudam, mudam também as práticas aquisitivas, de modo que se desenvolvem novas oportunidades de negócio.

Os tradicionais, cerca de 29% da população norte-americana adulta, são o que Ray chama de "interioranos". Atraídos por imagens de vilarejos com igrejinhas, eles acreditam no antiquado "sonho americano". Em geral, consideram-se religiosos e tendem a ser conservadores.

Os modernos, aproximadamente 47% da população dos Estados Unidos, são dominantes na nossa cultura. Vêem o mundo "pelo filtro da revista *Time*", afirma o sociólogo. Inclinam-se a valores de sucesso pessoal, consumismo, materialismo, racionalismo e tecnologia. Em geral, consideram-se seculares e tendem a ser liberais ou libertários.

Os criativos culturais, algo em torno de 24% da população americana adulta, interessam-se pela diversidade das culturas, das idéias e das convicções e, geralmente, preferem as viagens e a experiência ao consumismo. Têm preocupações sociais e ambientais, exprimem uma profunda aspiração por significado e conexão humana. Costumam considerar-se mais espiritualistas que religiosos ou seculares e tendem a ser liberais.

"Embora numerosos, os criativos culturais inclinam-se a acreditar que pouca gente compartilha os seus valores", explica Ray. Isso se deve em parte ao fato de sua visão de mundo divergir da corrente principal surgida com a expansão industrial da década de 1960, quando menos de 4% da população dos Estados Unidos figurava entre os criativos culturais.

Segundo o sociólogo, com o advento da Internet, estes passaram a se encontrar e a construir sua comunidade no ciberespaço. "Cresceram em número, chegando a constituir um quarto da população, *sem nenhuma consciência mútua*. Em sua maioria, tendem a se acreditar muito sozinhos. Se os criativos culturais tivessem consciência de si — como uma alternativa para a corrente principal da cultura modernista e também como 44 milhões de almas, um quarto da população norte-americana —, seguir-se-ia um grande resultado: todo e qualquer dispositivo que lhes permita comunicar-se entre si acelerará a mudança social. O uso dos serviços *on-line* pode ser um desses dispositivos de comunicação. Mudanças maravilhosas são possíveis desde que as sinergias se tornem evidentes, e nós começamos a concriar uma imagem viável e positiva do futuro, e tanto mais se deixarmos de agir como uma platéia e começarmos a atuar como uma comunidade."

Algum desses três sistemas de valores é "mais certo" ou "melhor"? Um deles triunfará sobre os demais à medida que a era industrial for dando lugar à economia da informação? Não exatamente. Os especialistas dizem que não é assim que os valores evoluem.

Os valores refletem as necessidades sociais. Os de uma sociedade refletem suas convicções a respeito das qualidades que servem para sustentá-la. Toda estrutura econômica tem um sistema de valores próprio. O professor japonês de economia Taiichi Sakaiya diz que todas as pessoas têm o que ele batizou de "impulso empático", por meio do qual valorizam o que há de mais abundante em sua cultura.

Assim, acredita ele, nas economias agrícolas, nas quais a terra e o trabalho são copiosos, os valores se inclinam para o acúmulo de terra e de mão-de-obra. Têm *status* aqueles que possuem grandes propriedades e um grande número de empregados. Nas economias industriais, nas quais as máquinas criam a abundância de coisas materiais, as pessoas se tornam naturalmente materialistas. *Status* têm os que gozam do maior acúmulo de coisas. Nas economias da informação, nas quais é o conhecimento o que mais abunda, as pessoas passam a apreciar o valor intrínseco do conhecimento. Sakaiya sugere que o *status* é dos mais instruídos e experientes.

Porém, mais nem sempre é melhor. Com o tempo, as culturas se saturam dos benefícios daquilo que é mais copioso. Declina o valor incremental de ter cada vez mais. Elas começam a sentir que "o suficiente basta". A satisfação que tiveram com o primeiro hectare de terra, com o primeiro conjunto de bens materiais ou com o primeiro ramo de especialidade já não é tão grande com o segundo, o décimo ou o centésimo.

Movidas pelo desejo de uma vida melhor, as pessoas reagem de duas maneiras ao que os economistas designam declínio do retorno marginal. Ou intensificam o esforço na tentativa de extrair cada vez mais o que outrora mais valia, esperando que a quantidade crescente supere o declínio dos ganhos incrementais; ou passam a valorizar algo diferente. Assim, saturadas de bens materiais, é possível que elas, paradoxalmente, insistam em buscar ainda mais, num ritmo mais rápido que nunca. Também é possível que decidam que o custo dessa estratégia é excessivamente elevado para os benefícios marginais que oferece e se ponham a buscar algo diferente. Essas duas estratégias — mais *versus* diferente — mostram por que a cultura às vezes dá a impressão de seguir dois rumos ao mesmo tempo, sendo que alguns aprofundam seu compromisso com os antigos valores e outros começam a desenvolver um conjunto totalmente novo.

Na opinião de Sakaiya, o mundo industrial está à margem do que ele denomina "revolução do valor conhecimento". O nosso sistema de valores, antes centrado na aquisição material, está mudando. À medida que a prosperidade aumenta e as recompensas pelo consumo adicional para os já afluentes tendem a declinar a zero, estamos começando a reduzir o nosso apego a essas fontes de riqueza. Conforme a informação cresce em abundância, desviamos os valores para o acúmulo de conhecimento e, talvez, para o desenvolvimento da sabedoria.

Todavia esses "valores do conhecimento" não removerão os sistemas de valores precedentes. Se emergirem em formas sadias, *transcenderão e incluirão* os outros.

À proporção que as culturas reagem ao *feedback* desencadeado pelas condições cambiantes, seus sistemas de valores vão se tornando mais complexos. Exatamente como uma floresta simples torna-se mais diversa conforme as sucessivas ondas de vegetais e animais definem novos nichos, as culturas se enriquecem e diversificam à medida que se adaptam às sucessivas ondas de mudança.

Acaso uma sociedade pode conservar vários sistemas de valores distintos ao mesmo tempo? Isso é inerente ao processo de desenvolvimento cultural. As culturas são formadas pelo surgimento de sistemas de valores em resposta às condições de vida, afirma Don Edward Beck, fundador do Instituto de Valores e Cultura. E não devem ser encaradas como tipos rígidos, com características permanentes, acrescenta. Pelo contrário, avançam e recuam, progridem e regridem, e têm a capacidade de apoiar-se em novos patamares de complexidade quando surgem desafios ou oportunidades. Tal como a cebola, elas vão formando camadas, umas sobre as outras. Conquanto as culturas mais avançadas tenham mais camadas, não existe um estado final, um destino último, um paraíso utópico no qual triunfe o melhor sistema de valores. Cada estágio é o prelúdio do seguinte e do seguinte e do seguinte. Os sucessivos sistemas de valores jamais substituem completamente os predecessores. Como diz o destacado filósofo Ken Wilber, cada novo estágio cultural "transcende e inclui" todos os precedentes.

Beck desenvolveu um modelo mais abrangente de valores e cultura. Identificou pelo menos oito sistemas diferentes de valores humanos. As culturas tendem a evoluir através desses estágios, um após outro. No desenvolvimento sadio, esses sistemas de valores não entram numa competição destrutiva. Aliás, toda vez que uma cultura faz uma transição saudável, seu novo estágio transcende e inclui o anterior. Entretanto, se um novo estágio deixar de incluir os precedentes, o surgimento de sistemas de valores mais complexos ameaça desestabilizar a totalidade da cultura.

Essa necessidade tanto de transcender quanto de incluir os estágios culturais anteriores é essencial às transições pacíficas e à sustentabilidade cultural. A sociedade que busca impor novos valores *no lugar* dos antigos arrisca debilitar inadvertidamente os seus fundamentos, promover o conflito e criar condições para o colapso. Mas se ampliar os valores tradicionais acrescentando novos aos fundamentos dos tradicionais, tem a possibilidade de cultivar uma cultura mais complexa e duradoura.

No primeiro dos oito estágios dos valores de Beck, os seres humanos apreciam unicamente o que lhes assegura a *sobrevivência* imediata. O modo de pensar é instintivo. A identidade, exclusivamente física. A organização social limita-se a pequenos grupos que vagueiam juntos.

No segundo estágio, as pessoas valorizam o ritual. O modo de pensar é supersticioso. Temem-se as forças misteriosas da natureza. A identidade é principalmente tribal. A organização social, os clãs ou tribos que se apóiam em vínculos familiares.

No terceiro estágio, o que se valoriza é a força e o domínio. À medida que se tornam mais fortes, certos clãs se valem da violência para unificar os outros em grupos étnicos. O modo de pensar é impulsivo. Acredita-se que o poder dá razão. A identidade é sobretudo étnica. A organização social, direcionada para a construção de impérios étnicos controlados pelo mais forte. Só se atinge a estabilidade depois de assegurada a identidade e a coesão do grupo étnico.

No quarto estágio, valoriza-se a ordem e a segurança. Quando a brutalidade e o caos desses impérios agressivos se torna insuportável, surgem as grandes religiões mundiais. O modo de pensar é moral. As pessoas têm juízos absolutos a respeito do certo e do errado. Acreditam que a injustiça nesta vida será compensada no outro mundo. A identidade é principalmente religiosa. A organização social, voltada para a construção de estados religiosos fundados em códigos de conduta comuns. É o estágio que dominou a Europa na Idade Média: o predecessor dos "tradicionais" de Ray.

No quinto, o valorizado é o sucesso individual. À medida que a rigidez dos estados religiosos vai se tornando um fardo, as pessoas se libertam dos códigos de conduta socialmente impostos. Passam a emergir como indivíduos distintos. Esse é o estágio das liberdades individuais e dos direitos humanos. O modo de pensar é racional e estratégico. Aprende-se o pensamento analítico, a ciência, e procura-se usar as leis da natureza. A concorrência promove a excelência e recompensa os indivíduos excepcionais com riqueza material. A identidade é principalmente individual e nacional. A organização social orienta-se para a construção de estados empresariais. É o estágio que dominou o Iluminismo e a era industrial. Corresponde aos "modernos" de Ray.

No sexto estágio, as pessoas valorizam a experiência subjetiva. Uma vez alcançado certo grau de satisfação material, a maioria começa a sentir que falta algo. Passa a procurar significado e a desenvolver mais sensibilidade pelos outros. Na versão sadia desse estágio, o modo de pensar é sensível e relacional.

A identidade, principalmente individual e global. A organização social, redes baseadas em valores que buscam influenciar as instituições existentes a fim de criar as sementes das novas. Esse estágio corresponde aos "criativos culturais" de Ray. Nele, os ativistas às vezes são chamados de "verdes".

Mas as boas intenções dos verdes fracassam quase invariavelmente porque, segundo Beck, sua abordagem inicial é reativa. Frustrados com o lento progresso da mudança social, muitos deles tornam-se reativa e virulentamente antimaterialistas e anti-hierárquicos. Em vez de construir o novo e aperfeiçoar o velho, geralmente buscam destruir as estruturas religiosas e empresariais existentes, assim como os valores que as apóiam. Ao tentar transcender sem incluir, os verdes não só não conseguem transcender como arriscam criar condições para a regressão.

Todo sistema de valores tem aspectos positivos e negativos. Todos aumentam as capacidades humanas, no entanto, a todos falta algo — algo que é parcialmente suprido pelos outros sistemas de valores. Coisa que os defensores de sistemas de valores específicos raramente reconhecem. Eles tendem a ficar demasiado envolvidos com seus valores imediatos e muitas vezes perdem de vista os valores importantes dos estágios precedentes. Isso cria uma mentalidade "nós contra eles" e uma postura militarizada que se concentra na identificação e na destruição dos inimigos.

No sétimo estágio, um número reduzido de pessoas — menos que 3% dos norte-americanos na atualidade — tomam consciência e dão um salto rumo ao que Beck denomina uma "segunda camada" de sistema de valores. Nesse estágio é que surge pela primeira vez a capacidade de aceitar e colaborar com múltiplos sistemas de valores. Todos os anteriores estão representados. O modo de pensar é *sistêmico*, centrado nas relações entre os indivíduos, as culturas e a natureza. A identidade se expande para incluir o progresso da humanidade em todos os estágios de desenvolvimento. Quando esse modo de pensar se tornar mais influente, sugere Beck, a organização social começará a integrar as estruturas dos diversos estágios.

No oitavo, um número ainda menor — menos de 0,5% dos norte-americanos — dá outro salto para um sistema de valores ainda mais integrado. Nesse estágio, aumenta a capacidade de trabalhar com múltiplos sistemas de valores. Cada um dos estágios de valores anteriores está mais plena e compativelmente representado. O modo de pensar é *holístico*, enfoca conjuntos de relações ainda mais complexos. A identidade continua a se expandir. Quando esse estágio se tornar influente, a organização social passará a harmonizar mais cabalmente as estruturas dos estágios anteriores.

O que torna a Cultura "Sustentável"?

Don Edward Beck sugere um "Índice de Cultura-S" para mensurar várias sociedades e culturas nessas dimensões. E propõe que as Culturas Sustentáveis:

- Desenvolvem, propagam e atualizam uma visão convincente, um senso de propósito transcendente e uma série de metas superiores a fim de criar uma causa comum para uma cultura complexa. Enfocam a saúde sistêmica e o bem-estar, não as iniciativas isoladas e as soluções rápidas.
- Adotam a dinâmica evolucionista e reconhecem que o centro de gravidade da cultura mudará à medida que as condições de existência se alterarem no meio, seja progressiva, seja regressivamente.
- Aceitam que a tensão dinâmica faz parte da própria vida e aprenderam a diferenciar o conflito destrutivo do construtivo.
- Disseminam a autoconfiança e a tomada de decisão responsável em todos os níveis, em todas as funções e em todas as questões.
- Entrelaçam quatro pontos essenciais — propósito, lucro, gente e planeta — e compreendem que, para sustentar qualquer um deles, é preciso ter sucesso também nos outros três.
- Desenvolvem um senso de individualidade coletiva à medida que ambas as coisas são vistas como combinações e razões cíclicas, não extremos ou pólos.
- Respeitam o cronograma passado-presente-futuro e encaram cada um como um elemento do fluxo constante da natureza.
- Lidam com causas e sintomas de modo simultâneo e interdependente.
- Têm a capacidade de se renovar sempre que as condições de existência criarem uma complexidade maior do que as reações disponíveis podem administrar.
- Contemplam os domínios econômico, político, social, ambiental, espiritual e educacional de modo integral.
- Transmitem seus códigos culturais à geração atual e, ao mesmo tempo, preparam a juventude para condições diferentes no futuro próximo ou distante.
- Transcendem e incluem os modos anteriores de ser, sempre antecipando o devenir, vivendo assim em sistemas abertos.

Para criar e sustentar uma Cultura-S com capacidade, poder de recuperação e visão para sobreviver e prosperar, Beck indica quatro ações necessárias. Primeiro, compreender a dinâmica que impulsiona a mudança na cultura e nos sistemas vivos. Segundo, monitorar os sinais vitais. Terceiro, implementar políticas integrais a fim de promover a saúde e a sustentabilidade culturais. Quarto, empregar meios hábeis de aumentar a adaptabilidade.

É possível que surja uma nova cultura em reação às novas condições de vida — ambientais e culturais — que acabamos de descrever?

Se, como sugere Beck, as culturas emergem em resposta às condições de vida, não deixa de ser plausível a idéia de que, conseqüentemente, os valores mudam. Mas não há de ser — aliás, não pode ser — pela transformação violenta que muitos verdes antecipam. Uma cultura sadia e sustentável não pode rejeitar os antigos estágios em favor do novo sem solapar seus próprios fundamentos.

Como as culturas evoluem de um conjunto de valores para o seguinte? Drexel Sprecher desenvolveu uma abordagem pioneira da liderança e da dinâmica de renovação e desenvolvimento. Ele sugere que nenhuma cultura consegue substituir seus valores de uma hora para outra. O ritmo natural de desenvolvimento equilibra o progresso e a estabilidade culturais. Como todos os sistemas vivos, as culturas progridem rumo a estágios de desenvolvimento mais avançados pelas quatro fases de renovação. As lideranças eficazes precisam compreender a diferença entre os estágios de desenvolvimento e as fases de renovação para acelerar a difusão dos novos valores.

Como propusemos, as culturas evoluem por estágios. Estes são progressivos e direcionais como os degraus de uma escada. Os novos representam marcos distintos num caminho de desenvolvimento, cada qual mais rico e mais abrangente que o predecessor. Em cada um deles surgem novas aspirações, novas perspectivas, novas idéias morais, novas promessas e novos perigos. Todo novo estágio de desenvolvimento cultural inicialmente parece representar o supremo fim humano. Paradoxalmente, ao atingir o nível superior de realização, torna-se apenas um passo no caminho de fins ainda mais elevados.

As quatro fases de renovação representam o processo pelo qual os novos valores se difundem na cultura, substituindo gradualmente uma parcela cada vez maior dos antigos. As fases são cíclicas e recorrentes, como as da Lua ou as estações do ano. São os meios pelos quais os indivíduos e as culturas progridem por estágios.

Na primeira delas, a do *despertar*, que tem muitas características do surgimento de novas espécies na natureza e da ruptura inovadora na tecnologia, um reduzido número de indivíduos, em alguns nichos culturais, despertam para essas novas aspirações à medida que vão reconhecendo os benefícios intrínsecos das novas possibilidades. Outros despertam ao sentir que as aspirações vigentes oferecem benefícios marginais decrescentes e custo marginal crescente.

Na segunda fase, a do *crescimento*, os novos valores dos que despertaram crescem e se disseminam rapidamente, como os estrategistas-r num campo aberto. Os defensores dos novos valores geralmente esperam que eles destituam e substituam rapidamente os sistemas anteriores. No entanto, invariavelmente, descobrem que os novos valores entram em conflito com os precedentes. Nesse novo estágio, os indivíduos vêem as liberdades recém-adquiridas e sua identidade expandida como um progresso moral. Os que se acham em estágios mais atrasados encaram a rejeição pelas normas estabelecidas como decadência moral. Os valores mais novos podem estabelecer nichos que ocupam o território dos antigos. Então ocorre uma reação. Os defensores do velho protegem seu território e convocam à restauração dos valores antigos. É o momento em que a cultura dá a impressão de estar se movendo em duas direções ao mesmo tempo.

Esse conflito estilhaça o consenso existente quanto aos valores. O custo acumulado do conflito exaure os recursos, reduz a confiança cultural e erode as instituições estabelecidas. Por fim, uma crise institucional exige um novo consenso.

Na terceira fase, a da *reestruturação*, que tem muitas características do aperfeiçoamento contínuo, um novo consenso se cristaliza e proporciona os princípios organizacionais da reestruturação das grandes e importantes instituições. Como só uma parte da população adota verdadeiramente os novos valores, o consenso reflete invariavelmente uma acomodação imperfeita dos que sustentam os novos valores aos que preconizam os velhos.

À medida que se vão erigindo novas instituições, o novo consenso passa a transformar os antigos valores. Seus aspectos vão abrindo caminho na cultura e transformando gradualmente o modo de vida das pessoas. As mais apegadas aos valores antigos começam a interpretar e interiorizar os novos dentro dos limites do estágio de desenvolvimento em que se acham.

Na quarta fase, a do *declínio*, a cultura goza dos benefícios dos novos valores e instituições. Grande parte das aspirações que iniciaram o despertar foi atendida. Cai o valor marginal de ter mais. Os custos aumentam. Ainda que as novas instituições pareçam estáveis, certas pessoas já começam a questionar a legitimidade dos valores que as criaram. É mais uma ocasião em que a cultura pode parecer deslocar-se em duas direções ao mesmo tempo.

Por fim, o consenso sobre valores começa a erodir-se. Ocorre uma crise de legitimidade. O cenário está pronto para um novo despertar.

Nas quatro fases de renovação, os indivíduos e as culturas lançam os fundamentos dos futuros estágios de desenvolvimento, os quais então avançam pelas mesmas quatro fases desde um ponto de partida superior. Sprecher chama esse processo recorrente de *longa onda cultural*. Todo estágio de valores emerge e passa a dominar numa série dessas ondas. A cada uma delas, os novos valores vão se encravando mais profundamente no tecido da cultura.

Quando uma longa onda se propaga na cultura, muitos indivíduos começam a se transformar. Alguns avançam para o estágio seguinte. Outros obtêm introvisões do novo estágio e permanecem no que estão. Uns poucos, que se sentem profundamente ameaçados, regridem para o anterior. O número de indivíduos nos estágios novos aumenta e o dos que se encontram nos mais antigos declina. Os inovadores de ontem transformam-se nos progressistas de hoje; e os progressistas de hoje, nos reacionários de amanhã.

A cada onda cultural, os valores novos conquistam cada vez mais espaço nos nichos culturais e institucionais dos antigos, até encontrar um território que não podem ocupar. No momento em que um novo estágio consegue dominar, já está começando a surgir a borda de outro ainda mais avançado. Essa infusão gradual de novos valores garante uma estabilidade dinâmica que tende a se autocorrigir. Embora fatos adversos por vezes levem uma cultura a regredir durante algum tempo, a direção do desenvolvimento a longo prazo permanece clara. O centro de gravidade da cultura transfere-se de valores mais fundamentais, como a segurança, para outros mais significativos, como a busca da felicidade.

Em toda a história, uma onda portadora de novos valores culturais inaugurou cada uma das grandes vagas de civilização — a agrícola, a industrial e a da informação. Foram necessários vários milênios e incontáveis ondas culturais para que os valores religiosos e a civilização agrícola se tornassem dominantes. Passaram-se mais de cinco séculos e pelo menos cinco grandes ondas culturais para que os valores seculares da civilização industrial estabelecessem o seu domínio. Agora estamos vivendo a primeira onda que os levará a um novo estágio. Será necessária uma série de ondas para que este venha ser o dominante.

Por que é tão importante distinguir estágios de fases? Quando uma onda varre a cultura, traz consigo as qualidades de estágios superiores, primeiro como uma pioneira invasora, depois como um dominador maduro. É tentador concluir que os valores mais antigos são estrategistas-r imaturos; e os novos, maduros estrategistas-K. Por exemplo, as lideranças empresariais geralmente supõem que os valores da economia de mercado são necessariamente mais avançados que os da cultura agrícola ou caçadora-coletora. Isso é confundir estágios de desenvolvimento com fases de renovação. Há estrategistas-r e estrategistas-K em todos os estágios de desenvolvimento. Um novo estágio de valores é mais avançado, ainda que menos maduro que o dominante. As lideranças que não enxergam essa distinção estão fadadas a perder as oportunidades de acelerar a difusão dos novos valores.

À medida que progridem para estágios superiores de desenvolvimento, os indivíduos e as culturas transcendem gradualmente a idéia de que as formas e papéis culturais herdados das comunidades étnicas ou religiosas são necessariamente a favor da moralidade e da bondade. Conforme vão se libertando dessas formas concretas, eles tendem a saber apreciar e proteger os outros, estranhos às suas próprias comunidades. A aspiração a maiores liberdades pessoais e a um senso expandido de responsabilidade começa a se desenvolver em harmonia.

Nos estágios superiores de desenvolvimento, além dos tradicionais, dos modernos e dos verdes, um reduzido número de indivíduos transcende o apego aos valores de determinados estágios, assim como a formas culturais e institucionais particulares. Passam a ter um grande apreço pela experiência e pelas perspectivas das pessoas de todos os estágios. E adquirem a capacidade de distinguir as formas culturais e institucionais dos estágios de valores que as engendraram. Sua nova perspectiva permite-lhes enxergar mais profundamente a sua própria cultura e as demais.

Sprecher sugere que as lideranças dotadas dessa rara capacidade têm o potencial de orquestrar os conflitos culturais de modo a levar a melhores instituições e a mais harmonia cultural. Embora muitos conflitos dessa natureza pareçam ser choques entre formas culturais, são na maior parte dos casos embates entre estágios de valores. As lideranças que apreciam a experiência e a perspectiva dos diferentes estágios estão mais bem preparadas para criar uma síntese genuína dos valores colidentes. Podem ajudar as pessoas a encontrarem contextos comuns, que englobem valores de diferentes estágios, e a conciliarem as diferenças entre as formas culturais e institucionais conflitantes.

As lideranças atuais têm uma excelente oportunidade de moldar o entrechoque dos valores novos com os velhos na fase de crescimento. O consenso e os princípios organizacionais gerados por esse conflito são decisivos para a qualidade das novas instituições que finalmente resultarão do despertar. Se tal consenso refletir uma síntese genuína de valores novos e velhos, maximizando o benefício daqueles e minimizando a ameaça destes, as instituições comuns tenderão a funcionar bem. Se os fatos impuserem um consenso antes que se chegue a uma síntese, o resultado pode ser pouco mais que uma pequena trégua, com nichos culturais e institucionais divididos entre o velho e o novo e baseados no poder dos diferentes interesses, não no bem do conjunto. As lideranças capazes de descobrir contextos comuns e sustentar a tensão criativa entre os valores conflitantes aperfeiçoarão suas perspectivas de síntese.

Mesmo depois que o consenso social se houver cristalizado e os princípios organizacionais estiverem definidos, as lideranças continuarão tendo oportunidades de moldar o rumo do desenvolvimento das instituições na fase de reestruturação. As novas instituições devem assimilar e acomodar aqueles que não tiverem passado pela mesma transformação interior. As lideranças que apreciam e adotam a experiência das pessoas dos estágios mais antigos estarão mais capacitadas para compartilhar as introvisões do novo de modo a fazer com que o velho consiga apreciá-los. Semelhante abordagem auxiliará os que conservam antigos valores a se adaptarem aos novos e até a abri-los para a possibilidade de transformação. Então as lideranças serão capazes de administrar a tensão entre valores novos e velhos de modo a acelerar a difusão daqueles e realizar a melhor integração de uns e outros.

Quais são as implicações da liderança global? Sprecher acha que as lideranças devem ter a capacidade de sintonizar-se com o ritmo de desenvolvimento e de colaborar com as forças da mudança. Devem reverberar a experiência das pessoas em todos os estágios de desenvolvimento, sintetizar múltiplas visões do desenvolvimento mundial numa visão única e abrangente e articular metas igualmente abrangentes em termos que as pessoas de todos os estágios consigam apreciar. Trabalhar com as forças da mudança, não contra elas, esse é o grande teste da liderança.

Os que, como os criativos culturais, advogam os valores verdes ainda não passaram pelo teste da liderança, diz Sprecher. Muitos desconhecem o processo pelo qual os novos valores se difundem e são integrados. Imaginam que o mundo será atropelado por uma transformação cultural maciça que o despertará para os limites do materialismo e levará a todos de uma vez ao *seu próprio estágio* de desenvolvimento. O conhecimento da dinâmica dos estágios de desenvolvimento revela que isso não ocorrerá. Os novos valores não se afirmam vencendo os antigos, e sim estendendo-se e erigindo-se sobre eles. A tentativa de forçar uma comunidade global impondo um conjunto global de valores está condenada ao fracasso.

Quando surge um novo estágio de valores, os preconizadores dos diferentes estágios geralmente se polarizam. Aqueles que superaram um conjunto de valores tendem a advogar outro, esquecendo-se de que todo estágio de desenvolvimento é o alicerce no qual se arrima o seguinte.

A primeira onda de militância verde adotou uma abordagem mais reativa que transformacional de suas metas sociais. Muitos confundem a idéia de uma hierarquia desenvolvimentista de valores com as opressivas hierarquias de poder. Tendo percebido corretamente que a industrialização ultrapassou os limites a longo prazo, eles declararam uma guerra política. No lugar de transcender e incluir os estágios de valores anteriores, adotam a postura moral e a estratégia política de satanizá-los, desconstruí-los e descartá-los a fim de limpar a paisagem cultural de modo que ela possa ser povoada por sua própria espécie de verdade. Ao se opor a uma forma de monocultura global, muitos pregam impulsivamente a sua destruição e substituição por outra. Ora, essa atitude de terra arrasada reflete a tática dos estrategistas-r do fundamentalismo religioso e do fundamentalismo do mercado que eles criticam.

A imagem da transformação cultural global e a da negação dos estágios de desenvolvimento geralmente se combinam para impulsionar uma oposição implacável à globalização. Muitos ativistas verdes opõem resistência a todas as formas de globalização porque acham que esta centralizará o controle do mercado global nas mãos de um pequeno número de conglomerados ou nações e imporá uma cultura mundial uniforme, modelada na industrialização ocidental.

Mas a globalização não precisa tomar essa forma altamente centralizada. A oposição destrutiva à globalização tem conseqüências. Geralmente cega os militantes para a verdadeira necessidade de desenvolvimento dos três bilhões de seres humanos do mundo em desenvolvimento, retarda o desenvolvimento de vias mais ecológicas de globalização e mina sua oportunidade de ter uma influência positiva no curso do desenvolvimento.

É fácil, principalmente na nossa confortável posição de vantagem no mundo industrializado, apontar para o malefício causado pelo materialismo, para a acelerada depleção dos recursos físicos e rejeitar esses valores como fundamentalmente nocivos. Mas, por paradoxal que seja, é preciso justamente adotá-los e transcendê-los para atingir os objetivos culturais e ecológicos da visão de mundo verde.

No mundo em desenvolvimento, muitas nações carecem de conforto material. Sem abastecimento estável de alimento, água, habitação, sem transporte e comunicações modernos, não podem sequer imaginar as aspirações transaquisitivas que começam a emergir na parte industrializada do planeta. Coisas como qualidade de vida e direitos humanos universais não passam de abstrações longínquas para uma família que simplesmente luta para sobreviver.

No Terceiro Mundo, as pessoas exigem e merecem o mesmo nível de conforto físico de que gozam os países industrializados. Enquanto não o adquirirem, a sustentabilidade será impossível. No entanto, se tentarem conquistá-lo do modo como o conquistou o mundo industrial — por meio de vasta aquisição material —, também fracassarão. O impulso de seis milhões de pessoas a viverem a versão atual da afluência esgotará a capacidade da Terra de sustentar a população.

Todos os sistemas crescem até chegar aos limites, e um deles é o ecológico. A exaustão dos recursos dos caçadores-coletores foi um dos limites que impeliram a inovação da agricultura. O esgotamento dos recursos da civilização agrícola foi um dos limites que propulsionaram a inovação da industrialização. Ao celebrar os valores das civilizações caçadoras-coletoras ou agrícolas, a visão de mundo dos verdes por vezes os alça a uma categoria moral superior à da industrial.

Isso pode degenerar facilmente na rejeição cabal de tudo quanto a industrialização oferece, tanto do bom quanto do ruim. Sublimar essas culturas e opor-se ao que pode transformá-las priva-as da oportunidade de se desenvolverem e do direito de participarem plenamente da comunidade mundial. Tentar transcender o estágio industrial pelo abandono do seu valioso legado de conhecimento, aptidões e instituições de mercado arrisca destituir bilhões de seres humanos da oportunidade de alcançar o conforto material e desenvolver inteiramente a comunidade mundial e dela participar.

Outra conseqüência da visão de mundo polarizada de muitos verdes é a cegueira para outras questões globais. Imersos no conflito entre capitalismo secular e ambientalismo, os militantes verdes não percebem que, na maior parte do mundo, o conflito básico da nossa época é entre o capitalismo e o fundamentalismo tribal, étnico e religioso. Combatendo no extremo avançado do desenvolvimento, os verdes podem acabar confundindo com a sua a causa desses fundamentalistas do extremo retrógrado.

Isso cria um perigo potencial. Para os fundamentalistas de uma cultura, é grande a tentação de se alinhar aos de outra. Os pioneiros do setor mais avançado têm em comum com os reacionários da ala atrasada a oposição ao sistema de valores dominante. Ao formar uma ampla aliança antiindustrial, no esforço de destruir o inimigo comum, arriscam suprimir as diferenças ainda mais fundamentais que os separam. E, se essa aliança for bem-sucedida em sua meta, talvez eles acabem descobrindo que destruíram o próprio fundamento necessário para a preservação ou o avanço de seus próprios valores culturais. Não há como saltar dos valores patriarcais para o feminismo e o multiculturalismo sem valores materiais. É gigantesco o abismo que separa os valores dos verdes dos cultivados pelos fundamentalistas.

Formar uma coalizão de pré-industriais e pós-industriais contra o estágio industrial torna o mundo vulnerável aos fundamentalismos étnicos, religiosos ou quaisquer outros. Se destruirmos a possibilidade de os outros povos obterem os benefícios do bem-estar material, teremos de conviver mais tempo com o fundamentalismo, e isso significa que viveremos, necessariamente, muito mais tempo sem pensamento — ou ação — ecológico global.

A gravidade desse erro ficou claramente ilustrada no dia 11 de setembro de 2001, quando uma agressão terrorista destruiu o World Trade Center e boa parte do Pentágono no ataque estrangeiro mais devastador da história em território norte-americano. Os patrocinadores da catástrofe — rígidos fundamentalistas convencidos de que seu sistema de valores estava ameaçado — desvirtuaram a antiga religião do Islã, usando-a como pretexto para perpetrar um mal extraordinário. O alvo dessa agressão foi a liberdade e o materialismo. Ironicamente, seus instrumentos eram tecnologias produzidas pelos mesmos valores que eles condenavam.

Isso foi possível porque a tecnologia expande o poder mais depressa que a sabedoria, encolhendo a distância física entre as culturas mais rapidamente que a visão de mundo da maioria das pessoas consegue expandir-se para adotá-la. Os fundamentalistas religiosos usam a televisão e a Internet para promover seus valores. Os fundamentalistas étnicos recorrem à tecnologia militar para impor os deles. Embora a conexão tecnológica do mundo possibilite compartir a informação, não garante que se compartam valores e muito menos que se crie uma cultura mundial.

Em todo o mundo em desenvolvimento, um reduzido número de pessoas na vanguarda do desenvolvimento reconhece a necessidade de uma identidade mais global. Muitos lutam para expandir a identidade além dos horizontes tradicionais de suas culturas. No entanto, o tipo de mudança de identidade que ocorre quando estão surgindo novos valores é profundamente ameaçador, principalmente nas culturas com antigas identidades étnicas ou religiosas. Convém recordar que, antes da Guerra de Secessão, os Estados Unidos eram mais uma coleção de Estados que uma nação. Um dos resultados da transição de Estado para uma identidade nacional foi o conflito mais sangrento da nossa história. Os estrategistas-r abolicionistas acabaram com a escravidão, mas tornaram quase impossível a reconstrução do Sul depois da guerra. A transição vindoura da identidade nacional para a global pode ser ainda mais violenta, principalmente nas culturas com identidade étnica e religiosa.

A transição será pacífica? Só se aprendermos as lições do desenvolvimento.

Uma ou outra forma de globalização econômica é inevitável em termos de desenvolvimento, movida pelo despertar de aspirações econômicas combinadas com os avanços da tecnologia de comunicações globais, observa Sprecher. Com grande parte do mundo a aspirar à prosperidade, é necessária a difusão global da liberdade e da oportunidade econômica antes que as culturas étnicas e religiosas tenham flexibilidade bastante para que se desenvolva um senso de identidade global ampliada. Os mercados são o melhor meio de disseminar tais ideais nas culturas étnicas e religiosas porque a introdução da liberdade de mercado as ameaça menos que a da liberdade cultural. A combinação de liberdade e oportunidade com os mercados também oferece benefícios concretos capazes de começar a expandir a identidade. A experiência dos intercâmbios no mercado e da melhora do padrão de vida cria vínculos ali onde o étnico e o religioso separam, reduz a hostilidade e promove a tolerância.

Neste caso, o que fazer contra a ameaça de uma monocultura industrial mundial? Sprecher propõe que se distinga a globalização dos valores de liberdade e oportunidade econômica da globalização de instituições particulares, de culturas e produtos empresarias. Adotar esses valores e, ao mesmo tempo, estimular uma miríade de formas concorrentes maximizará a diversidade e a escolha.

Apenas bloquear a propagação dos mercados não protegerá as características singulares das culturas pré-industriais. Pelo contrário, bloquear o *feedback* do mundo em transformação não fará senão paralisar-lhes o desenvolvimento. Isso pode levar ao equivalente cultural da madeira seca na floresta, criando condições para uma destruição incendiária.

Tragicamente, a orientação reativa dos militantes verdes geralmente os impede de dar as contribuições positivas de que são capazes. Os defensores dos valores verdes têm sido muito menos eficazes, na transformação dos mercados globais, do que os preconizadores dos valores de mercado na transformação das culturas étnicas e religiosas.

Uma abordagem transformativa, por parte dos militantes verdes, seria colaborar com as forças da mudança, não simplesmente lutar contra elas. Assim como a tecnologia da informação está transformando o setor industrial e até como este vem transformando o setor agrícola, os valores verdes podem transformar os valores de mercado e inclusive o modo como estes transformam as culturas étnicas e religiosas. Isso possibilitará à globalização tomar uma forma mais esclarecida, capaz de preservar tanto a natureza quanto as culturas.

Um uso eficaz dos valores verdes seria adotar os mercados de forma mais diversificada, ecológica, de modo a promover a tecnologia verde e, então, auxiliar a modernidade a envolver e transformar o mundo pré-industrial. É perfeitamente possível transfigurar a economia e satisfazer as necessidades materiais com tecnologia verde, sem obrigar o mundo a adotar valores verdes.

A economia da floresta tropical, na qual a informação e a tecnologia verde reduzem radicalmente a necessidade de recursos físicos, não requer uma transformação cultural global. A economia baseada nos princípios da natureza pode gerar ganhos Fator 10 ou ganhos maiores em produtividade de recurso: muito mais valor a muito menor custo econômico e ambiental. Essa economia viva gera valor não só mediante a conformidade e o consumo, mas pela diversidade e o *design*, primeiramente unindo as idéias, as coisas e as pessoas em combinações sinérgicas que criam valor de ruptura inovadora, a seguir, produzindo ganhos contínuos em eficiência, qualidade e variedade. Seu recurso essencial — a informação — é abundante, de modo que pode ser amplamente distribuído. Ela é sinérgica, portanto valoriza-se à medida que é usada. Incentiva a cooperação já que o meu ganho é seu e o seu é meu. Desagrega as concentrações de poder, primeiro descentralizando este último, depois, distribuindo-o mais completamente no nível individual ou local. E é praticamente impossível possuí-la: é demasiado permeável para ser agarrada e, se você tiver algum sucesso nisso, ela perde valor proporcionalmente à força com que a agarra. E nada disso exige uma cultura global nem uma transformação global dos valores.

Sprecher sugere que, muito embora a cultura global não seja possível num futuro previsível, a *civilização* global já está ao nosso alcance. Em vez de um conjunto comum de valores, a civilização global exigirá um conjunto comum de instituições capazes de integrar os diferentes sistemas de valores que são o resultado inevitável do desenvolvimento humano e da renovação cultural. Essas instituições terão de refrear a desordem e desenvolver o potencial. Precisarão estruturar e administrar as tensões entre a responsabilidade global e a autonomia local. E terão de mediar os conflitos entre as culturas de modo que cada uma delas se desenvolva no seu próprio ritmo, sem interferência e sem prejudicar os que estão fora de suas fronteiras.

A civilização global também exigirá lideranças com a capacidade integrativa que surge no estágio de desenvolvimento além da visão de mundo verde. As lideranças globais terão de apreciar a importância de uma variedade de formas culturais, dando expressão diversa a cada sistema de valores emergente à medida que ele percorre o mundo. Precisarão contar com a faculdade de trabalhar com a dinâmica dos diferentes estágios do desenvolvimento cultural e com as quatro fases da renovação cultural. E precisarão ser tanto arquitetas quanto jardineiras, com visão para projetar instituições comuns e sensibilidade para lhes dar vida, nutrindo outras lideranças em todos os estágios de desenvolvimento.

RUMO À CIVILIZAÇÃO GLOBAL

Na nossa opinião, o mais promissor é o fato de os valores de diferentes estágios de desenvolvimento e uma miríade de formas culturais encontrarem-se na borda e entrelaçarem-se para criar uma rica civilização global tão diversificada, em termos humanos, quanto é a mata tropical em população vegetal e animal.

Muitos consideram esse encontro na borda a própria prescrição de um casamento difícil. Os ambientalistas e as lideranças empresariais, por exemplo, costumam enxergar um conflito fundamental em seus dois sistemas de valores: um materialista, o outro antimaterialista; um reacional, o outro anti-reacional. Um erro que ambos cometem com freqüência é acreditar que um deve vencer o outro. Mas ocorre que a criação requer a união dos opostos. Para que seus novos valores se propaguem e permeiem, os pioneiros precisam incluir os valores dos antigos adversários. As qualidades integrativas da natureza sugerem que nós não cultivamos valores materialistas nem pré-materialistas, e sim transmaterialistas. Transcender e incluir.

O caminho da civilização global exige mais da empresa. As empresas estrategistas-r de hoje necessitam transcender as estratégias de crescimento maquinais, praticamente inconscientes, e começar a transformar-se em empresas mais adaptativas, responsivas e vivas.

Para nós dois, a empresa, como a vida, oferece uma oportunidade desafiante de levar adiante mais cabalmente aquilo que é possível dentro de nós. Não à velha maneira, entrando em combate com a natureza, em combate com o nosso próprio barco. A nova oportunidade é de emular a natureza, pois, fazendo-o, sintonizamos as nossas ações com o nosso próprio potencial. Estamos começando a chegar ao *design* certo. E, à medida que a ele chegamos, criamos caminhos pelos quais podem fluir novas capacidades, novas inovações e novos valores.

A empresa, sendo uma das poucas instituições em rede global, pode ajudar a administrar as tensões de valores, em vez de intensificá-las, e a ajustar os sistemas de produção aos valores das culturas locais. A economia viva, se conseguirmos cultivá-la, surgirá em parte do matrimônio da empresa arrojada com as lideranças ambientalistas que transcendem a política reativa. Semelhante colaboração pode resultar em incentivos que capacitam as empresas a sentir as conseqüências das decisões nas pessoas comuns e nos mercados globais em que os preços dos bens e serviços refletem mais completamente seu custo social e ecológico. Isso, por sua vez, há de assegurar uma biosfera saudável e diversificada, com reservas naturais que protejam os ecossistemas silvestres intactos e as comunidades humanas prósperas e autogovernadas em todas as culturas.

Morley Winograd, ex-diretor da National Partnership for Reinventing Government [Parceria para a reinvenção do governo] e co-autor de *Taking Control: Politics in the Information Age* [Assumindo o controle: política na era da informação], estudou uma clientela emergente, os "trabalhadores conectados" capazes de formar uma base de apoio político e econômico para todos os tipos de instituições necessárias à civilização global. Os trabalhadores conectados trabalham em equipes autônomas na produção de bens e serviços valiosos, os quais se combinam sinergicamente com os produtos das outras equipes. Conquanto de mentalidade fortemente ecológica, tendem a ser mais otimistas, mais audaciosos e mais integrativos que a maioria dos verdes. Têm uma clara noção do possível e favorecem um governo limitado, que se concentre em oferecer os incentivos adequados. A maior parte deles acredita que, com engenho, tecnologia e estímulos, as pessoas encontrarão meios de gerar muito mais valor com menos recursos.

A importância dos trabalhadores conectados é que eles descobriram modos de organizar empresas que integram, com sucesso, pessoas dos mais diferentes sistemas de valores e as remuneram em moedas que têm sentido em seus próprios sistemas de valores. Muitas dessas empresas são globais, com equipes em atividade em meio às culturas. Talvez sejam protótipos dos tipos de instituição que hão de engastar no tecido da sociedade as qualidades necessárias à sustentabilidade econômica e cultural.

O caminho da civilização global também exige um número maior de militantes ambientais. Os estrategistas-r verdes de hoje podem empreender o combate para limpar o terreno, mas precisam evoluir para uma postura mais madura se quiserem fazer avançar um mundo sustentável. Quando contarem com ativistas energizados que compartilhem a sua visão, terão de mudar de rumo, olhar para a frente, não para trás, e crescer na direção da harmonia com a cultura empresarial.

Isso significa, no mínimo, superar o modelo militar de ativismo que eles herdaram dos advogados do fundamentalismo religioso e de mercado. Significa tornarem-se "ativistas arrojados" que se definem pelo que são a favor, não pelo que são contra. Significa adotar uma agenda positiva, fundada em princípios de ecologia, que não procure tão-somente salvar a natureza, mas também emulá-la. Significa trabalhar pela síntese dos valores materialistas com os ecológicos. Como advogado do consumidor, James Turner diz: "Os mercados não garantirão os valores humanos e ecológicos, mas sem eles, esses valores não conseguirão se desenvolver".

Uma estratégia possível é visar não à globalização, mas à concentração econômica e ao controle monopolista coercivo dos conglomerados, dos governos ou das ONGs, mesmo das bem-intencionadas. Por exemplo, os ativistas podem ter como alvo as exigências do Banco Mundial ou do Fundo Monetário Internacional (FMI) de que as nações em desenvolvimento abram totalmente seus mercados, sem levar em conta os impactos culturais. Também podem contestar o direito de uma única empresa controlar uma parcela considerável de qualquer mercado nacional ou global, assim como as leis antitruste coíbem os monopólios nos Estados Unidos. Isso permitiria que os países em desenvolvimento fizessem escolhas próprias quanto a estabelecer o equilíbrio entre a afluência e a proteção das antigas formas culturais.

Outro casamento interessante pode ocorrer na borda entre o mundo industrializado e o que está em desenvolvimento. Na Costa Rica, nós aprendemos que o encontro gradual de dois vastos continentes dá origem a ecossistemas inteiros. Atualmente, com o encontro de numerosas culturas globais na borda, que formas novas hão de surgir?

O materialismo tem sido um poderoso catalisador do surgimento da economia fundada na informação. O crescimento da riqueza material, impulsionado pela capacidade produtiva das máquinas, gerou ganhos extraordinários, aumentando a nossa longevidade, elevando o nosso padrão de vida, melhorando a nossa saúde e criando oportunidades sem precedentes de aprendizado e exploração.

Não obstante, por valioso que tenha sido, o materialismo sofre de rendimentos decrescentes. Cada unidade adicional de riqueza material tende a fornecer um pouco menos de bem-estar que a anterior. Depois de algum tempo, as pessoas geralmente sentem que o que hoje lhes falta na vida já não tem forma material. É coisa diferente.

Pode ser que encontrem uma dica do que lhes falta nas culturas pré-industriais e no mundo em desenvolvimento. Quando visitamos as florestas tropicais da Costa Rica, da Malásia, de Bali e de outras partes, nós percebemos que há muitas formas de pobreza no mundo. Uma delas é a material: há sociedades muito carentes de bens materiais, que às vezes sofrem com essa privação, com a saúde precária e com a falta de instrução e de oportunidade. Outra forma de pobreza provém do sentimento de separação, de alienação da natureza, das pessoas, das empresas e das comunidades.

Nas culturas do Norte e do Ocidente, ou seja, na Europa, na Ásia industrializada e na América do Norte, a afluência material é vastíssima. Todavia, a perda de vínculo com uma comunidade e a alienação que a acompanha ameaçam erodir-nos os próprios fundamentos e solapar a capacidade da nossa cultura de sustentar-se materialmente ou de outra maneira. As culturas do Sul e do Oriente, isto é, de partes da América Latina, de grande parte da Ásia e da África, lembraram-nos do valor da conexão humana. Nessas regiões, encontramos muita gente com um forte senso de vínculo. Entretanto, muitos carecem da segurança material de que precisam.

A perda de conexão freqüentemente detectada nas economias industrializadas é inevitável. Os indivíduos que procuram definir-se são obrigados a romper os vínculos herdados com os papéis e as normas comunitárias a fim de estabelecer as novas ligações necessárias à busca da abundância econômica, observa o teórico social Lawrence Chickering, autor de *Beyond Left and Right* [Além da direita e da esquerda]. Uma vez satisfeitas as aspirações econômicas, certas pessoas começam a procurar uma experiência transaquisitiva de vínculo com a comunidade. Os que escolhem esse caminho estabelecerão novas conexões e começarão a formar novas comunidades. Talvez então redescubram a proximidade da família, da comunidade e da natureza num novo e mais elevado nível de desenvolvimento.

Hoje em dia, esses dois reinos da humanidade — o industrial e o em via de industrialização — estão se unindo por meio da globalização. Qual será a conseqüência? Se globalização for meramente um processo pelo qual "eles" ficarão mais parecidos "conosco", do mesmo modo como nós replicamos o McDonald's, a Microsoft e a Disney em todo o mundo, é provável que destruamos grande parte do valor que as outras culturas criaram e, ao mesmo tempo, grande parte de seu potencial de contribuir conosco.

Por outro lado, se se paralisar o processo de globalização e as economias em desenvolvimento ficarem totalmente isoladas, fechadas para a interferência do mundo industrial e pós-industrial, não receberão o *feedback* de que necessitam para se desenvolver e deixarão de adquirir as capacidades exigidas para sobreviver num planeta de seis bilhões de habitantes.

Mas há uma terceira via. Se a globalização seguir um caminho mais integrativo e ecológico — se as culturas se encontrarem e entremesclarem e, no processo, evoluírem para formas que tanto transcendam os estágios de valor paroquiais anteriores quanto incluam uma diversidade de formas culturais, pode ser que surja algo novo na borda. Os intercâmbios econômicos e culturais entre os membros cosmopolitas de diferentes culturas pode levá-los a combinar formas e criar novos nichos culturais híbridos, nos quais florescerão a atividade econômica e a conexão humana.

Esses nichos podem vir a ser fontes de criatividade e inovação, gerando novas formas culturais, com seus criadores a administrarem a difusão dessas novas formas nas diferentes camadas de suas respectivas culturas. Será um passo importante rumo à civilização global que integra culturas diversas. À medida que aumentar a riqueza do intercâmbio econômico e cultural, é possível que o mundo mude inesperadamente e de modo surpreendente.

A civilização global, se surgir, será o resultado da sinergia — o décimo dominó — o ganho líquido que alimenta o todo, o potencial ainda não realizado, as capacidades que podemos extrair das profundezas de nós mesmos para nos adaptarmos aos limites imprevisíveis e transcendentes, aparentemente impossíveis.

As sementes do novo já foram plantadas. Uma nova espécie de civilização humana está aninhada na economia industrial, algo que chamamos de era da informação, mas que pode ser muito mais. Se encontrarmos um meio de estimular efetivamente o seu desenvolvimento, com o tempo, ela entrará em fermentação em toda a economia industrial, queimando a madeira morta e, enfim, limpando o terreno para uma nova civilização global. Se o caminho da natureza é uma indicação, esta não será uma cultura industrial uniforme, e sim uma comunidade de comunidades mais rica em diversidade, com novas qualidades e novas capacidades que ainda não conseguimos compreender totalmente.

CONCLUSÃO

Uma Viagem à Floresta Empresarial

NAQUELES POUCOS SEGUNDOS, logo que o pára-quedas se desdobrou e se pôs a oscilar inutilmente ao sabor do vento, Bill se viu na borda entre um estado e outro. O primeiro era veloz e empolgante; consumia-lhe totalmente os sentidos quase sem deixar lugar para a reflexão serena. Em certos aspectos, não era muito diferente da vida que a gente geralmente leva no dia-a-dia. Mas, naquela situação, a vida não era sustentável, e nós sabíamos disso. Não podíamos desprezar as conseqüências da inação nem operar uma mudança.

No fim, a ação que empreendemos não foi terrivelmente draconiana. Bill simplesmente virou o corpo a fim de se ajustar à direção do vento e sacudiu as cordas para que o ar entrasse no pára-quedas murcho. Em poucos momentos, vimos o tecido inflar-se e abrir-se amplamente. A queda de Bill passou de 190 para quinze quilômetros por hora, e os dois fomos descendo suavemente até aterrissar entre os nossos amigos, prontos para iniciar a excursão na floresta tropical.

NA FLORESTA

DUAS METADES CRIAM UM TODO

No fim de 2001, nós fizemos mais uma visita à mata tropical antes de dar os últimos retoques no livro. Visitamos Bali, uma ilha indonésia ao sul de Bornéu e a leste de Java. Bali é um mundo à parte. Deu-nos oportunidade de focalizar uma espécie diferente das que anteriormente nos ocuparam. Nós estudamos as pessoas.

Não se pode dizer que a floresta tropical de Bali tenha ficado intacta. Em todas as regiões mais intensamente povoadas, as exuberantes colinas da mata foram terraplenadas para as plantações de arroz e outros produtos, que são colhidos duas vezes por ano e fornecem alimento mais que suficiente para a maior parte dos habitantes.

Sem embargo, mesmo na agricultura, o povo de Bali tem uma relação de proximidade com a natureza difícil de encontrar no mundo industrializado. Toda manhã, quando nos levantávamos, víamos as mulheres munidas de longas ferramentas, indo de árvore em árvore para colher as flores dos galhos mais altos. Estas vinham flutuando suavemente até o chão, eram recolhidas e guardadas em cestas transbordantes de pétalas. Então, homens e mulheres tratavam de colocá-las em todos os lugares aonde íamos — nas estátuas ao longo das ruas, nas portas do nosso hotel, na cabeceira das camas. Em cestos de palmas maravilhosamente trançadas, as idosas e as crianças pequenas faziam arranjos de flores, incenso, nozes e especiarias para formar pequenos *designs* florais. Enquanto tomávamos o café da manhã, elas iam pondo suas criações na entrada de cada casa, no pára-lama de cada carro e em outros lugares nos quais as pessoas podiam precisar de proteção, qual uma oferenda aos deuses.

O povo balinês é muito ativo e sempre comprometido com a vida. No entanto, as pessoas parecem não precisar se esforçar muito no trabalho, não se ressentem de geralmente levantar-se muito cedo para os seus afazeres, não disputam cargos, papéis nem compensações. E quase não se vê tédio ou solidão. Para cada hora que o americano ou o japonês passa diante do televisor, assistindo a um drama imaginário numa comunidade imaginária, o balinês realiza cerimônias, uma série infinita de festivais e rituais que afetam tudo quanto ele faz, para a consternação dos empresários ocidentais, que esperam uma separação rigorosa entre trabalho e lazer. Para os balineses, empreendimento é celebração. É uma mostra de agradecimento e compromisso com os outros membros da comunidade, que os une tal qual uma família.

Não obstante, alguma coisa faltava naquela ilha. Parecia não haver ódio, rancor, exclusão nem alienação. Ninguém nunca nos disse uma palavra rude. Jamais encontramos violência, medo ou desprezo. Se há um vício ou obsessão nociva em Bali, nós não os vimos. Sem dúvida, essas qualidades existem lá — existem em toda parte. Mas em proporções aparentemente bem menores. Sempre éramos recebidos com sorrisos e saudações por uma gente que se mostrava contente com a nossa presença. Rostos velhos e moços iluminavam-se com deliciosos sorrisos toda vez que virávamos uma esquina — de bicicleta, de *scooter* ou a pé — e topávamos com um homem, uma mulher ou uma criança a caminho de suas atividades. Alguma coisa há na cultura balinesa, no sistema balinês, que imbui o povo de um senso de participação, contentamento e realização, de uma felicidade quieta e serena.

A chispa que energiza aquele povo se exprime em seu sistema de crenças, a curiosa mescla do hinduísmo balinês, que integra aspectos das tradições do *shivaite* e do budismo indianos com antigas crenças autóctones do arquipélago indonésio.

Os balineses distinguem as duas metades da realidade, o mundo físico e o outro, que lhe serve de base, com os termos **sekala** e **niskala**, que equivalem ao modo como empregamos os termos japoneses *omote* e *ura*. *Sekala* é o mundo que enxergamos — em Bali, o mundo da cerimônia, do ritual, da dança, do drama e da vida. *Niskala* é aquele que não vemos — os códigos que servem de base aos ritos, os princípios que animam a natureza. Para eles, *niskala* consiste na tensão entre duas forças iguais: às da criação, que eles denominam **Brahma**, e as da destruição, chamadas **Shiva**. A relação entre as duas é administrada por uma terceira força, **Vishnu**, a preservadora. Unida, essa trindade constitui um todo que vai além da compreensão humana, o qual eles designam por **Sang Hyang Widhi Wasa**, o "Deus Único Supremo Incognoscível". Não é típico dos balineses orar a Sang Hyang Widhi Wasa, que, afinal de contas, é incognoscível. Rezam para as manifestações, as forças da criação, da preservação e da destruição que eles conseguem relacionar com o mundo físico. (Para simbolizar essas três forças, os templos balineses geralmente são decorados com três tronos — o de Brahma e o de Shiva a cada lado do de Vishnu, que é um pouco maior, mais alto e fica no centro. Curiosamente, não há imagens nos tronos. Os balineses experimentam o que nós denominamos deuses mais como qualidades abstratas que como personagens. Não personificam as divindades como os ocidentais costumam fazer.)

A bússola dos balineses está contida no conceito de **dharma**. O hinduísmo balinês diz que o universo consiste na dança entre as forças da criação e da destruição, Brahma e Shiva. Individualmente, qualquer uma delas produz desordem. Conseqüentemente, escreve Fred Eiseman, os balineses acreditam que "deixado por sua própria conta, qualquer sistema natural tenderá a um estado de máxima desordem". Nesse sentido, eles têm um paralelo com a noção ocidental de entropia, a tendência da ordem a cair na desordem. Porém, "como a ordem existe, deve haver uma força organizadora equivalente" — algo muito próximo do nosso conceito de sinergia. No hinduísmo balinês, essa força organizadora é o dharma.

Em Bali, o universo é um sistema ordenado, no qual se aninha uma série de subsistemas, cada pessoa, animal, vegetal e componente inanimado. "Cada uma dessas partes está numa relação definida e estabelecida com todas as outras — essa relação é o dharma. O hindu sente que seus atos, ou seja, seu **karma**, devem estar em harmonia com seu dharma, "dever" ou "ordem". Se o karma preencher o dharma, contribuirá com a ordem e a harmonia. Do contrário, estará contribuindo com a desordem, o caos e o **adharma.**"

Os balineses procuram viver de acordo com o dharma. Em face de qualquer tipo de desejo, procuram reagir com o ato, o karma, que seja adequado ao dharma. A palavra-chave é "adequado". "O hindu não pratica 'boas ações', ele 'comporta-se adequadamente'", diz Eiseman. "O hindu não pode ver o mundo do ponto de vista do seu interesse próprio, sem levar em conta os seus companheiros semelhantes, os seus companheiros criaturas vivas, os seus companheiros objetos inanimados. Seu karma deve se relacionar com eles e com o seu próprio dharma."

Se os atos ou o karma de um balinês não estiverem em sintonia com os princípios organizacionais da natureza do dharma, seu destino espiritual corre perigo. O karma que se opõe ao dharma leva ao sofrimento, seja agora, seja no futuro, seja em outra vida, quando aquele que ofendeu pode retornar a Bali numa forma menos desejável. Os balineses crêem que esse ciclo de nascimento, teste, morte e renascimento prossegue até que todos os atos fora de sintonia com o dharma tenham sido vencidos, ponto em que o espírito fica liberto de todo desejo e surge num estado novo e superior.

NA EMPRESA

DUAS METADES CRIAM UM TODO

Bali não é um lugar perfeito. As normas do sistema de castas hindu, por exemplo, embora mais flexível na ilha, limitam a liberdade e podem reprimir a individualidade. Ademais, na montanhosa região do leste, existe muita pobreza material. Milhares de crianças vivem com uma alimentação que consiste sobretudo em *cassaba*, uma planta local, que as deixa carentes do iodo essencial ao desenvolvimento do cérebro, causando seqüelas permanentes. O Projeto Pobreza de Bali Oriental está procurando dotá-las dos fundamentos e da educação nutricional de que necessitam para ajudar-se a si mesmas.

O outro desafio para a serenidade de Bali pode assumir a forma de globalização. Nós e milhares de turistas já estamos freqüentando a região de Denpasar e as comunidades balneárias próximas do aeroporto principal, levando não só os dólares, mas também a mentalidade ocidental, nossas expectativas e crenças.

Os economistas podem calcular os benefícios de uma Bali de fronteiras abertas, de uma economia que acolha o mais depressa possível o capital ocidental. Como em todas as coisas industriais, mais e mais depressa sempre é melhor. O influxo de capital pode ser bom e sadio para a ilha. Pode ser bom para o mundo industrializado. Bali precisa de uma parte do que o mundo industrializado tem. E nós precisamos de uma parte do que Bali tem.

Mas o capital não precisa ser cego para o dharma. As pessoas e as empresas que o levarem devem fazê-lo consciente e conscienciosamente. Se o capital fluir indiscriminadamente para Bali, sem deixar senão uma seqüência de espécies pioneiras como as lanchonetes MacDonald's, os *shoppings*, as vias expressas, os hotéis e os projetos habitacionais, o efeito há de ser o mesmo de uma espécie exótica de trigo que entrasse em quantidade avassaladora no interior dos Estados Unidos, ameaçando destruir as plantações existentes, a economia existente, a cultura existente e deixando o lugar estéril.

As empresas erigidas de acordo com o antigo modelo maquinal, as empresas inconscientes que procuram cegamente maximizar o próprio ganho, seja ao preço que for, são uma ameaça para Bali e para todas as formas de diversidade global. As empresas vivas, as que estão alertas para as conseqüências que podem provocar e são adaptáveis em seus atos, estas têm capacidade de enriquecer o ecossistema global. Em termos balineses, podem servir a Vishnu. Observando os princípios da natureza, dos sistemas vivos, do dharma, do Tao, elas podem criar uma prosperidade mais genuína para um número maior de pessoas e ajudar a cultivar um mundo ecologicamente tão diversificado quanto as matas tropicais da Costa Rica, da Malásia, do Havaí e da América do Norte e culturalmente tão variado quanto os povos de Tortuguero, Bornéu, Colúmbia Britânica e Bali.

Tal como os incêndios nas florestas, dois sistemas de desenvolvimento estão se propagando rapidamente em toda a economia global. O fogo aceso pelo automóvel e pelos métodos de linha de montagem da era industrial medra nas fronteiras amplamente abertas e na uniformidade cultural. Trata-se de um estrategista-r que excele no avanço da monocultura. Os gigantescos mercados padronizados que ele promove geram economias de escala e aceleram o fluxo de produtos e serviços fabricados em massa.

Uma segunda labareda foi acesa pela economia dos computadores e da Internet. Ela floresce na individualidade e nas diferenças culturais, fomenta a criação e o fluxo de conhecimento, vincula pessoas e culturas de modo que elas interajam em suas formas autênticas, e promove a coevolução, a diversidade e a resistência.

Em breve o incêndio industrial se apagará, falando em termos geológicos. Uma função forçosa intervirá, e nós transitaremos a uma nova economia. A questão é a seguinte: será que reagiremos a tempo? Faremos uma transição suave? Ou fecharemos a mente, as comunidades e as empresas para os sinais em nome de mais algumas décadas de crescimento industrialista?

Como sociedade, nós não extraímos praticamente nada do potencial da economia emergente. Continuamos colhendo os frutos dos galhos mais baixos, ou talvez apenas os que já estejam no chão. Mas começamos a erguer a vista, a elevar a visão, a olhar para as próprias árvores, achando nelas bolsões de valor mais profundos.

O que aprendemos ao contemplar uma árvore é que, na natureza, o valor não é uma função do consumo. É o produto do *design*. Como escreveu Eric Drexler, a árvore é alta tecnologia. Os foguetes e os *microchips* não são. O valor de uma árvore provém do seu *design*. Ela não é apenas uma tora, uma concentração de celulose; é um sistema cuja essência real é a estrutura.

Num quadro de Rembrandt, numa composição de Beethoven, numa dança balinesa, nós somos alçados a novas alturas não pela obra, mas pelo *design*, o arranjo. É o seu padrão, linha por linha, nota por nota, passo por passo, que dá à música e à arte um poder transcendente.

O mesmo vale para a economia. Não são os elementos hidrogênio e carbono que dão poder a um litro de gasolina. É da disposição dos átomos numa complexa rede de hidrocarbonetos que surge o poder de nos transportar.

Nós costumamos dizer que não há desperdício na natureza. Mas, na verdade, nela há muitos ecossistemas tão consumistas e esbanjadores quanto o sistema industrial humano. As espécies pioneiras entram num campo aberto e crescem explosivamente, devorando cada partícula de mineral e combustível que conseguem encontrar, até cobrir o campo de ponta a ponta e chegar aos limites de crescimento.

Se elas tivessem valores como os seres humanos, estes provavelmente seriam os que as ajudam a sobreviver e se sobrepor. Consumo, conformidade, concorrência, domínio. Se tivessem problemas que resolver, essas pioneiras guerreariam para resolvê-los.

Mas a natureza não fica apenas nas pioneiras. Estas preparam o terreno para as que as vão suceder: as perenes, as resistentes. As especialistas diversificadas sobrevivem achando o seu próprio nicho. No entanto, descobrem que dependem dos vizinhos na própria definição desse nicho. Se elas tivessem valores, decerto seriam a criatividade, a diversidade, a cooperação e a interdependência. Se tivessem problemas que resolver, reuniriam as diversas aptidões necessárias para solucioná-los para o todo.

Naturalmente, essa descrição é idealista e excessivamente simplificada, tanto na natureza quanto na economia humana. A realidade é complexa, e todo sistema é mesclado. Contudo, genericamente, a economia industrial é essencialmente um sistema relativamente simples, uniforme, maquinal, consumidor. Um sistema caçador-coletor que esquadrinha o mundo em busca de recursos pré-fabricados, quase prontos para o uso.

Algumas Lições da Floresta Tropical para a Empresa

Todo resíduo é lucro perdido.

Todo valor é criado pelo *design*.

Há três modos de criar valor pelo *design*:

Ruptura inovadora significa fazer melhor o produto.

Replicação significa reproduzir muitas e muitas vezes.

Aperfeiçoamento contínuo significa tornar o produto melhor.

Para criar valor desses três modos, as empresas passam por quatro fases de desenvolvimento.

Na fase de inovação, desenvolvem novas sementes: rupturas inovadoras.

Na fase de crescimento, replicam e aumentam agressivamente essas sementes.

Na fase de aperfeiçoamento, procuram continuamente melhorar a eficiência, a qualidade e a variedade.

Uma vez cumprido o objetivo, na fase de liberação, elas liberam seus recursos a fim de que sejam incorporados a algo novo.

Para evitar essa fase destrutiva, as empresas devem ser adaptáveis, capazes de aprender.

O primeiro passo geralmente é o *feedback*.

O *feedback* derruba o primeiro dominó. Pode desencadear uma onda de mudança que desperte suavemente a máquina empresarial, que lhe dá vida, criando algo novo que transcende e, no entanto, inclui tudo quanto veio antes.

Um sistema vivo — criativo, produtivo e resistente.

Derrube o primeiro dominó e veja o que evolui.

Mas a industrialização não é um triunfo final nem um erro trágico. É apenas um estágio, e de valor potencialmente enorme. Prepara o terreno para o que há de vir.

Não podemos ver o que há de vir, não mais do que os camponeses do fim da Idade Média conseguiram enxergar o papel transformador dos artesãos ou que estes conseguiram ver as transformações avassaladoras que o Iluminismo e a industrialização trariam consigo. Mas, se observarmos a natureza, já muito adiantada em suas próprias transformações, começamos a perceber a rica mescla de valores e convicções da civilização e da cultura, a natureza do gênio humano, no próximo estágio de desenvolvimento, e os vastos potenciais de lucro a partir da sustentabilidade: econômicos, sociais, culturais e ecológicos.

Isso sugere uma última lição da natureza: a suprema missão da empresa é ajudar a desenvolver plenamente o ecossistema humano, sustentavelmente como a floresta tropical, em toda a nossa diversidade e complexidade.

O que a mata tropical nos ensinou é de fácil compreensão. Podemos usar menos e ter mais. Consumir menos e ser mais. É a única maneira. Os interesses da empresa e os do meio ambiente não são incompatíveis. São o *omote* e o *ura* japoneses, o *yin* e o *yang* chineses, o *sekala* e o *niskala* balineses, produto e processo, economia e ecologia, mente e espírito — duas metades.

Só juntos podemos tornar o mundo completo.

SÍNTESE DA ADMINISTRAÇÃO

- Tal como as florestas, as empresas e todos os sistemas complexos tendem a evoluir mediante quatro fases vitais: a inovação, o crescimento, o aperfeiçoamento e a destruição criativa.
- Em qualquer momento, os diferentes elementos da empresa encontrar-se-ão em fases diferentes.
- Em cada fase, o desempenho *atual* é maximizado por *fatores de sucesso* extraordinariamente diferentes e, muitas vezes, em competição.
- Em cada fase, o desempenho *futuro* — a sustentabilidade da empresa — aumenta com o desenvolvimento dos fatores de sucesso da fase *seguinte*, mesmo que seja em detrimento da atual.
- O *imperativo* da sustentabilidade é que, em qualquer fase, um sistema vivo deve dominar os fatores de sucesso da fase *seguinte* para ser sustentável. Por exemplo:

FATORES DE SUCESSO DA FASE DE INOVAÇÃO:

- Administrar a empresa como um laboratório.
- Tornar o poder acessível a quem quer que tenha uma idéia, uma visão ou um impulso promissores.
- Reforçar as lideranças autodefinidas, auto-selecionadas.
- Estimular a formação informal, espontânea, de equipes.
- Investir em idéias puras.

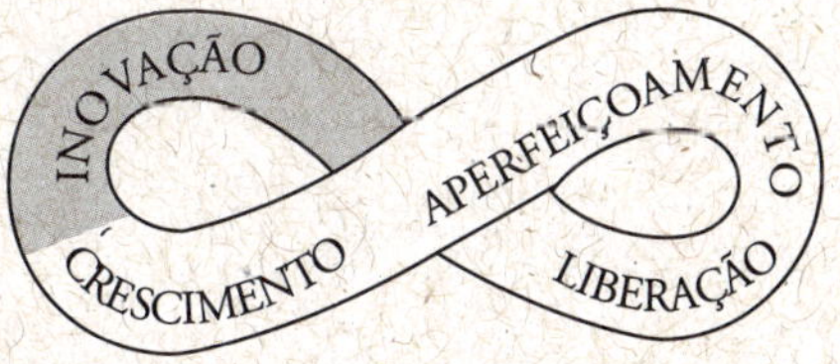

- Imperativo da sustentabilidade: selecionar e perseguir as idéias vencedoras dentre muitas opções.

FATORES DE SUCESSO DA FASE DE CRESCIMENTO:

- Administrar a empresa mais como uma máquina.
- Centralizar o poder, esclarecer as regras, limitar a flexibilidade.
- Tornar o trabalho mais uniforme, intercambiável.
- Mais produtos maiores e mais rápidos.
- Investir no capital físico: instalações, equipamento, estoque.
- Vender para mercados de massa.
- Combater incêndios, evitar a mudança.
- Imperativo de sustentabilidade: desenvolver a capacidade de aumentar rapidamente a variedade e a qualidade.

FATORES DE SUCESSO DA FASE DE APERFEIÇOAMENTO:

- Estruturar a empresa como um *campus* universitário.
- Descentralizar o poder, esclarecer os objetivos, ser flexível.
- Estimular o trabalho especializado, em equipe, interdependente.
- Aumentar a variedade, melhorar a qualidade.
- Investir no capital humano: educação, treinamento, satisfação.
- Vender para nichos de mercado.
- Administrar os incêndios, promover a mudança contínua.
- Imperativo de sustentabilidade: desenvolver missões e valores empresariais.

FATORES DE SUCESSO DA FASE DE LIBERAÇÃO:

- Liberam-se os recursos à medida que a floresta ou a plataforma se incendeia.
- O poder é difuso e liberado.
- As fábricas, os escritórios, os produtos e as aptidões podem estar obsoletos.
- As pessoas geralmente ficam atemorizadas e procuram proteger-se.
- Assumem a liderança os carismáticos, os que transmitem ordem em meio ao caos.

FATORES DE SUCESSO DA FASE DE RENOVAÇÃO:

- Realocar os recursos à medida que forem liberados.
- Reafirmar a missão e o propósito da empresa.
- Adotar a mudança como um período de visão e oportunidade.
- Imperativo de sustentabilidade: missão e valores empresariais profundamente encravados.

APÊNDICE I

A Future 500

QUE É A FUTURE 500?

A Future 500 é uma rede global de empresas líderes, cuja missão é aplicar os princípios da natureza a fim de aprimorar o desempenho e a sustentabilidade da empresa.

ESTRUTURA

Contrariamente ao modelo maquinal, nós encaramos a empresa como um ecossistema vivo. Diagramamos o ecossistema empresarial como um conjunto de cinco círculos concêntricos. Cada um deles representa um dos sistemas vivos que, num ecossistema empresarial sadio, sustenta a empresa e por ela é sustentado. O círculo central representa seu propósito duradouro e sua liderança. Esse núcleo se aninha no local de trabalho, na comunidade, no mercado e no meio ambiente. Cada círculo tanto transcende quanto inclui os círculos dentro dele.

MÉTODO

Nós desenvolvemos e aplicamos instrumentos empresariais baseados nos princípios da natureza. Nossas empresas-membros tomam os instrumentos tradicionais — por exemplo, de administração, de contabilidade e de comunicações — e os redesenha de modo que eles passem a aplicar mais efetivamente os princípios dos sistemas vivos. Por exemplo, aplicando os princípios de *feedback*, nós fornecemos instrumentos de contabilidade capazes de rastrear os custos nas cinco esferas do ecossistema empresarial. Aplicando os princípios da sucessão, oferecemos instrumentos de gestão que maximizam o desempenho nas quatro fases do ciclo de vida da empresa. Para criar valor pelo *design*, fornecemos instrumentos de engenharia e ecologia industrial que substituem recursos por informação. Para conectar todo o ecossistema da empresa, oferecemos instrumentos de comunicação que auxiliam a garantir que cada nível do ecossistema empresarial apóie todos os demais. Nossos instrumentos são desenvolvidos por importantes firmas de gestão e contabilidade que se uniram para formar os membros parceiros da Future 500.

OS MEMBROS

Nós temos três categorias de participação: os membros parceiros, os membros integrais e os membros limitados.

Os membros parceiros tanto desenvolvem quanto aplicam os instrumentos. Entre eles, acham-se empresas e especialistas como a Deloitte & Touche em contabilidade, a Manning Selvage & Lee em comunicações, o fundador da VISA Dee Hock e David Hurst em gestão, a Hewlett-Packard e a Pitney Bowes em tecnologia, a WSP em engenharia, a ERM em organização e desenvolvimento, a Det Norski Veritas em certificação, a American Renaissance em liderança e a Ecostream em nova mídia.

Os membros integrais aplicam os instrumentos. Aqui se incluem empresas líderes como a Agilent, a Coca-Cola, a Coors, a Ford Motor Company, a Mitsubishi Electric, a Nike, a Stanley Electric e numerosas outras. Elas trabalham com outros consultores, membros e parceiros da Future 500 para planejar, implementar, rastrear e comunicar seus esforços a fim de evoluir para ecossistemas empresarias mais sustentáveis e de melhor desempenho.

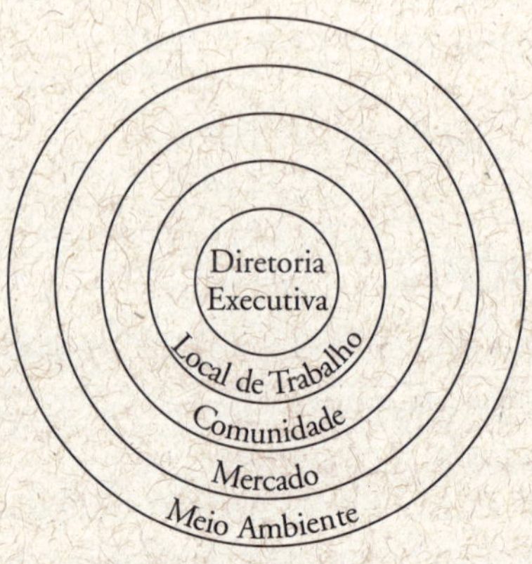

Os membros limitados têm acesso aos instrumentos e à rede da Future 500. Recebem o *kit* de aproximadamente cem instrumentos desenvolvidos pelos membros parceiros. Também têm acesso à parte da nossa rede; arrolados em nosso diretório empresarial *on-line*, conectam-se na *Web* com outros participantes da rede. Por fim, tomam parte de conferências, cúpulas e projetos da Future 500.

Missão: Aplicar os princípios da natureza a fim de aprimorar o desempenho e a sustentabilidade da empresa.

Estrutura: O ecossistema empresarial — um modelo que aninha a empresa em cinco sistemas vivos interdependentes: o propósito e a liderança fundamentais, o local de trabalho, a comunidade, o mercado e o meio ambiente.

Método: Desenvolver, aplicar e disseminar os instrumentos empresariais que aplicam os princípios da natureza.

Membros: Os membros parceiros desenvolvem os instrumentos; os membros integrais os aplicam; os membros limitados têm acesso a eles e à rede.

AS CONFERÊNCIAS E AS EXPEDIÇÕES À FLORESTA TROPICAL DA FUTURE 500

Para realçar essa abordagem da empresa com base nos sistemas vivos e estimular o pensamento, o planejamento e a parceria espontânea inovadores, nós patrocinamos conferências, oficinas, publicações e expedições à mata tropical.

A série de conferências sobre ecologia industrial, realizada pelo menos de dois em dois anos, é o nosso maior evento e fica aberto para o público em geral. Nós definimos ecologia industrial como a *aplicação de princípios ecológicos à empresa e às práticas industriais*. Essa definição abrange não meramente os sistemas de "resíduo-como-alimento" enfocados na fabricação ou na análise do ciclo de vida, mas também toda uma série de ferramentas empresariais que aplicam os princípios da natureza a todos os aspectos da empresa.

A conferência da Future 500 do Japão ocorre anualmente em Tóquio. Apoiada por pensadores inovadores dos quatorze maiores conglomerados japoneses, a conferência da Future 500 do Japão reúne centenas de líderes empresariais que adotam pessoalmente a idéia de que a empresa é um ecossistema e procuram aplicá-la a suas empresas.

A Conferência de Cúpula da Future 500 é uma seção periódica de trabalho, aberta a um grupo de participantes selecionados a dedo, que trabalham em conjunto para planejar um certo número de projetos.

A expedição à floresta tropical da Future 500, empreendida aproximadamente uma vez por ano, dá às lideranças empresariais a oportunidade de explorar uma das matas tropicais do mundo, conhecer as pessoas que lá ganham a vida e aprender de primeira mão os princípios dos complexos sistemas vivos capazes de ajudar as empresas a se tornarem ao mesmo tempo mais lucrativas e mais sustentáveis.

OS PROJETOS DA FUTURE 500

A Future 500 também se encarrega da implementação de projetos a fim de criar modelos de ecossistemas empresariais que funcionem. Atualmente, eles incluem: a Supervisão de Produtos de Computação e Eletrônica (para desenvolver programas-modelos que recuperem ou reduzam o custo do ciclo de vida dos computadores e aparelhos eletrônicos), a Prática de Responsabilidade Empresarial (para definir as práticas e os parceiros da Future 500) e o Projeto Ecoparque (que visa localizar e financiar parques eco-industriais, nos quais os resíduos de uma instalação servem de alimento para outras).

OFICINAS E SERVIÇOS DE CONSULTORIA DA FUTURE 500

Com o fito de treinar as empresas no modelo dos sistemas vivos, nós oferecemos serviços de consultoria e oficinas às empresas-membros. A série de oficinas *O que a floresta tropical nos ensinou* inclui uma oficina introdutória abrangente, assim como várias outras especializadas em funções empresariais essenciais do ponto de vista do sistema vivo: contabilidade, comunicações, administração, mensuração, certificação, nova mídia, solução de conflito, gestão de documentação, gestão ambiental e tecnologia. As oficinas são apresentadas por especialistas de uma ou mais empresas-membros da Future 500 e por destacadas autoridades de cada área.

As empresas que são membros limitados da Future 500 (395 dólares) recebem um *kit* de instrumentos (um conjunto de publicações que detalham as ferramentas da empresa viva), figuram no diretório *on-line* da Future 500, são convidados para os encontros exclusivos dos membros, têm descontos para toda a sua equipe nas conferências e eventos e recebem publicações e atualizações periódicas. Os indivíduos inscritos como membros limitados (195 dólares) não figuram na lista do diretório e recebem desconto só para uma pessoa nas conferências.

Os membros empresariais totais da Future 500 (6 mil dólares ou mais) podem vincular o pagamento a um programa de sua escolha, inclusive ao patrocínio de conferências, às oficinas na sede ou aos serviços de consultoria.

Os membros parceiros comprometem-se a fazer uma significativa contribuição anual a fim de desenvolver e promover serviços que reflitam a abordagem da empresa como sistema vivo.

A série *O que a floresta tropical nos ensinou*

VISÃO GERAL

O que a ecologia industrial da floresta tropical nos ensinou	Tachi Kiuchi e Bill Shireman A Future 500

FUNÇÕES EMPRESARIAIS ESSENCIAIS DO PONTO DE VISTA DO SISTEMA VIVO

Contabilidade e mensuração	Deloitte & Touche
Gestão	David Hurst
Administração caórdica	Dee Hock
Responsabilidade empresarial	Charles Altekruse
Planejamento estratégico	Cate Gable
Engenharia	WSP
Comunicações	Manning Selvage & Lee

DISCIPLINAS ESPECIALIZADAS

Biomimética	Janine Benyus
Tecnologias de E-Solution	Hewlett-Packard
Gestão de documentação	Pitney Bowes
Certificação e Verificação	Det Norski Veritas
Desenvolvimento organizacional	ERM
Coalizões de causa de poder	Manning Selvage & Lee
Liderança	American Renaissance
Tecnologia	Joel Makower e Aileen Ichikawa
Ativismo empresarial	Ecostream
Solução de conflitos com a legislação e a regulamentação baseadas no mercado	Global Futures e WSP
Resolução de conflitos	Global Futures

INSTRUMENTOS DE PLANEJAMENTO E AVALIAÇÃO

Auditoria CAP (abrangente)	empresas CAP
Escaneamento CAP (direcionado)	empresas CAP
Planejamento CAP	empresas CAP

APÊNDICE II

O *Kit* de Instrumentos da Future 500

A Future 500 oferece um *kit* de instrumentos aos seus membros por meio de manuais e guias. A seguir, sumariamos algumas dessas ferramentas de desempenho descritas mais detalhadamente no *Kit* de Instrumentos da Future 500.

Muitos desses instrumentos são da responsabilidade de empresas como a Deloitte & Touche, a Hewlett-Packard e a Manning Selvage & Lee. Por exemplo, Bob Jonardi, da firma de contabilidade e seguros Deloitte & Touche, fornece à Future 500 ferramentas que permitem examinar o desempenho ambiental de uma empresa juntamente com o rastreamento do histórico financeiro. Joe Gleason e Charles Banks-Altkruse, da Manning Selvage & Lee, oferecem serviços de comunicações, no nível corporativo, utilizando práticas como o *marketing* relacionado com uma causa.

A unidade E-Solutions da Hewlett Packard fornece tecnologias que aumentam a produtividade total da energia, dos recursos e do trabalho, e suas tecnologias *World e-Inclusion* ajudam as culturas em desenvolvimento a saltar estágios industriais nocivos de desenvolvimento graças a produtos eletrônicos que aumentam as oportunidades sociais e econômicas sem destruir culturas e tradições. A Pitney Bowes presta serviços de gestão de documentação capazes de eliminar o uso do papel e o custo correspondente, assim como o consumo de recursos.

A Deloitte & Touche orienta a avaliação de seguros e controles internos de modo a permitir que as empresas verifiquem se as finanças, a administração e outros padrões são compatíveis com ambos em suas próprias instalações e em toda a cadeia de abastecimento. E está adaptando e aplicando seus procedimentos de atestação para examinar e certificar independentemente a eficácia dos controles internos de uma empresa na coleta, na análise e na apresentação de dados tanto ambientais quanto sociais. A ERM aplica técnicas de desenvolvimento organizacional e treinamento para garantir que "as pessoas certas estejam fazendo o trabalho certo" a fim de atingir os objetivos organizacionais.

A Det Norski Veritas estabeleceu sistemas de certificação e verificação do desempenho técnico, financeiro, social e ambiental de uma empresa em sua cadeia de abastecimento, em questões como a atividade florestal sustentável, as práticas trabalhistas internacionais e as compensações de carbono para as atividades industriais. A WSP fornece instrumentos de engenharia e administração ambiental, como ferramentas baseadas no mercado e em incentivos, parcerias público-privadas e a sintonização de sinais ambientais, legais, regulamentários e econômicos. A Ecostream comunica os resultados desses esforços por meio de ferramentas de comunicação e *marketing* da "nova mídia" e de produção audiovisual baseada na *Web*.

INSTRUMENTOS BÁSICOS

O CAP Audit, o CAP Scan e o CAP Plan são os instrumentos básicos aplicados pelas empresas da Future 500. O CAP se encarrega da prática de responsabilidade empresarial. Os membros integrais recebem essas ferramentas como parte de sua participação.

O CAP Audit é um levantamento abrangente de 108 pontos do desempenho geral de uma empresa por meio de cinco campos de mensuração: o meio ambiente, a comunidade, o mercado, o local de trabalho e a empresa. Em cada um deles, ela inventaria e vincula o ativo ou o passivo a um dos dezoito benefícios de desempenho empresarial, como a redução dos litígios ou o crescimento da participação no mercado. Também avalia a empresa com base em critérios de informação e sistemas de desempenho como a Global Reporting Initiative, o Índice Dow Jones de Sustentabilidade, o Domini, o Calvert e o Council on Economic Priorities.

O CAP Scan usa uma abordagem baseada em sistemas para oferecer um *menu* de opções ou soluções para oportunidades e problemas empresariais específicos. A questão pode ser o lançamento de um produto, uma oportunidade de *marketing* ou uma ameaça legislativa.

O CAP Plan é um plano de implementação baseado nas conclusões do CAP Audit ou do CAP Scan.

O CAP Spot, um quarto instrumento básico atualmente desenvolvido, é um material multimídia de um minuto que, com o uso de vídeo, áudio, gráficos e texto, conta uma história de impacto acerca do empenho e das iniciativas ambientais de uma empresa. Pode ser colocado nos *websites* corporativos ou usado em fóruns públicos para transmitir rapidamente a história da empresa.

INSTRUMENTOS DE MENSURAÇÃO

Activity Based Costing (ABC) [Orçamento com base na atividade] é um sistema de contabilidade que mensura o custo de uma atividade, e não apenas o custo dos materiais e da mão-de-obra.

Marca de Nível é a avaliação do desempenho de uma empresa com referência a um ano-base, a uma meta ou ao "primeiro da classe", seja um concorrente, uma indústria líder ou um máximo experimental.

Business Metabolics é um *software* com base na Internet, desenvolvido pela Natural Logic, Inc., que calcula e expõe a eficiência de recurso e produtividade.

CAP Audit é uma análise abrangente do triplo desempenho fundamental de uma empresa, utilizando o inventário de 108 pontos com base em critérios selecionados de grupos como o Council on Economic Priorities e a Global Reporting Initiatives (GRI).

Informe Ambiental Empresarial ScoreCard é um instrumento de auto-avaliação à disposição das empresas para computar suas prestações de conta ambientais.

Avaliação do Custo do Capital combina o Retorno sobre o Investimento (ROI) com dados sobre o custo de empréstimo a fim de ajudar as empresas a decidir se investirá em ecoeficiência ou não.

Taxa de Defeito é a razão de defeitos por unidade de um produto fabricado ou de um serviço prestado.

Avaliação de Tecnologia Digital mostra como uma empresa pode economizar dinheiro e melhorar o desempenho por meio de reuniões eletrônicas, treinamentos, vídeos, a Internet e outros instrumentos de comunicação digital.

Auditoria Energética é uma auditoria feita sob encomenda, acerca de uma empresa ou de suas instalações, e que inclui elementos como um levantamento dos padrões correntes de uso de energia, produtos e tecnologias; um cálculo das taxas de eficiência e produtividade energéticas; a identificação de outras oportunidades de economia; uma estimativa do investimento e do retorno; e uma lista priorizada do que fazer pelo Retorno sobre o Investimento.

Auditoria de Oportunidades Relacionadas à Energia e aos Recursos é uma combinação da auditoria energética, da auditoria de materiais e do CAP Scan, executada pela Future 500.

Auditorias Ambientais (energia, materiais, toxinas) mensuram a quantidade de energia, materiais e toxinas usados ou gerados no processo industrial. Além de serem instrumentos independentes, elas são também o primeiro estágio da Análise do Ciclo de Vida (ACV).

Índices de Desempenho Ambiental (IDA) agregam diversos indicadores num único critério de avaliação.

Global Reporting Initiative (GRI) é um sistema abrangente de informe ambiental da empresa desenvolvido pela Coalition for Environmentally Responsive Economies (CERES), em associação com o Tellus Institute.

Avaliação do Impacto é o segundo estágio da ACV. Busca normalizar os impactos ambientais de acordo com pesos-padrões e, assim, estabelecer uma base de comparação para produtos e processos alternativos que apresentam vários tipos de impacto ambiental.

Valor Agregado de Investimento é o aumento do preço das ações ou o crescimento associado à implementação de programas ambientais ou sociais.

Análises do Ciclo de Vida (ACVs) procura avaliar os impactos sobre pelo menos cinco estágios da vida do produto: extração de recursos, fabricação, embalagem e transporte, uso do consumidor e descarte, reutilização ou reciclagem.

Análise do Equilíbrio de Massa acompanha o fluxo de materiais num processo.

Auditoria de Materiais é uma auditoria encomendada de materiais-chave (como o papel, os metais ou os materiais de risco) usados por uma empresa ou suas instalações.

Análise MET — Materiais, Energia, Toxinas. A MET é uma medição combinada de materiais, energia ou toxinas associados a determinado produto, processo ou serviço.

Diagrama de Pareto é um gráfico de barras usado para expor a importância relativa de problemas ou condições. É usado para: (1) classificar as questões segundo a importância ou a freqüência, (2) classificar as soluções conforme a eficácia, (3) analisar os problemas a partir da perspectiva das diferentes partes afetadas e (4) analisar o impacto anterior e posterior das mudanças.

Produtividade do Recurso é a quantidade de *output* derivado de cada unidade de *input*. Os *outputs* podem ser produtos, serviços ou valor fornecido. Os *inputs* podem ser materiais, energia, trabalho, informação ou uma combinação de qualquer um destes.

Retorno sobre o Investimento (ROI) é a porcentagem de dólares que retorna de cada dólar investido.

Valor Social Agregado é o líquido dos custos e benefícios sociais de determinado produto, serviço ou processo.

Retorno Social sobre o Investimento é um método de cálculo do custo social das poupanças e os benefícios dos investimentos públicos e filantrópicos.

Gastar para Poupar combina o Retorno sobre o Investimento (ROI) com dados sobre o custo do capital emprestado para que as empresas decidam investir ou não em ecoeficiência.

Pesquisa dos Grupos de Interesse (Stakeholders) é uma pesquisa de opinião pública executada com uma amostra de grupos de interesse corporativos designados.

Avaliação dos Grupos de Interesse avalia o impacto da empresa sobre o meio ambiente, a saúde, a segurança e o desempenho social à medida que impactam o valor do acionista.

Intensidade do Resíduo é a razão do resíduo gerado por unidade de *output*.

Orçamento do Recurso com Base Zero é um instrumento de planejamento que, tal como o orçamento financeiro com base zero, assume uma base zero para os recursos no início de um ciclo de planejamento orçamentário.

INSTRUMENTOS E SISTEMAS DE *FEEDBACK*

Taxas Antecipadas de Utilização são taxas impostas aos fabricantes, distribuidores ou consumidores de produtos, a fim de cobrir o custo de descartá-los ou reciclá-los.

Gestão de Ativo é a prática de administrar o *design*, a distribuição e a recuperação dos produtos de uma empresa a fim de maximizar o valor deles derivado e minimizar os custos de ciclo de vida e no extremo final.

Procedimentos de Atestação, tipicamente conduzido por importantes firmas de contabilidade, examina e certifica independentemente a eficácia dos controles internos de uma empresa na coleta, análise e informe de dados tanto sociais quanto ambientais.

CAP Scan é um instrumento baseado em sistemas para reagir às oportunidades e problemas imediatos da empresa e estabelecer um *menu* de opções.

Diagrama Causa & Efeito (também chamado diagrama espinha de peixe, devido a sua aparência, e diagrama de Ishikawa, conforme o nome do homem que o popularizou no Japão) é um instrumento com base em sistemas que procura identificar as causas fundamentais de um problema.

Certificação é um processo para obter de terceiros a confirmação de que um programa ou objetivo ambiental ou — cada vez mais — social está sendo atingido.

Sistemas de Depósito/Reembolso são um tipo específico de sistema de reembolso, no qual se cobra de um consumidor um depósito, na entrega de um produto, o qual é reembolsado quando este é devolvido ao armazém ou a um local designado.

Mapa Ambiental do Design do Produto é um instrumento desenvolvido pela WSP, que facilita o processo de planejamento e *design*, gerando uma análise simples e eficaz do custo do ciclo de vida do conteúdo e da seleção de materiais de um produto.

Avaliação de Forças e Tendências é um instrumento desenvolvido pela ERM, que examina as forças e tendências com mais probabilidade de ter um impacto significativo a curto prazo sobre a empresa, monta cenários e determina as ações adequadas para lhe aumentar a capacidade de reação.

Protocolos de Validação e Verificação de Gás de Efeito Estufa valida os projetos de redução de emissões complexas de gás de efeito estufa a fim de garantir o *design* eficaz do projeto, além de ajudar a verificar as reduções reais de emissões nos mercados que comercializam o carbono.

ISO 14.000 é um sistema padronizado de gestão ambiental que inclui procedimentos, instruções, formulários ou informes escritos a fim de padronizar comportamentos e tornar mais previsíveis e controláveis o planejamento e a administração, assim como de ajudar a esclarecer quem é responsável por fazer o quê, como, quando, por quê e onde.

Administração de Estoque Just in Time (JIT) busca minimizar o balanço de peças e suprimentos, coordenando com mais rigor os membros da cadeia de fornecedores da empresa.

Taxas de Processamento, semelhantes às Taxas Antecipadas de Utilização, são taxas impostas aos fabricantes ou distribuidores de um produto, para cobrir o custo de recuperação, descarte ou reciclagem.

Feedback e Adaptação dos Grupos de Interesse é um processo de comunicações que conserva as empresas em estreito contato com os grupos de interesse-chave como os empregados, os clientes, as comunidades, a mídia e os ativistas.

Técnica de Avaliação da Sustentabilidade (TAS) é um instrumento utilizado pela WSP para avaliar os resultados esperados das decisões empresarias com base numa série de critérios econômicos, sociais e ambientais.

Sistemas de Devolução são sistemas pelos quais o varejista, o distribuidor ou o fabricante recebe o produto de volta após o término da sua vida útil.

Sistemas de Verificação previne a verificação independente de políticas corporativas, reivindicações ou especificações do fornecedor, visando a uma série crescente de padrões de desempenho social e ambiental.

INSTRUMENTOS E APLICAÇÕES SELECIONADOS

Os instrumentos	***Como podem ser usados***	***Os benefícios***
Inovação e Design do Produto		
Biomimética	Usar a natureza como modelo; *design* mais limpo, mais seguro e produtos e processos,melhores.	Para inspecionar sua rede telefônica, a British Telecommunications utilizou um modelo baseado no comportamento das formigas, evitando um processo de dez anos e de 46 bilhões de dólares.
CAP Scan	Oferece um *menu* de opções para redesenhar os produtos e processos, para o uso final com menor custo.	A Procter & Gamble conseguiu eliminar do *design* objeções ambientais contra um novo produto selecionando opções a partir de um CAP Scan.
TAS	Fornece uma avaliação gráfica comparativa de planos/*designs*/ processos/decisões com base no que é possível diante de uma ampla série de questões econômicas, sociais e ambientais de importância para a organização do cliente.	Permite à organização saber imediatamente onde o desempenho "de sustentabilidade" é forte ou fraco e a focalizar áreas nas quais o benefício máximo aumentará.
Iniciativa de Gestão do Produto	Apresenta um *menu* de opções para ajudar a empresa a assumir a responsabilidade pelos impactos econômicos, sociais e ambientais dos serviços e produtos que cria, assim como a lucrar com eles e aperfeiçoá-los continuamente.	Sendo uma alternativa para as estratégias tradicionais de comando e controle, identifica o *feedback* positivo, os incentivos e as técnicas de aprendizado organizacional de modo que a empresa possa reduzir continuamente os custos e aumentar os benefícios.

Os instrumentos	***Como podem ser usados***	***Os benefícios***
Inovação e Design do Produto (continuação)		
Design para X (DPX)	Projeta produtos visando diversas características de uso final: qualidade, eficácia energética, reciclabilidade, refabricação, durabilidade etc.	A Coors eliminou as tintas à base de solvente graças a um processo ultravioleta de *design*-para-o-ambiente que aumentou a velocidade, economizou energia e cortou até 90% do consumo de tinta.
Vendas e Marketing		
CAP Scan	Fornece um *menu* de opções para maximizar as vendas baseadas nas qualidades ambientais ou sociais de um produto ou serviço.	Aumento das vendas, da participação no mercado e da lealdade à marca.
Análise de Mercado	Analisa o potencial de um produto ou serviço numa categoria de mercado emergente.	Atinge o mercado global de 450 milhões de dólares de "criativos culturais".
Portfólio de Mercados Verdes	Analisa rapidamente as reclamações ambientais ou prioritárias a fim de assegurar a conformidade com a legislação norte-americana, canadense ou da União Européia referente às reivindicações verdes ou ao conteúdo da publicidade.	Inclui um resumo regulador feito por advogados especialistas na legislação ambiental norte-americana e européia; oferece opções para campanhas publicitárias e de *marketing*; aplicação flexível para um produto, um *site*, um processo ou uma empresa.
Produtividade do Recurso		
Auditoria de Energia e Oportunidade de Recurso	Oferece um *menu* de opções para aumentar a produtividade energética e de recursos mediante a eficiência e a inovação. Projeta o retorno sobre o investimento (ROI) nas opções de eficiência e avalia as vantagens de mercado da inovação.	Economiza dinheiro e aumenta a ecoeficiência. A Dow tem 300% de ROI em ecoeficiências. A Procter & Gamble aperfeiçoou o *design* do produto e o *marketing* por meio da avaliação das oportunidades

Os instrumentos	*Como podem ser usados*	*Os benefícios*
Produtividade do Recurso (continuação)		
Avaliação Tecnológica CAP	Avalia sistematicamente as oportunidades de economizar dinheiro e de melhorar o desempenho por meio de avançadas tecnologias de mídia. O levantamento calcula as funções empresariais que podem melhorar pelo uso dessas tecnologias, estima os possíveis ganhos em desempenho e fornece uma lista, em ordem de prioridade, das medidas a tomar.	A Ecostream tem um inventário extensivo de tecnologias capazes de aperfeiçoar as comunicações internas e externas, o *marketing* e a educação por meio de reuniões e treinamento eletrônicos, de vídeos, da Internet e de outros instrumentos de comunicação.
Gestão de Documentação	Otimiza a criação, a documentação e o uso da informação para o valor máximo e o custo mínimo mediante uma mistura ótima de *hardware* com soluções eletrônicas.	Administrar o papel pode custar cem vezes mais do que produzi-lo. O Union Bank eliminou a necessidade de um prédio de 20.000 m^2 ao optar pelo arquivamento eletrônico dos documentos.
Gestão de Energia	Otimiza o uso de energia visando à produtividade e eficiência máximas e custo mínimo.	A administração adequada da energia melhora as condições de trabalho e a qualidade do produto. A Reno Post Office melhorou a qualidade e a produtividade do trabalho e pagou as eficiências em menos de um ano.
Gestão Química	Administra o uso de produtos químicos visando a um custo mínimo.	Os produtos químicos usados em demasia transformam-se em poluição e resíduos. Graças à gestão química, a Southern California Edison cortou custos, modernizou a aquisição e melhorou a segurança.

Os instrumentos	*Como podem ser usados*	*Os benefícios*
Contabilidade e Finanças		
CAP Audit	Inventaria as empresas com base em 108 dados que medem as quatro fases de seu ciclo de vida e os cinco campos da responsabilidade empresarial, fornecendo o "teste" de desempenho conforme os doze sistemas de avaliação social, ambiental e financeiro.	A Mitsubishi Electric solucionou em parte um boicote desenvolvendo uma CAP Audit para quantificar seu desempenho ambiental e social.
Contabilidade Ambiental	Mede os impactos ambientais de produtos e processos, pela Análise do Ciclo de Vida (ACV), e os equaciona de modo a corresponderem aos padrões da Global Reporting Initiatives (GRI).	Custos judiciários mais baixos, redução da poluição e dos resíduos, melhores relações com as comunidades, os investidores e os órgãos reguladores.
A Contabilidade Administrativa Melhora	Os instrumentos de contabilidade, como o Activity Based Costing (ABC) e a política de "gastar para poupar", capaz de reduzir o custo total e melhorar o desempenho ambiental.	A Target reduziu os custos em todas as suas lojas medindo a intensidade dos resíduos por meio do ABC. A Compaq aumentou a eficiência energética com uma economia líquida graças à política de "gastar para poupar".
Contabilidade Social	Medidas e informes sobre os custos sociais, com a mão-de-obra, com a saúde e outros custos utilizando instrumentos como a Social Accountability 8000 (SA 8000) e sistemas de informação como o SEAAR auditoria contabilidade e relatório social e ético.	O informe da Body Shop, da Dow Chemical e da Royal Dutch Shell melhorou o desempenho e o prestígio graças aos seus relatórios sociais anuais.

Os instrumentos	*Como podem ser usados*	*Os benefícios*
Aquisição e Fontes		
CAP Audit	Inclui a avaliação da política de aquisição da empresa e assinala as opções de alto risco e de alto benefício	A Mitsubishi Electric identificou estratégias de redução do uso de papel e de madeira com grandes benefícios ambientais e um ROI elevado.
Certificação	Certifica que as empresas ou suas instalações estão observando critérios administrativos ou de desempenho dos vários métodos de avaliação (como o ISO 9000 em qualidade, o ISO 14000 em meio ambiente, o SA 8000 em mão-de-obra, o Foret Stewardship Council (FSC) em floresta sustentável e outros.	Reduz os impactos ambientais e sociais negativos em toda a cadeia de abastecimento. Pode melhorar o prestígio da empresa na mídia, entre os investidores e os advogados.
Verificação	Verificação por terceiros de que a empresa ou suas instalações estão operando de acordo com a administração mínima ou com critérios de desempenho.	Protege contra controvérsias inesperadas iniciadas em qualquer parte da cadeia de abastecimento.
Gestão Estratégica		
Consultoria de Gestão Estratégica	Identifica questões estratégicas que reclamam a atenção da diretoria executiva como marca, desenvolvimento e reestruturação da empresa, globalização, missão e valores, estratégia de mercado, imagem corporativa e mudança tecnológica.	Usando os instrumentos de gestão estratégica, a gigante canadense em silvicultura Mac-Millan-Bloedel resolveu simultaneamente um conflito ambiental e aumentou seu valor de investidor, o que a levou à compra da Weyerhaeuser.
Design e Implementação de Sistemas Administrativos	Oferece uma estrutura para envolver toda a organização no processo de abordagem de questões significativas. Em conseqüência, os riscos são administrados com mais eficácia e as oportunidades, identificadas e aproveitadas em toda a organização.	Redução dos riscos operacionais, aumento da economia, maior participação no mercado, melhora do moral da equipe e necessidade menor de dispensas — a lista prossegue, limitada unicamente pela intenção do *design* do sistema.

Os instrumentos	*Como podem ser usados*	*Os benefícios*
Gestão Estratégica (continuação)		
Desenvolvimento Organizacional	Remodela cargos e funções e coloca todos os funcionários a par dessa remodelação, avalia se os recursos humanos de uma organização estão sendo usados da maneira mais produtiva a fim de atingir suas metas.	Garantindo que os funcionários atuem em setores e projetos com os quais se sentem mais satisfeitos e produtivos, esse instrumento pode aumentar muito a probabilidade da empresa de atingir seus objetivos estratégicos.
Prevenção e Administração de Conflitos e Crises	Previne os conflitos e as crises mediante o planejamento avançado e administrando-os a fim de reduzir-lhes o custo e a duração.	A Johnson & Johnson melhorou sua imagem corporativa devido ao modo como reagiu a uma crise do produto Tylenol. A Exxon prejudicou sua imagem pelo modo como reagiu ao derramamento de petróleo em Valdez.
Kit de Compromisso Regulamentário	Estabelece uma estrutura e um alicerce para a simplificação, consolidação, substituição e eficiência regulamentárias e ajuda a aumentar a parceria regulamentária por meio de mecanismos como as "licenças-relâmpagos", a regulamentação integrada da mídia e a participação estratégica em programas de reconhecimento governamental.	Aplicado em quinze Estados norte-americanos, em três províncias canadenses e em seis Estados-membros da Comunidade Européia. Incorpora questões jurídicas. Fornecido por advogados nacionais e internacionais especializados em meio ambiente. Abordagem baseada na flexibilidade, na parceria e em oportunidades de simplificação para empresas excepcionais e responsáveis do ponto de vista ambiental.
Assuntos Jurídicos e Governamentais		
Legislação com Base no Mercado	Utiliza as leis e as regulamentações de mecanismos de mercado, em vez de medidas punitivas, a fim de melhorar o desempenho ambiental e social.	A Procter & Gamble evitou regulamentações punitivas ao propor uma alternativa com base no mercado aos legisladores da Califórnia.

Os instrumentos	*Como podem ser usados*	*Os benefícios*
Assuntos Jurídicos e Governamentais (continuação)		
Prevenção e Administração de Conflitos	Previne os litígios e os conflitos legislativos por meio do planejamento avançado e administrando-os de modo a reduzir-lhes o custo e a duração.	A Alcoa aumentou a sua participação no mercado, na Califórnia, e promoveu a reciclagem mediante uma estratégia de administração de conflitos que resultou em regulamentações estaduais favoráveis.
Comunicações e Relações com os Grupos de Interesse		
CAP Audit	Classifica a empresa com base em 108 critérios e em cinco campos da responsabilidade empresarial. Fornece "testes" que indicam como os avaliariam doze tipos de grupos de interesse.	Uma grande fábrica de bebidas detectou riscos para a sua marca e identificou meios de baixo custo e alto retorno para melhorar sua classificação.
CAP Scan	Oferece um *menu* de opções para solucionar um problema específico ou aproveitar uma oportunidade específica no campo da responsabilidade ou sustentabilidade empresarial, em parceria com grupos de interesse-chave.	Uma grande empresa do setor químico identificou grupos de interesse-chave, no governo e entre os ativistas, com os quais trabalhar a fim de restaurar a confiança pública após um desastre químico.
CAP Spot	Um material de multimídia de um minuto que usa vídeo, áudio, gráficos e texto para contar uma história de impacto sobre o esforço/iniciativa ambiental de uma empresa. Pode ser colocado em *websites* ou fóruns públicos a fim de divulgar rapidamente uma história da empresa.	Uma grande distribuidora de papel reciclado utiliza o CAP Spot para contar uma história bem mais atraente que as permitidas pelos canais tradicionais.

Os instrumentos	*Como podem ser usados*	*Os benefícios*
Comunicações e Relações com os Grupos de Interesse (continuação)		
Marketing Relacionado a uma Causa	Sintoniza a empresa com uma causa importante, a fim de fazer avançar a causa e melhorar as vendas e o *marketing*.	A Ronald McDonald House e a Avon Breast Cancer Walk figuram entre as "causas fortes" que melhoram o desempenho econômico e social da empresa.
Avaliação de Comunicações com Base na Internet	Os instrumentos de comunicações com base na Internet são, eles mesmos, uma prática empresarial emergente e estratégica. Essa avaliação inventaria as oportunidades de usar as ferramentas da nova mídia a fim de melhorar o desempenho econômico e a sustentabilidade empresarial.	Uma empresa-membro da Future 500 está avaliando de que modo reduzir suas "pegadas ecológicas" substituindo as reuniões de negócio e as viagens internacionais por tecnologias de comunicação com base na Internet.
Informes Públicos	Qualquer um dos diversos informes empresariais sobre o desempenho ambiental e social, inclusive os chamados relatórios SEAAR, que esclarecem e avaliam os impactos sociais e éticos da empresa.	Podem reduzir os custos sociais e ambientais e conquistar o apoio dos grupos de interesse.

Bibliografia

Abe, Joseph M., David A. Bassett e Patricia E. Dempsey. *Business Ecology: Giving Your Organization the Natural Edge*. Boston: Butterworth-Heinemann, 1998.

Alden, Edward. *Financial Times*, 17 de junho de 1999.

Ashworth, William. *The Economy of Nature*. Nova York: Houghton Mifflin, 1995.

Basile, A. *Fodor's Library Journal*, 123(12), 1998, 34-36,

Beck, Don Edward. *Sustainable Cultures, Sustainable Planet: A Values System Perspective on Constructive Dialogue and Cooperative Action*, Institute for Values & Culture, 18 de junho de 2001.

Beck, Don Edward e Christopher Cowan. *Spiral Dynamics: Mastering Values, Leadership, and Change*. Oxford: Blackwell Publishers, 1996.

Beck, Don Edward, e Graham Linscott. *The Crucible*. Denton, TX: New Paradigm Press, 1991.

Behe, Michael J. *Darwin's Black Box: The Biochemical Challenge to Evolution*. Nova York: Simon & Schuster, 1996.

Benyus, Janine M. *Biomimicry*. Nova York: Morrow, 1997. [*Biomimética*, publicado pela Editora Cultrix, São Paulo, 2003.]

Borsuk, M. *The challenge of information technology to retail property*. Urban Land Institute, 1999.
www.uli.org/pubs/UrbLand/infotech/infotech.htm.

Botkin, Daniel B. *Discordant Harmonies*. Nova York: Oxford University Press, 1990.

Brown, Lester e Christopher Flavin. "It's Getting Late to Switch to a Viable World Economy", *International Herald Tribune*, terça-feira, 19 de janeiro de 1999.

FIXBusinessWeek. Industrial Ecology — a Society That Reuses Almost Everything, 10 de novembro de 1999.

Caplan, Bryan. *Self-Reliance and Creative Destruction*. Trabalho inédito, Departamento de Economia da George Mason University, 1996.

Chandler, Alfred D. *The Visible Hand: The Managerial Revolution in American Business*. Harvard University Press, 1997.

Cohen, Nervin. *Greening the Internet: Ten Ways E-Commerce Could Affect the Environment and What We Can Do*, revista iMP, outubro de 1990, www.cisp.org/imp.

Connell, J. H. e W. P. Sousa. "On the Evidence Needed to Judge Ecological Stability or Persistence", *The American Naturalist* 121(6), 1983.

Community Environmental Council and Global Futures. *Profiting from Source Reduction: Measuring the Hidden Benefits*, dezembro de 1998.

Cringley, Robert X. *Accidental Empires*. Nova York: HarperBusiness, 1996.

De Geus, Arie. *The Living Company*, Harvard Business School Press, 1997.

Dobson, Andrew P. *Conservation and Biodiversity*. Nova York: Scientific American Library, 1996.

Drexler, K. Eric, Chris Peterson e Gayle Pergamit. *Unbounding the Future*. Nova York: William Morrow, 1991.

Drucker, Peter F. *Post-Capitalist Society*. Nova York: HarperCollins, 1993.

Dunlap, Albert J. *Mean Business*. Nova York: Random House, 1996.

Ehrenfeld, John e Nicholas Gertler. "Industrial Ecology in Practice — The Evolution of Interdependence at Kalundborg", *Journal of Industrial Ecology*, inverno de 1997.

Eiseman, Fred B., Jr. *Bali: Sekala & Niskala* (volume 1). Hong Kong: Periplus Editions, 1990.

"Encyclopedia of the New Economy", site da *Wired Magazine*, 1994-1999. http://hotwired.lycos.com/special/ene/index.html?nav=part_two&word=intro_one

Forsyth, Adrian e Ken Miyata. *Tropical Nature: Life and Death in the Rain Forest of Central and South America*. Nova York: Touchstone, 1984.

Gilder, George. *Microcosm*. Nova York: Simon and Schuster, 1989.

Goodman, D. "The Theory of Diversity-Stability Relationships in Ecology", *The Quarterly Review of Biology* 50(3), 1975.

Hackman, J. Richard e Ruth Wageman. "Total Quality Management: Empirical, Conceptual, and Practical Issues", *Administrative Science Quarterly*, junho de 1995.

Hammer, Michael e James Champy. *Reengineering the Corporation.* Nova York: HarperBusiness, 1993.

Hawken, Paul. *The Ecology of Commerce.* Nova York: HarperBusiness, 1993.

Holling, C. S. "The Renewal, Growth, Birth and Death of Ecological Communities", *Whole Earth Review*, verão de 1998.

"How Will Internet Commerce Change the Retail Scene?" *Urban Land*, 56(7), 1997, 70-71.

Hurst, David K. *Crisis and Renewal.* Harvard Business School Press, 1995.

"Internet Pharmacy Begins Operations", *Drug Store News*, 21(2), 4.

Kelly Kevin. *Out of Control.* Menlo Park, CA: Addison-Wesley, 1994.

Levin, C. "Digital Shutterbugs", *PC Magazine Online*, 1997.
www8.zdnet.com./pcmag/news/trends/t970527c.htm.

Lewis, Scott. *The Rainforest Book.* Los Angeles: Living Planet Press, 1990.

Mander, Jerry e Edward Goldsmith. *The Case Against the Global Economy.* San Francisco: Sierra Club Books, 1996.

Markoff, John. "Intel Hailed for Chip Advance", *The San Francisco Chronicle*, 11 de junho de 2001.

Mathieson, R. *Market of one: Mass customization meets the net,*
http://www.hp.com/Ebusiness/june98/

Miller, James Grier. *Living Systems.* University Press of Colorado, 1995.

Moore, James F. *The Death of Competition: Leadership & Strategy in the Age of Business Ecosystems.* Nova York: HarperBusiness, 1996.

Moscowitz, Milton. Abertura da conferência, *Standards for the New Millenium.*

"MP3 Cutting into Music Sales?" *Wired*, 24 de março de 1999.
http://www.wired.com/news/news/culture/mpthree/story/18693.html

Narisetti, Raju. *Wall Street Journal,* 25 de junho de 1998.

Neil Gross. *Business Week*, 24-31 de agosto de 1998.

Nolan, Richard L. e David C. Croson. *Creative Destruction*, Harvard Business School Press, 1995.

Peters, Tom. *Lean, Green, and Clean: The Profitable Company of the Year 2000.* Palo Alto, CA: TPG Communications, 1990.

Polis, G. A. "Complex Trophic Interactions in Deserts: An Empirical Critique of Food-Web Theory", *The American Naturalist*, 138(1), 1991.

Postrel, Virginia, *The Future and Its Enemies.* Nova York: Free Press (Simon & Schuster), 1998.

Prince of Wales Business Leaders Forum (*website*), www.csrforum.com, abril de 2001.

Romm, Joseph J. *Lean and Clean Management.* Nova York: Kodansha International, 1994.

Rothschild, Michael. *Bionomics.* Nova York: Henry Holt, 1990.

Sakaiya, Taichi. *The Knowledge-Value Revolution.* Tóquio: Kodansha International, 1991.

Schafer, S. "Have It Your Way", *Inc.*, 18 de novembro de 1997, pp. 56-64.

Schumpeter, Joseph. *Capitalism, Socialism, and Democracy.* Nova York: Harper Torchbooks, 1984.

Schwartz, M. *The Retailing Revolution: The Impact of Non-Store Retailing on Shopping Centers.* Urban Land Institute. *Vide*

http://www.uli.org/ [acompanhe "Issues/retail" para saber como adquirir esse informe].

Segaller, Stephen. *Nerds — A Brief History of the Internet.* Nova York: TV Books, 1998.

Senge, Peter. *The Fifth Discipline.* Nova York: Currency/Doubleday, 1994.

Shireman, William K. The Wealth K. *The Wealth of Notions.* San Francisco: Global Futures, 1995.

Shireman, William K. *Industrial Ecology and Natural Capitalism.* San Francisco: Global Futures Foundation, 1998.

Sobel, David S. (Org.). *Ways of Health.* Nova York: Harcourt Brace Jovanovich, 1979.

Sprecher, Drexel e Michael Vlahos. *Freedom, Innovation and Choice: Toward a Competitive Market in Computing Platforms*, relatórios preparados para o Open Platform Working Group, 1997-2000.

Sprecher, Drexel. Leituras e seminários American Renaissance, 1981-2000.

Stein, Sara. *Noah's Garden.* Nova York: Houghton Mifflin, 1993.

Stein, T., e J. Sweat. "Killer Supply Chains", *Informationweek*, 9 de novembro de 1998, pp. 36-46.

Strauss, N. "Free Web Music Spreads from Campus to Office", *New York Times*, 5 de abril de 1999.

Tainter, Joseph A. *The Collapse of Complex Societies*, Cambridge University Press, 1988.

Tapscott, Don. *Creating Value in the Network Economy*, Harvard Business School Press, 1999.

Tibbs, Hardin. "Human Ecostructure", *Whole Earth Review*, verão de 1998.

Tillman, D. "Biodiversity: Population versus Ecosystem Stability", *Ecology*, 77(2), 1996.

Turner, R. "Winning Bid", *Money*, 28(3), 1999, 201-203.

United States Environmental Protection Agency. *Sustainable Industry: Phase I Report. Office of Policy Planning and Evaluation*, 1999.

Vlahos, Michael. "Entering the Infosphere", *Journal of International Affairs*, primavera de 1998, 497-525.

Wacker, Watts e Jim Taylor. *The 500 Year Delta*, Nova York: HarperBusiness, 1997.

Waldrop, M. Mitchell. *Complexity*. Nova York: Simon & Schuster, 1992.

Walker, B. "Which Way to Bill Your Customers: By Mail or Electronic Delivery, or Both?" *Direct Marketing*, 61(10), 1999, 44-47.

Walker, Jesse. "Jacobean Tragedy", *Reason*, julho de 1998, p. 50.

Watanabe Chihiro. "The Feedback Loop Between Technology and Economic Development: An Examination of Japanese Industry", *Technological Forecasting & Social Change*, junho de 1995.

Wheatley, Margaret e Myron Kellner-Rogers. "Questions That Could Revitalize Measurement", *Journal of Strategic Performance Measurement*, janeiro de 1999.

Whyte, David. *The Heart Aroused — Poetry and the Preservation of the Soul in Corporate America*. Nova York: Currency/Doubleday, 1994.

Wilber, Ken, *Sex, Ecology, Spirituality: The Spirit of Evolution*, Boston: Shambhala Publications, 1995.

Winograd, Morley e Dudley Buffa. *Taking Control: Politics in the Information Age*, Nova York: Henry Holt, 1996.

Winograd, Morley e Dudley Buffa. "Wired Workers", Institute for the New California, 1996.

Womack, James P., Daniel T. Jones e Daniel D. Roos. *The Machine That Changed the World*. Nova York: Rawson, 1990.

Yoshikawa, Hiroyuki. "Manufacturing and the 21st Century", *Technological Forecasting & Social Change*, junho de 1995.

Zell, Deone. *Changing by Design — Organizational Innovation at Hewlett-Packard*. Ithaca, NY: Cornell University Press, 1997.

Sobre os Autores

UM DELES, CEO DE EMPRESA e executivo experiente, o outro, CEO ambiental e empresário. Um nascido no Japão; o outro, nos Estados Unidos. Os autores são de lados opostos do mesmo mundo.

Tachi Kiuchi é um dos executivos mais iconoclastas do Japão. Como chairman e CEO da Mitsubishi Electric America, construiu a marca Mitsubishi Electric nos Estados Unidos e teve sucesso na transição da empresa da velha para a nova economia. Como diretor administrativo da Mitsubishi Electric Corporation, rompeu com as normas empresariais japonesas para liderar a abordagem "sistemas vivos" da empresa, que incluía a rápida adaptação, a transparência financeira, a abertura, a diversidade cultural, mulheres em funções executivas e sustentabilidade ambiental. Chegou a fazer um acordo ousado com a Rainforest Action Network (RAN) a fim de promover a sustentabilidade. Hoje, continua lutando pelas práticas empresariais lucrativas *e* sustentáveis na Mitsubishi e por meio da Future 500 e da E-Square, Inc., sediada em Tóquio.

Bill Shireman é considerado um "mestre do empresariado ambiental". Um dos mais eficientes "novos ambientalistas" dos Estados Unidos, desenvolveu estratégias de empresas *lucrativas* e leis que reduzem a poluição e aumentam os lucros. Como CEO do maior *lobby* de reciclagem do país, redigiu a lei de reciclagem de vasilhames da Califórnia. Na Global Futures, intermediou as negociações entre alguns dos maiores conglomerados do mundo com os mais apaixonados ativistas — da Coca-Cola, a Coors, a Nike, a Mitsubishi e a Weyerhaeuser à Greenpeace, à Rainforest Action Network e ao Sierra Club — para reciclar mais de cem bilhões de embalagens de bebidas, ajudar a salvar milhões de hectares de floresta e a refrear o poder de compra das grandes empresas a fim de diminuir o consumo de recursos não-sustentáveis. Atualmente, é presidente da Future 500, CEO da Global Futures e está desenvolvendo a Corporate Accountability Practice (CAP) [Prática de responsabilidade empresarial], em parceria com importantes empresas de administração, contabilidade, engenharia, meio ambiente e comunicações.

Nas horas de lazer, Kiuchi participa de maratonas, escala o Monte Fuji, vai de bicicleta à sede da Mitsubishi Electric, no centro de Tóquio, e faz 1.200 flexões de braço por dia.

No seu tempo livre, Shireman é um pouco menos ativo que Kiuchi. Faz freqüentes caminhadas.

Para se associar à Future 500, organizar uma oficina em sua empresa, participar de uma conferência ou fazer parte de uma das nossas excursões de negócios pela floresta tropical, favor consultar nossa página na internet: www.future500.org ou www.globalfutures.org.